떨어져야 애틋한 사람들

떨어져야 애틋한 사람들

애틋한

사람들

산드라 콘라트 지음

이지혜 옮김

착해 빠진 자식들의
나답게 살기

타란

서문

부모님과 함께 있노라면 나는 늘 어린아이로 되돌아간 기분이다.

나는 부모님에게 책임감을 느낀다.

나는 내가 기대하는 것과는 다른 부모님의 모습에 번번이 실망한다.

부모님에게 선을 긋는 게 어렵게만 느껴진다.

부모님을 자랑스러워하는 게 자식의 도리인 것만 같다.

내 진짜 감정을 부모님에게 솔직하게 털어놓을 엄두가 나지 않는다.

내게 좋은 것이 무엇인지 가장 잘 알고 있는 사람은 부모님인 것 같다.

부모님을 대하는 게 너무나 어렵고 불편하지만, 그럼에도 주기적으로 찾아뵙는다.

부모님의 어떤 행동에 대한 보복으로 현재 연락을 끊은 채 지내고 있다.

부모님의 기대에 미치지 못했다는 죄책감이 들 때가 많다.

부모님과의 관계가 내게는 끝없는 가시밭길 같다.

나는 부모님의 희생양이다. 그분들이 내 인생을 통째로 망가뜨렸다.

나는 부모님이 내 모든 결정을 지지해 주기를 바라지만, 그러지 않아 매번 마음이 상한다.

어린 시절에 부모님에게서 상처받았던 일을 모조리 털어놓고 싶지만, 그랬다가는 영영 미움을 살 것만 같다.

끊임없이 부모님에게 뭔가를 변명해야 할 것 같은 기분이 든다.

부모님에게 상처가 될 만한 말이나 행동은 절대 할 수 없다.

내가 연인 또는 배우자와 겪는 다툼의 주요 원인은 부모님이다.

내 감정, 내가 필요로 하는 것보다 부모님의 감정과 필요가 내게는 더 중요하다.

부모님이 나를 이해해 주지 않는 게 너무나 괴롭다.

내가 꿈꾸던 인생을 선택하면 부모님과는 연을 끊게 될지도 모른다.

부모님을 구원하고 행복하게 해 드릴 수만 있다면 나는 무엇이라도 할 것이다.

부모님에게 하고 싶은 말이 끊임없이 머릿속에 떠오르며, 그때마다 분노가 치솟는다.

내가 옳다는 것을 증명하기 위해 부모님과 언쟁을 벌이는 일이 많다.

부모님이 내가 바라는 대로 변하기를 끝도 없이 갈망하지만, 지금껏 어떤 변화도 없었다.

나는 늘 부모님의 바람과는 정반대로 행동해 왔다.

나는 부모님이 못마땅하게 여길 만한 결정은 절대 하지 않는다.

나는 부모님과의 해결되지 않은 문제 때문에 연인 또는 배우자와 갈등을 빚고 있다.

부모님이 어떤 반응을 보일까 두려워 내 중요한 일들에 관해 이야기하지 않는다.

나는 부모님을 증오하며, 그분들이 빨리 돌아가시기만을 바랄 뿐이다.

부모님이 돌아가신다면 나는 살아갈 힘을 잃을 것이며, 내 삶의 모든 기쁨도 사라져 버릴 것이다.

위 문장 가운데 한 가지라도 자신에게 해당한다고 느낀다면 여러분도 여전히 부모에게 얽매여 있는 것이다. 이는 여러분이 아직 부모로부터 완전히 분리되지 못했음을 의미한다.

그렇다면 이 책은 바로 당신을 위한 것이다. 분리의 정도가 당신의 삶과 인간관계 전체에 얼마나 큰 영향을 미치는가를 이 책이 설명하고 있기 때문이다. 무엇보다도 그러한 얽힘으로부터 벗어나는 방법을 귀띔해 주고자 한다. 가족의 부정적인 영향을 부각하는 것이 아닌, 당신의 개인적 발전에 스포트라이트를 비추어 주는 것이 이 책의 목적이다.

이 책은 심리치료를 대신할 수는 없으나 독자 자신과 부모, 그리고 양자 간 관계의 역학에 대한 이해를 높여 줄 것이다. 나아가 당신이 품고 있던 죄책감, 분노, 실망감을 벗어던지는 데도 도움이 될 것이라 믿는다. 책을 읽은 뒤에 당신이 이 문제에 대해 성찰하고 관계의 방향을 정립하며, 부모를 비롯한 모든 이들과 더 성숙한 관계를 가꾸어 나갈 수 있게 된다면 더 바랄 바가 없다.

저자의 경험으로부터 선별된 여러 사례*들은 부모와의 분리가 어려워지는 원인이 무엇이며 이를 어떻게 극복할 것인가를 보여준다. 누군가에게는 일부 사례가 자신의 이야기처럼 느껴지기도 할 것이다. 이런저런 일화를 읽으며 마음에 폭풍이 일고 슬픔과 분노에 사로잡히게 될지도 모른다. 그렇다고 불안해할 필요는 없다. 감정적 반응은 무언가가 당신의 마음에 가닿았다는 증거이기 때문이다. 마음의 움직임과 더불어 행동에도 변화가 따른다면 그보다 좋은 일이 없다. 여러분에게 유익한

---

* 모든 사례의 등장인물은 익명으로 처리했으며 당사자의 사생활 보호를 위해 일화를 각색했다.

방향으로 변화가 이루어진다면 말이다.

분리에는 긴 시간이 소요된다. 때로는 단숨에 큰 성과를 얻을 수도 있지만 대부분은 한 발짝씩 내딛으며 조금씩 진전이 이루어진다. 독자 여러분이 이 여정에서 확고한 신념과 힘, 애정 어린 인내심을 발휘할 수 있기를 기대한다.

팽팽히 엮인 부모와의 결탁 관계를 풀어낼 수 있는 용기가 여러분의 내면에 잠재되어 있기를 희망한다. 건전한 분리란 부모를 사랑하지 않음이 아닌, 더 성숙하게 사랑할 수 있음을 뜻하기 때문이다.

부모를 분리하되 여전히 부모와 애정 어린 관계를 유지하는 일은 누구에게나 가능하다.

함부르크에서
산드라 콘라트

들어가며
내 삶의 가장 큰 숙제

세상 모든 자녀의 심금을 울리는 곡, 〈마더Mother〉를 발표했을 때 존 레논John Lennon은 서른 살이었다. 노래에서 그는 부모를 목 놓아 부르는 동시에 그들을 향해 작별을 고한다.

"사람들은 이 곡이 내 부모님에 관한 노래라고 생각한다. 그러나 이 곡은 이미 돌아가셨거나 반쯤 돌아가신 모든 부모 가운데 99퍼센트에 관한 노래다."[1]

얼핏 99퍼센트의 어머니들이 자신의 아이를 원치 않고, 99퍼센트의 아버지들이 아이를 버린다는 말로 들린다. 이는 물론 과장된 것이다. 부모에게 작별을 고하는 일이 모든 자녀의 과제라고 말하는 듯한 가사에도 전적으로 공감할 수는 없다. 분리를 쉬운 문제로 치부하는 것처럼 들리기 때문이다.

대부분의 자녀에게는 부모와 작별하는 일이 절대 쉽지 않다. 대다수는 한정된 선까지만 분리에 성공하며 이것이 이후 당사자의 삶에 무시할 수 없는 영향을 미치기도 한다. 부모가 자녀에게 무거운 짐을 지워 둔 경우, 녹이 되는 부모와 세속해서 얽혀 있는 경우에는 특히 그렇다. 자녀가 일평생 이상적인 부모를 꿈꿔 왔으나 번번이 쓰디쓴 실망만 맛본 경우에도 마찬가지다.

내가 여기서 말하는 작별이란 부모의 임종을 지키며 고하는 인사가 아닌, 크고 작은 삶의 수많은 단계에서 부모로부터 분리되는 과정을 뜻한다. 이 과정은 부모가 생존해 있는 내내 이루어지다가 부모 사후에까지 이어진다. 분리에는 자주성의 확대, 나이에 걸맞은 독립성, 주체적으로 결정을 내릴 수 있는 능력 등이 포함된다. 모든 사람이 주체적으로 자신의 삶을 꾸려나가는 데 성공하는 것은 아니다. 많은 이들이 부모의 기대로부터 자유롭지 못하다고 느낀다.

그리고 직업, 배우자 선택, 성적 지향, 정치 성향, 옷차림, 삶의 방식 등 모든 면에서 부모의 뜻대로 행동하지 못할 때, 더나아가 부모가 못마땅하게 여기는 결정을 내렸다는 생각이 들때면 죄책감에 짓눌린다. 부모가 정해 준 인생길에 매여 평생고군분투하면서도 자신이 그러고 있음을 인지조차 못 하는 경우도 부지기수다. 이런 사람들에게 주어진 역할은 부모의 인생을 이어가는 것뿐이다. 부모가 이루지 못한 꿈을 대신 이뤄주기 위해 그러기도 하고, 반대로 부모보다 잘 살아서는 안 되기때문에 그러기도 한다.

부모와의 작별이 곧 부모가 지워놓은 기대나 의무를 저버린다는 걸 의미하지는 않는다. 그저 부모의 동의를 구하지 않고도 자신만의 길을 가는 것이 가능한 만큼 자유를 얻어야 한다는 뜻에 가깝다. 당연하고도 쉬운 말처럼 들리겠지만, 바로 이 문제 때문에 갈등을 겪는 가족들이 헤아릴 수 없이 많다. 자녀 걱정에 잠 못 이루는 부모, 자녀가 선택한 삶을 못마땅하게 여기는 부모, 그리고 이를 분명히 말과 행동으로 보여주는 부모들이 있기 때문이다. 어떤 자녀들은 성인이 된 후에도 부모에게 비난받는 것을 힘들어한다. 이들의 부모는 자녀의 결정이 성에 차지 않으면 화를 내거나, 수틀리고 상처받은 마음을 대놓고 표현한다. 이로 인해 일부 자녀들은 심한 죄책감에 시달리고, 부모의 사랑을 잃지 않을까 노심초사하며 자기 인생을 부모의 기준에 억지로 끼워 맞춘다. 또 어떤 자녀들은 그에 대한 반항으로 평생 부모의 바람에 완전히 반하는 선택을 한다.

그러나 부모와 작별하는 일은 비단 부적절하거나 부담스러운 의무를 거부하는 데서 끝나지 않는다. 자신이 부모에게 무엇을 기대해 왔는지 성찰하고 그것을 놓아 보내는 일 또한 작별의 과정에 포함된다.

많은 자녀는 부모에게서 한 번도 받아본 적 없는 헌신적인 사랑, 온정, 관심, 인정 등을 기필코 얻어내려 평생을 애쓴다. 그러나 부모에게 전적으로 의존하는 유아기와는 달리, 성인이 되고 나면 누구나 스스로 돌보며 원하는 대로 삶을 꾸려나갈 수 있다. 그래서 '부모와의 작별'이라는 말에는 이상적인 부모를 향한 갈망을 자녀 스스로 포기한다는 의미도 있다. 많은 이들에게는 이것이 상상도 할 수 없을 만큼 고통스러운 일이다. 그래서 불완전한 현실을 받아들이고 기적이 일어날 거라는 희망을 포기하는 대신, 평생토록 이상적인 부모라는 허상을 좇으며 살아간다.

그러나 부모와의 작별은 우리 인생의 가장 큰 전환점이자 진정한 성인의 세계로 들어서는 관문이다. 이는 곧 부모가 해줄 수 없는 것을 자녀도 더 이상 요구하지 않게 되는 시점을 의미한다. 이 지점에 이르는 길은 험난한 가시밭길이다. 지금껏 부정하거나 미화시키거나 애써 모른 체 하던 모든 것을 직시하는 일은 아프기 그지없다. 그러나 여기에는 우리가 어린 시질 겪었던 결핍의 경험을 의식적으로 돌아보며 아마도 처음으로 애도해 준다는 의미가 있다. 부모를 있는 그대로 바라보고, 그들 역시 과거의 결핍 경험 때문에 우리를 더 잘 돌봐주지 못했으며 여전히 부족한 부모로 남아 있음을 아쉬운 마음으로나마 받아들이는 것이다. 물론 말처럼 쉬운 일은 아니다. 유년기에 겪은 정서적 결핍이 클수록 그것이 남긴 공허를 채우고 싶은 욕구도 강하기 때문이다.

사람들은 그 괴로움을 피하기 위해 '그저 괜찮은 체'하며 살아간다. 그리고 결과적으로 현실의 부모와 진정으로 가까워지지도, 그들로부터 진정한 정서적 양분을 얻지도 못하게 되어버린다. 완벽하지 못한 부모의 모습을 거부하며 그들이 어떻게든 완벽해질 수 있을 거라는 희망의 끈을 놓지 못하는 탓이다.

이러한 갈망은 두 가지 문제를 낳는다. 첫째는 부모에게 빈번히 우리를 실망하게 할 구실을 만들어 준다는 점이다. 두 번째 문제는 해소되지 못하고 화석화된 부모에 대한 실망감이 다른 인간관계에까지 해악을 미치는 경우가 적지 않다는 사실이다. 부모에게서 얻지 못한 무조건적인 사랑을 연인이나 배우자에게서 구하려 드는 게 그 예다. 완성되지 못한 분리는 이렇듯 성숙하고 건강한 애착 관계를 맺는 데도 방해가 된다. 훗날 자신이 낳은 아이에게까지 그 짐을 짊어지운다면 그야말로 최악이다. 이때는 부모와 자녀의 위치가 뒤바뀌어 도리어 아이가 부모에게 자신의 사랑을 증명해 보여야 하는 입장에 처한다. 심리적 고통과 얽히고설킨 가족의 족쇄는 이렇게 대물림되며 악순환을 반복한다.[2]

이 책은 우리 모두 한번은 맞닥뜨려야 할 실존적 과제, 즉 부모로부터의 건전한 분리에 관해 이야기한다.

부모로부터 분리될 때, 우리는 무언가를 잃는 것이 아니라 원하는 대로 삶을 가꾸어 나아갈 기회를 얻게 된다. 수없이 많은 크고 작은 일들에서 부모의 기대에 부응하기보다는 나 자신을 위한 결정을 내릴 수 있게 되는 것이다.

부모와 자녀 사이에 연결된 정서적 탯줄을 끊는 것이 친밀한 관계를 끊는 것을 뜻하지는 않는다. 오히려 이 과정에서 부모와 더 나은 관계를 맺을 가능성이 생기기도 한다. 이 새로운 관계는 서열이나 종속, 죄책감이라는 토양에 뿌리박고 있지 않으며, 부모와 자녀가 동등한 위치에 서는 것을 전제로 한다.

그러나 정서적 탯줄 끊기의 핵심은 부모와의 관계를 재정립하는 일이 아니라 나 자신과 애정 어린 관계를 맺는 데 있음을 명심해야 한다.

1장

사랑하니까
멀어지려는 거야

"제가 원하는 것은 완전한 분리예요. 어머니가 아무리 제 감정을 짓
밟아도 더 이상 아랑곳하지 않을 수 있을 만큼 분리되고 싶어요."

상담 치료의 목표를 묻는 질문에 서른두 살의 노에미Noemi는
이렇게 대답했다.

완전한 분리라, 누구나 바라는 바가 아닌가. 노에미를 비롯
한 수많은 자녀에게 분리란 조금 다른 의미를 지닌다. 예컨대
부모가 가하는 온갖 공격과 굴욕 행위에 면역이 되고 싶은 바
람과 관련이 있다. 갑옷이라도 두른 듯 외부 자극에 무감해지
고, 자신에게 일어나는 모든 일을 저항 없이 받아들이며, 어떤
상처도 덤덤히 견딜 수 있기를 갈망하는 것이다.

그러나 건전한 분리는 그런 것과 전혀 다르다. 이는 자기감
정을 항상 중심에 두고, 타인들과는 서로 소통하되 선을 그을
수 있는 정도로 관계를 유지하는 것을 뜻한다. 심리학자들은
이러한 능력을 '자기 거리 두기'*라 부른다.

---

* 거리를 둘 줄 아는 사람들이란 정서적으로 성숙하고 독립적인 이들을 가리킨다. 이
들은 친밀한 관계에서든 갈등 관계에서든 중심을 잃지 않는다.

더 나아가 건전한 분리는 부모를 향한 증오와도, 경직되다 못해 자신까지 부정할 만큼 강한 충성심과도 아무 관련이 없다. 그보다는 무엇을 용서하고, 무엇을 거부하며, 무엇을 놓아보내야 할지 스스로 선택할 수 있을 만큼 부모로부터 자유로워짐을 뜻한다.

분리는 단 하나의 절차로 달성될 수도 없으며 단 한 번의 결정으로 끝나는 것도 아니다. 분리는 지난한 여정이며, 어쩌면 평생에 걸쳐 조금씩 이루어 나가야 할 수도 있다. 그 여정에는 평지가 이어지는가 하면 자갈밭이 나타나고, 어떤 구간은 도저히 극복할 수 없을 것처럼 험난하게 느껴지기도 한다. 그러나 장담컨대 여러분은 그 여정의 곳곳에서 전망대를 발견하게 될 것이다. 삶을 한층 풍요롭게 만들고, 한숨 돌릴 곳이 되어 주며, 많은 것으로부터 거리를 둔 채 명료하게 전체를 조망할 수 있게 하는 전망대 말이다.

어른이 된다는 것은 세상에서 가장 당연해 보이면서도 절대 쉽지 않은 일이다. 정신적으로 성숙해지는 과정에는 성장통이 따르기 마련이다.

'나는 누구인가? 내가 바라는 것이 과연 옳은 것인가? 내가 잘하고 있는 것일까? 내가 원하는 길을 가더라도 사랑받을 수 있을까?' 이는 우리 모두가 살면서 맞닥뜨리는 실존적인 물음이다. 이에 답해줄 수 있는 사람이 자기 자신뿐임을 이해하는 순간 우리는 자유를 얻게 된다. 자유란 자신의 감정, 자신의 욕구와 바람과 꿈, 나아가 자신의 삶 전체에 스스로 책임지는 것을 의미하기 때문이다.

분리의 시기

어른이 된다는 말은 너무나 단순하게 들린다. 그래서 마치 이것이 정해진 수순에 따라 저절로 되는 일처럼 느껴진다. 성년이 되고, 운전 면허를 따고, 독립해서 혼자 살고, 직업 교육이나 대학 교육을 받고, 일정 정도 책임이 따르는 직업을 갖게 되고, 사랑하는 사람을 만나고, 선택에 따라 자녀도 낳는다. 그렇게 우리는 어른이 된다.

그런데 어른이 된다는 것은 과연 무엇일까? 부모로부터 분리된다는 것과 같은 의미인가?

부모님을 뵈러 간 어느 오후, 우리는 별안간 다섯 살, 열 살, 열다섯 살로 돌아간다. 아버지는 직장에서 힘든 일이 있어 누군가의 위로가 필요한 상황이지만 우리 앞에서 그런 말을 꺼내지 않는다. 우리는 이미 한참 전부터 성인임에도 이 상황에서 화를 내야 할지 울어야 할지 몰라 혼란스럽다. 어머니는 자나깨나 자식들 앞날을 걱정하면서도 우리 이야기에 귀를 기울이지는 않는다. 그러고는 제대로 하는 게 없다는 둥, 지나치게 우유부단하거나 지나치게 성급했다는 둥 비난하고 나무랄 뿐이다. 나이를 먹고도 그런 말을 들어야 하는 우리는 입술을 깨물고 화를 억누르며 두 번 다시 어머니에게 사적인 이야기를 털어놓지 않겠다고 다짐한다. 엎친 데 덮친 격으로 부모님은 홀룡한 두 아이를 낳고 행복한 결혼생활을 하며 대기업에 다니는 큰딸을 대놓고 칭찬한다. 나머지 형제는 오래전에도 느꼈던 반감과 분노와 열등감이 되살아나는 것을 느끼며 낯을 붉힌다.

분리의 정도는 나이에 비례하지 않는다. 물론 나이가 들수록 자율성이 커지기는 한다. 자신의 일을 부모의 결정에 맡기거나 허락을 구하지 않게 되며 경제적으로도 독립하기 때문이다. 그러나 정서적으로 우리는 여전히 보이지 않는 탯줄에 의해 부모와 연결되어 있다. 최악의 경우 이것이 자율적으로 행동하는 데 장애물로 작용한다.

출생 직후 탯줄을 끊는 행위는 독립적인 인간으로 탄생하는 첫걸음을 상징한다. 서구에서는 보통 아기의 아버지가 분만 직후 탯줄을 잘라준다. 여기에는 단순한 상징적 행위 이상의 의미가 있다. 아이와 어머니가 공생관계를 끝내도록 도와 줄 중요한 제삼자가 바로 아버지 혹은 제2의 애착 대상라는 점에서 그렇다. 이로부터 삼각관계가 탄생하고, 아이는 양친 모두와 실존적 애착 관계를 쌓아 나가게 된다. 부모 외에 아이에게 보호와 사랑을 쏟으며 애착의 범위를 넓혀 줄 애착 대상이 있다면 더욱 좋다. 부모 곁에서 안전함을 느낄수록 아이에게는 주변 세상을 탐색하고 자율성을 키워 나가기도 수월해진다.

유치원과 학교에 다니면서 아이는 또 하나의 중요한 분리 시기를 맞는다. 이 시기에 아이는 부모와 분리되어 낮 시간을 보내게 된다. 이때 아이들은 부모와의 관계를 넘어 다른 애착 대상 및 또래들과의 단체 생활, 그리고 그 의미를 경험한다.

나이가 들수록 독립성도 커진다. 친구 집에서 자 보는 첫날, 첫 수학여행, 첫 비밀, 첫사랑, 첫 입맞춤, 첫 성 경험, 부모 없이 보내는 첫 휴가, 첫 연인, 홀로 독립해서 살게 된 첫 집, 첫 직장, 첫 월급. 이 모든 것은 분리의 여정에서 아이가 만나게 될 이정표들이다.

이상적인 관계에서는 부모가 자녀의 여정을 뒷받침해 준다. 든든히 부모의 자리를 지켜주되 자녀가 성장하는 만큼 놓아 보내주는 것은 건전한 애착 관계의 기본이다. 시적으로 표현하자면 '부모가 아이에게 줄 수 있는 두 가지 가장 큰 선물은 바로 뿌리와 날개'다.

독일계 미국인 정신분석학자 에릭 H. 에릭슨 Erik H. Erikson 은[1] 아동기와 성인의 정체성을 갖추는 시기 사이, 즉 아이들이 어린아이의 자아 및 부모로부터 차츰 분리되어 가는 시기를 일컬어 '심리사회적 유예기 psychosocial moratorium'라고 표현했다. 이 시기에 부모는 여전히 자녀 곁을 지키며 조언하고 통제하는 역할을 수행해야겠지만, 어떤 직업을 갖고 어떤 배우자를 선택하며 어떤 인생을 살 것인가를 결정하는 주체는 부모가 아닌 자녀들이어야 한다. 이 자아 탐색의 시기에는 방향 정립 문제가 발생할 수 있다. 대체로 규정된 역할이 존재하는 보수적인 사회나 독재 사회와 달리 자기 역할을 시험해 볼 여지가 무한히 주어지는 민주주의 사회에서는 더욱 그렇다.

　에릭슨의 발달단계이론에 따르면 모든 사람은 삶의 시기마다 건강한 인성 발달에 절대적으로 필요한 특정 과제를 완수해야 한다. 에릭슨의 발달단계를 조금 더 구체적으로 살펴보자.

유아기 원초적 신뢰감 vs 불신감 (0~2세)

생의 첫 단계에서 아이는 애착 대상에게 오롯이 의존한다. 건강한 초기 신뢰감이 형성되는가, 아니면 반복해서 좌절을 경험하며 세상에 대한 불신감이 형성되는가를 결정하는 것도 이 시기다. 유아기에는 아이가 충분한 보살핌을 받으며 주변 세상과 자신의 필요가 적절히 조화될 수 있음을 경험하는 것이 이상적이다.

초기아동기 자율성 vs 수치심과 의심 (2~4세)

두 번째와 세 번째 삶의 단계에서 핵심이 되는 것은 자율성이다. 아이는 걸음마와 말, 배변조절을 배우며 처음으로 어머니에게서 자유로워지는 경험을 한다. 프로이트 Freud는 아이가 어떤 대상을 붙잡거나 놓아주는 법을 배우고, 처음으로 수치심과 의심에 맞닥뜨리게 되는 시기를 '항문기'로 정의했다. 이 연령대의 아동은 '나'와 '너'라는 개념을 이해하고 자신이 엄마 및 엄마 품과 분리된 개인임을 깨닫는다. 아이가 의심과 수치심보다 자율성이 우세한 상태로 이 시기를 거치는 것이 이상적이다.

학령전기 주도성 vs 죄의식 (4~6세)

4～6세 사이의 아동은 주변 환경과 현실, 그리고 자기 자신을

점점 더 자세히 독립적으로 탐색해 나간다. 수많은 질문을 던지고 놀이를 통해 다양한 역할 또한 경험한다. 자신의 성기에 관심을 가지고 이성 부모에게 성적인 소유욕을 품기 시작하는 것 또한 이 시기로, 이를 '오이디푸스 단계'라고 부르기도 한다. 이때부터 양심과 죄의식도 발달한다. 이 시기를 성공적으로 보내기 위해서는 주도권을 갖는 법과 죄의식에 대처하는 법을 배우는 것이 좋다.

학령기 근면성 vs 열등감 (6~12세)

취학연령인 6세부터 사춘기까지의 발달에서 핵심이 되는 것은 성취감과 열등감 사이의 균형 맞추기다. 아동에게는 놀고 싶은 욕구 외에도 근면성, 즉 유용한 무언가를 성취하거나 배우고자 하는 욕구가 생긴다. 열등감을 상쇄시키는 데는 성취 경험만큼 중요한 것이 없다. 이 시기에 집착이 형성될 경우 이것이 실패에 대한 두려움이나 그 밖의 일반적인 두려움, 심지어 지속적인 자기의식 결핍으로 나타나기도 한다. 이 발달 시기를 이상적으로 보내려면 아이가 마음껏 자신을 펼쳐 보일 기회를 누리고 적절한 자극을 받으며, 풍부한 성취 경험을 쌓을 수 있어야 한다. 이는 탄탄한 자기의식이 발달하는 데 양분이 된다.

청소년기 정체성 vs 정체성 혼란 (12~20세)

이제부터는 정체성 나는 누구인가?이 핵심 화두가 된다. 이 시기에 아이는 과거의 자신, 타인들, 또는 부모와 친구들과 사회가 자신에게 거는 다양한 기대를 현재의 자기 모습과 비교하게 된다. 청소년이 되면 동성과 이성, 규정된 역할, 자신의 욕구 등에도 깊이 심취한다. 이상적일 때는 이 과정에서 쌓은 유익한 경험들과 건강한 자신감이 모여 자아정체성이라는 결정체를 이룬다. 그렇지 않을 때는 정체성의 혼란과 강한 불확실성이 야기되며 아이가 방향을 잃고 헤맬 수도 있다. 안정된 자아정체성을 형성하는 데 실패한 이는 자주 방황하게 되며, 명료한 구조를 갖춘 집단 등에 소속됨으로써 안정감을 찾으려 한다. 그러나 자신이 누구인지조차 모르는 사람은 타인들과 참된 인간관계를 맺는 데도 어려움을 겪기 마련이다. 따라서 이 단계에 적절한 발달을 이루지 못하면 이것이 향후의 삶 전체에 지대한 영향을 미치게 된다.

초기성년기 친밀함과 연대 vs 고립감 (20~45세)

이 단계의 특징은 배우자 찾기와 친밀함으로 압축된다. 에릭슨은 이를 '자기 상실과 타인에게서 자기 찾기'로 표현했다. 단단한 자아정체성을 갖춘 사람은 상대방에게 스스럼없이 다가가되 자신의 중심은 잃지 않으므로, 배우자와도 대체로 안정되고 만족스러운 관계를 유지한다. 반면 자아정체성이 결여된 사람은 실존적 고독과 공허함에 사로잡히고 고립될 위험이 있다. 그러나 고독한 시기가 오더라도 원초적 신뢰감과 자신감을 잃지 않고 견뎌낼 줄 아는 것 또한 중요하다. 이전까지의 삶의 단계를 순조롭게 소화해 온 사람일수록 청년기와 장년기에 요구되는 자질을 갖추는 데도 성공할 가능성이 높다.

장년기 생식성 vs 자기 봉쇄 (45~65세)

에릭슨이 말하는 생식성이란 후대를 양육하는 것을 일컫는다. 이 연령대에 이른 사람 가운데 대부분은 이미 가정을 꾸린 뒤다. 가족 형성은 다음 세대를 위해 가치를 창출하고 전달하며 그것을 확보해 두고자 하는 욕구에서 비롯된다. 자녀가 없는 사람도 이 발달단계에 이르면 자신이 가진 시간, 지식, 경제적 지원 등의 자원을 타인에게 전해주는 데 집중한다. 이때 가장 바람직한 것은 타인을 돌보는 능력을 갖추는 동시에 자신을 소홀

히 하지 않는 것이다. 인간관계를 돌보지 않거나 자신에게만 골
몰해 있느라 이 발달단계를 유익하게 보내지 못할 경우 자기
봉쇄, 고독, 정체에 빠지기 쉽다.

노년기 자아통합 vs 절망 (65세 이상)

삶의 마지막 단계인 이 시기에 가장 중요한 것은 지나간 삶을
있는 그대로 받아들이는 일이다. 지나간 인생을 받아들이지 못
하고 실망과 불만에 젖어 과거를 곱씹는 사람은 삶에 대한 혐
오와 우울감에 빠지는 일이 많다. 온전한 성숙함에 이르러 한
번뿐인 인생의 주기를 그 자체로 의미 있던 것, 다른 무엇으로
도 대체될 수 없었던 것으로 받아들일 수 있다면 이 시기를 이
상적으로 보낸 셈이다. 자기 삶을 현재 모습 그대로 받아들일
줄 아는 사람은 삶의 끝자락을 차분히 관조할 수 있게 되며, 이
로써 죽음에 대한 두려움 또한 완화된다. 절망과 비탄에 젖어
현재를 바라보며 울분만 터뜨리지 않고 지혜로운 노년을 보낼
수 있게 되는 것이다.

이로써 우리는 연령대마다 그에 상응하는 발달 과제가 주어
진다는 사실을 알게 되었다. 각 시기에 맞닥뜨리는 도전을 극
복하지 못한 이는 그 단계에 영영 '갇혀' 버리고 만다. 완수하
지 못한 발달 과제는 이후의 삶에서도 장애물이 되어 또다시
우리 앞을 가로막는다. 자녀의 필요에 즉각 세심하게 반응해
주지 않는 부모의 손에 자란 아이를 예로 들어보자. 최악의 경
우 이 아이는 매사에 의심이 많고 자존감이 낮은 어른으로 자
라며, 수치심과 죄책감에 적절히 대처하는 데도 어려움을 겪게

될 것이다. 열등감은 정체성을 약화할 뿐 아니라 자신을 지키며 인간관계를 가꾸어 나가는 일을 극히 어렵게 만든다. 연인이나 배우자와도 행복한 관계를 맺지 못하고 고독감과 공허감의 노예가 되거나, 아예 스스로 닫아걸고 고립된 채 홀로 살아가게 될지도 모른다. 노인이 되어 지난 생애를 되돌아보며 차오르는 감정은 회한과 깊은 실망감뿐이며, 이로 인해 우울증을 앓게 될 수도 있다. 그토록 암울한 삶의 모습은 유아기로부터 시작되는 수많은 발달단계를 제대로 거치지 못한 데서 비롯된 결과이다.

발달상의 문제는 부모가 아이를 지나치게 놓아주지 않는 경우는 물론, 너무 이른 시기부터 독립성을 강요하는 경우에도 유발될 수 있다. 그 결과는 흔히 삶에 대한 두려움과 애착 관계를 맺는 일에 대한 두려움으로 나타난다.

너무 일찍부터 책임감과 독립심을 강요당한 아이는 흔히 '가짜 자율성'을 형성한다. 이로부터 허영심에 찬 내면의 아이가 태어난다. 이 내면 아이는 현실에서 맞닥뜨리는 과중한 부담을 외면하며 자신이 대단하고 능력 있는 사람이라고 느낀다. 끊임없이 스스로 과대평가하는 한편 현실의 당사자가 타인들 및 자기감정과 접촉하지 못하도록 방해한다. 가짜 자율성을 만들어 낸 사람은 약하고 볼품없는 자기 모습을 거부하며 '혼자서도 할 수 있어. 난 아무도 필요치 않아.'라고 입버릇처럼 말한다. 혼자서 다 해낼 수 있는 사람은 당연히 없다. 그럼에도 이들은

1장

도움이 필요할 때 이를 입 밖에 내기는커녕 타인이 내미는 도움의 손길조차 거절한다. 그러나 마음 깊은 곳에서는 절망감과 극한의 고독감이 고개를 들다가 한순간 엄청난 분노가 폭발하며, 속으로나마 상대방을 향해 '내게 뭐가 필요한지 알아서 눈치챘어야지!'라고 원망과 비난을 퍼붓는다. 가짜 자율성에서 촉발되는 오해와 실망, 인간관계 문제들이 가시화되는 것은 시간문제다. 애착 연구의 선구자 가운데 한 사람인 도널드 위니콧Donald Winnicott은 이 문제를 이렇게 표현했다.

> "성숙해지기 위한 필수 전제 조건은 너무 일찍 성숙해지지 않는 것. 그리고 어느 정도 의존적이어야 하는 나이에 개인의 모습이 형성되고 고착되지 않는 것이다."[2]

나이에 맞게 자기 삶에 책임지기를 거부하는 태도 또한 발달상의 문제에서 비롯된다. 한 마디로 어린아이처럼 행동하는 것이다. 이들 내면의 일부는 한때 충분한 보살핌을 받지 못했던 어린아이에 머문 채 어른이 된 지금도 성숙해지는 것을 무의식적으로 거부한다. 이 내면 아이는 현실에서도 번번이 주도권을 잡고 나선다. 그렇게 되면 당사자에게는 지연된 독립 단계독립해서 혼자 사는 일, 경제적으로 자립하는 일, 누군가와 연인이 되는 일, 오롯이 주관대로 삶을 개척하는 일 등를 늦게나마 밟아 나가는 일이 한없이 고되거나 아예 불가능한 것처럼 느껴진다.

다음에서는 분리 과정의 이정표 몇 가지를 선별해, 이 여정

에서 어떤 장애물이 우리를 가로막고 있으며 무엇이 이를 극복
하는 데 도움이 될지 구체적으로 살펴볼 것이다.

둥지를 떠나지 않는 새

　2018년의 가장 무더웠던 날 가운데 하루였던 6월 1일, 마
이클 로톤도Michael Rotondo는 업스테이트 뉴욕Upstate New York
에 위치한 부모님의 집에서 이사를 나왔다. 뭐, 그리 특별하지
는 않은 이야기다. 날마다 세상 곳곳에서 다 자란 자녀들이 부
모 집으로부터 독립해 나오고 있지 않은가. 많은 젊은이가 성
인이 되어 독립할 날을 손꼽아 기다리고, 혼자 살 집에 대한 설
렘을 품고 옷가지와 책들을 상자에 챙겨 넣는다. 하지만 마이
클 로톤도는 아니었다. 서른 살이 된 그가 부모님의 집에서 벗
어나는 이유는 순전히 법원의 명령 때문이었다. 8년 전 부모
인 크리스티나Christina와 마크Mark의 집에 임시로 들어가 지내
게 된 마이클은 이후 생활비 한 푼 내지 않고 부모 집에 눌러앉
아 버렸다. 부모는 일자리를 찾고 독립하라고 수없이 종용하며
새 출발을 위해 약간의 자금까지 마련해 주었지만 마이클 로톤
도는 꿈쩍하지 않았다. 그는 부모의 바람을 '복수심에 찬 공격'
으로 받아들이고 자신이 희생양이라고 생각했다. 앞서 여덟 살

난 아들의 면접교섭권을 박탈당한 상황이며, 이를 되찾기 위한 싸움이 풀타임 근무만큼이나 고되다는 게 그의 주장이었다. 그런 상황에서 이사를 하고 경제적으로 독립하라는 요구는 지나치지 않느냐는 것이다. 면접교섭권 박탈이 무책임한 생활방식과 연관이 있을 것이라는 주위의 추측도 그는 부정했다.

언론에서는 부모의 품에서 독립하기를 주저하는 밀레니얼 세대 성인들을 '캥거루족'이라 부른다. 일본에서는 백만 명 이상의 사람들이 사회적으로 고립되어 살아가는 것으로 추정된다. 대다수는 일명 '히키코모리'라 불리는 청년들로, 이들은 세상의 요구에 부응하기를 거부하며 어린 시절을 보낸 부모님 집의 어린이 방에 숨어 나오지 않으려 든다.

이러한 발달 지연 현상과 고립을 유발하는 원인은 수없이 많다. 의욕적인 젊은이라 해도 비싼 집세와 낮은 임금으로 인한 사회경제적 어려움에 직면하면 불안감에 휩싸이고 이따금 무기력에 빠지기도 한다. 사회불안, 불안한 미래와 실패에 대한 두려움, 우울증 등을 앓는 사람에게는 자신감을 가지고 예측 불가능한 세상으로 나아가는 일이 훨씬 더 어렵게 느껴진다.

히키코모리는 일본뿐 아니라 전 세계 곳곳에 존재한다. 우리는 사회경제적 요인 외에도 이에 적잖은 영향을 미치는 심리적·가족적 요인을 결코 간과해서는 안 된다. 성인이 되어서도 부모의 품에서 편히 지내려는 사람들은 계층과 사회적 조건을 막론하고 늘 있었기 때문이다.

이 현상의 이면에는 보이지 않게 그에 상응하는 역할을 수행하는 부모들이 있다. 이들은 이기심의 발로에서 자녀를 곁에 묶어둔 채 나이에 맞는 분리 단계를 밟아 나갈 수 없도록 방해한다. 이러한 분리 방해 작전은 무의식적으로, 은밀히 이루어지는 경우가 많다. '엄마, 아빠 곁을 떠나지 마! 네가 떠나면 우리는 병이 들 거야! 네가 떠나면 엄마, 아빠의 결혼생활이 깨지고 우리 가족은 무너져 버릴 거야!'라는 무언의 암시로 자녀에게 의무감을 지워주는 것이 한 예다. 말할 것도 없이 이는 자녀의 분리를 어렵게 만든다. 분리에 죄의식이 따른다면 어느 자녀가 마음 편히 부모 곁을 떠날 수 있겠는가?

부모의 방해 작전 외에 어린 시절에서부터 무의식에 남아 있는 정서적 동기 또한 분리를 어렵게 만든다. 내적으로 성숙해지지 못하고 자립하기를 거부하는 이들은 부모를 비롯한 세상 모든 사람 앞에서 무언가가 잘못되었음을 온몸으로 보여주며 시위한다. 마치 '내 부모는 남들이 생각하는 만큼 훌륭하지 않아! 그래서 나를 패배자로 키운 거야!'라고 말하는 듯하다.

정상적인 발달단계를 밟아 나가길 거부하는 심리에는 흔히 두려움과 공격성이 혼재되어 있다. 남들은 다 해내는 일들조차 회피하거나 실패하고 날마다 부모에게 패배자의 모습을 보여주는 일은, 겉모습만 성인일 뿐 내면은 어린아이로 남아 있는 자녀가 부모의 과오에 대해 행하는 일종의 복수인 셈이다. 자녀가 성인이 된 뒤에도 부모 집에 얹혀살거나 경제적으로 의존할 때 부모는 불가피하게 부모의 의무를 계속해서 이행하게 된다. 가령 로톤도 가족의 부모는 아들에게 진 해묵은 빚을 갚지 못해 계속해서 채무자 신세로 살아가는 것처럼 보인다.

심리치료사로서 이런 상황에 맞닥뜨렸을 때 나는 '성인이 되어서도 독립하기를 거부하는 자녀의 행동이 어떤 기능을 하는가?'라는 질문을 던진다. 마이클 로톤도는 당시 서른 살이었고 대학까지 나왔지만 이전의 여러 해 동안 실업자로 지냈으며, 아들의 면접교섭권을 잃은 지도 얼마 안 된 상태였다. 아마도 그는 극심한 무기력에 빠져 운명에 모든 것을 내맡긴 일종의 마비 상태였을 것이다. 독립하기를 거부하는 것만이 마이클 로톤도가 가진 유일한 무기였음을 짐작하게 하는 부분이다. 수많은 미성숙한 성인들은 부모 경우에 따라서는 배우자 또는 세상 사람 모두가 자신에게 뭔가를 빚지고 있다고 느낀다.

그러한 수동공격적 시위의 이면에는 사실 강한 공격성이 도사리고 있다. 이것이 미숙하고 기생하는 태도로 표출되는 것이다. 나는 로톤도에게 부모가 무엇을 잘못했다고 생각하는지 묻고 싶다. 그의 분노는 어디에서 비롯되었는가? 마음의 준비도 안 된 상태에서 부모가 처음으로 자신을 '내쫓으려' 한다고 느끼고 조금만 기다려 달라고 애원한 적이 있을까? 그렇다면 몇 살 때였을까? 자립하는 것이 사실상 불가능했던 나이에 부모는 그에게 어떤 잘못을 저질렀는가?

분노와 실망감의 근원을 찾아내는 일은 건강한 분리를 위한 첫걸음이다. 그로써 내내 함구되어 왔거나 다른 분출구를 찾아 폭발한 갈등, 그리고 해묵은 상처 사이의 연관성을 발견할 수 있을 것이다.

가능한 가설에는 여러 가지가 있다. 혹여 마이클의 눈에 부모가 여동생을 더 살뜰히 보살피며 편애한 것으로 비친 게 아닐까? 부부 사이가 좋지 않았던 부모가 아들이 필요로 하는 만큼 애정을 쏟아주지 못한 것은 아닐까? 혹은 양육 과정에서 과도하게 헌신을 쏟는 바람에 건강한 선을 그어주지도, 독립하고자 하는 확고한 동기를 심어 주지도 못한 것은 아닐까? 남들이 어떻게 생각하든 마이클 로톤도의 입장에서는 부모를 처벌하고 괴롭힐 근거가 차고 넘칠 것이다. 그러나 로톤도처럼 성인이 되어서도 특정한 분리 단계를 고집스레 거부하는 이는 주변의 오해와 경멸을 한 몸에 받는 게 당연하다. 한없이 정체된 채 어른스럽게 행동하는 법을 배우려 들지 않는 모습, 그로 인해 실패를 거듭하는 모습을 보면 누구나 '나이를 먹었으면 이제 네 인생은 네가 알아서 해!'라고 나무라고 싶을 것이다. 그러나 이런 행동 방식의 이면에는 해묵은 유년기의 상처와 중요한 발달단계를 건너뛰어버린 과거가 숨어 있다.

마이클 로톤도가 세 살이었을 때 여동생이 태어나 부모가 두 아이를 돌보느라 지친 상태였다면, 아마도 그는 부모의 따뜻한 지지를 받으며 '미운 세 살' 시기를 무사히 넘길 수 없었을 것이다. 이 연령대의 아이들은 자율성을 기르는 동시에 부모 곁에서 안전감과 포근함을 느낄 수 있어야 한다. 그러지 못했을 경우 무력감과 소외감에 젖어 홀로 내팽개쳐져 있던 어린아이가 그의 내면에 계속해서 살아 있게 된다. 소외당한 세 살배기 마이클은 현재 어른 마이클의 삶에서 과거를 떠올리는 상황이 벌어질 때마다 어마어마한 파괴력을 발휘하며 폭발한다. 직장에서 해고당하거나 연인에게서 버림받거나 자신의 아이를 만날 수 없게 되어 무력감에 빠지는 순간, 그의 내면에 잠자고 있던 세 살배기 마이클이 깨어나 어른 마이클을 지배하는 것이다. 겉모습만 어른인 이 세 살배기 아이는 이 모든 상황이 부당하며 자신은 희생양일 뿐이라고 부모와 세상 사람들을 향해 외친다. 자신에게는 그저 부모의 돌봄과 약간의 시간이 더 필요하다는 것이다.

세 살배기 아이처럼 구는 어른을 곱게 봐 줄 사람은 많지 않다. 그러나 이 성인 남자의 영혼이 자신도 모르는 사이에 세 살배기 아이에게 조종당하고 있음을 이해하면 아마 여러분도 연민의 마음이 들 것이다. 누군가 자신을 보살펴주기를 바라며 걸핏하면 소란을 피워대는 세 살배기 아이를 향해, 그리고 성장을 가로막는 이 내면의 아이에게 무기력하게 노출되어 있는 어른을 향해서도 말이다.

마이클 로톤도의 경우는 다소 극단적인 사례라 할 수 있으나 내면의 어린아이에게 인질로 잡혀 내적 위기를 겪는 순간은 누

구에게나 있을 것이다. 우리의 부모나 배우자, 자녀들도 마찬
가지다. 내면의 어린아이는 뜻밖의 순간에 성숙한 어른의 자아
를 무력화하며 우리를 정서적 예외 상황으로 몰아넣음으로써
친구나 직장 동료들과의 사이에 갈등을 유발시키기도 한다.

실제 나이보다 어린 자아가 우세해지며 어린아이의 감정과
행동이 활성화되어 성숙한 어른으로 살아가는 데 필요한 능력
을 충분히 발휘할 수 없게 되는 현상을 '퇴행'이라 부른다. 이
때 당사자는 자신이 어린아이처럼 행동한다는 사실을 스스로
도 깨닫지 못하는 경우가 대부분이다.

퇴행 아이로 되돌아가는 어른들

퇴행, 즉 정신연령 수준이 과거 특정 시기의 발달단계로 되
돌아가는 현상은 아동들에게서도 관찰된다. 트라우마 경험이
있는 경우, 부모가 지나치게 엄격했거나 반대로 아이를 방임했
던 경우 퇴행이 발생할 수 있다.

다섯 살의 마리Marie는 아주 명랑하고 영리한 소녀였다. 그러
나 남동생이 태어난 직후 사망해 부모님이 큰 슬픔에 빠져 지
내면서 모든 게 달라졌다. 부모님이 자신에게서 멀어지는 이유
를 이해하기에 마리는 너무 어렸고, 그 괴로움은 거식증과 유
뇨증으로 나타났다. 언젠가부터 마리의 어머니는 아이가 고형
식을 거부하고 유동식만 찾는다는 것을 깨달았다. 어느덧 데운

우유와 죽이 마리의 주식이 되어있었다.

마리의 행동 방식은 퇴행의 표본이었다. 심지어 어떤 면에서는 신생아 같았다. 퇴행 행동을 통해 '저를 돌봐주세요! 저는 아직 너무 어려서 엄마, 아빠 없이는 아무것도 할 수 없어요! 제가 다시 건강해질 때까지 밥도 먹여주고 기저귀도 갈아주세요!'라고 요구한 것이다. 나와 상담한 부모는 다섯 살배기 딸아이에게 젖병을 주고 마리는 젖병을 거부했다 기저귀를 채우며 실제로 아기처럼 대해주었다. 부모와 마리가 함께 사망한 아기를 애도하고 보내주는 일종의 의식을 치른 셈이다. 몇 달 뒤 마리는 다시금 고형식을 먹기 시작했고 기저귀도 야간에만 차는 정도로 발전했다. 그리고 기저귀가 불편하다는 것을 느끼자 스스로 다시금 다섯 살 아이답게 느끼고 행동할 수 있게 되었다.

마리의 부모는 딸이 퇴행을 극복하도록 최선을 다해 도왔다. 둘째 아이를 잃은 슬픔을 견디면서도 딸에게 공감하며 사랑으로 보듬어 준 부모 덕분에 아이는 다시금 정상적으로 발달할 수 있게 되었다. 마리의 부모도 물론 처음에는 마리에게 정신적으로 문제가 있다고 생각하며 불안에 떨었다. 그때 아이에게 벌을 주며 '정상적으로' 행동하라고 강요하거나 절망에 찬 아이의 구조신호를 무시해 버렸더라면 마리는 오히려 정상적인 발달이 불가능했을 것이다. 물론 도움을 받지 못했어도 어느정도 시간이 흐른 뒤 다시금 정상적인 식사를 하고 기저귀를 떼었을 테다. 그러나 그때부터는 소외된 다섯 살배기 어린아이를 내면에 품고 살아가게 된다. 이 내면 아이는 부정적인 상황에서 스스로 감정을 다스리는 방법을 모를 뿐 아니라, 마리가 성인이 된 뒤에도 뭔가가 틀어지면 그야말로 최악의 수단을 쓰려 들었을 것이다.

위 사례는 어린아이들이 난관에 맞닥뜨렸을 때 부모가 충분한 애정과 지지를 보내는 일이 얼마나 중요한지를 설명해 준다. 그렇게 하지 않으면 이후의 발달이 극도로 어려워지거나 심하면 불가능할 수도 있다. 나아가 아이는 해묵은 상처라는 뇌관이 건드려지기만 하면 수십 년 뒤에라도 폭발할 수 있는 작은 시한폭탄을 내면에 지닌 채 살아가야 할 것이다.

일시적인 퇴행은 누구나 한 번쯤 겪기 마련이다. 인간관계에서의 갈등 등으로 커다란 중압감에 시달릴 때는 특히 어린아이의 자아가 쉽게 깨어난다. 그로 인해 극단적이거나 욱하는 반응이 터져 나오는 경우 당사자도 자신의 행동을 어렴풋이 느낄 것이다. 그 상황에서는 물론이고 자신의 현재 나이에는 이런 반응이 더욱 부적절하다는 사실, 감정 조절 능력에 문제가 있어 마음을 가라앉히기 어렵다는 사실도 감지한다. 이성을 잃고 펄펄 날뛰는 모습, 말문이 막혀 당황하는 모습, 분노에 압도되어 우는 것 말고는 할 수 없는 모습, 어른스럽게 자기 입장을 설명하는 대신 토라진 채 자리를 뜨는 모습을 스스로 인지한다는 의미다. 스스로 어린애 같다고 느끼고, 또 그렇게 행동한다.

누군가와 다툼이 일어났을 때 이런 퇴보 현상이 발생하면 흔히 시야가 좁아져 전체를 보지 못하고 자기 자신에게만 초점을 맞추게 된다. 상대방을 향한 이해와 공감 능력도 온데간데없이 사라져 버린다. 자기중심주의에 지배당하며 자신의 필요, 자신의 상처를 비롯해 세상 모든 것을 자기 위주로 생각하게 되는 것이다. 타인의 필요는 안중에도 없다. 나아가 근거 없는 믿음과 억측이 독립적인 사고를 밀어내며 우위를 점한다. 이성적인 어른의 자아로 되돌아간 뒤에 땅을 치며 수치스러워하게 될 말이나 행동을 해 버린다면 그야말로 최악이다.

퇴행의 문제점은 흔히 당사자 스스로 이를 인지하지 못한다는 데 있다. 그래서 이성을 잃고 행동하는 것을 스스로 거북하게 느끼면서도 내면 아이에게 지배당하는 것이 그 원인이라고는 생각하지 못하고 남에게 책임을 전가해 버린다. 이런 행동의 이면에는 '내가 화를 내는 건 너 때문이야!', '너 때문에 내가 이렇게 무기력해진 거야!'라는 심리가 숨어있다. 극심한 갈등 중 다수는 당사자 스스로도 인지하지 못하는 퇴행에서 비롯되며, 이를 해결할 방법은 내면 아이가 현재 자신의 감정과 행동을 쥐락펴락하고 있음을 자각하는 것뿐이다. 당신을 가장 화나게 만드는 사람이 배우자라면 일단 여러분의 어린 시절을 되짚어 보라. 당신이 현재 배우자에게 하는 행동을 어떤 상황에서, 누구에게 했었는가? 극도로 화가 나고 수틀리고 실망하게 되는 순간 스스로가 몇 살쯤으로 느껴지는가? 단언컨대 어린 시절 당신에게 그와 비슷한 감정을 유발하게 했던 상황 또는 사람이 떠오를 것이다.

극심한 불화를 겪으며 좀처럼 탈출구를 찾지 못하는 부부는 각자 특정한 퇴행 단계에 갇힌 경우가 많다. 연인 사이인 에바 Eva와 헨드릭Hendrik도 그랬다. 다툼이 벌어졌을 때 에바는 자신을 무시하는 헨드릭에게 화가 나서 마구 날뛰었고, 헨드릭은 에바의 비난으로부터 스스로 방어하기 위해 침묵을 택했다. 다투는 동안 자신이 몇 살로 느껴지냐는 내 물음에 에바와 헨드릭은 각각 '네 살'과 '여섯 살' 정도라고 대답했다. 에바는 어린 시절 부모가 자신의 필요를 무시했을 때 느낀 감정을 기억하고 있었다. 이에 대한 생존 전략으로 에바는 비슷한 상황에서 절대로 양보하지 않고 언성을 높이는 방법을 택했다. 반면에 헨드릭은 어린 시절 항상 스트레스에 시달리던 어머니에게 심하게 야단맞는 일이 빈번했다. 어린 헨드릭에게는 이것이 깊은 상처였다. 그로부터 자기를 보호할 방법은 어머니를 멀리하고 최대한 접촉을 피하는 것뿐이었다. 걸핏하면 심한 다툼을 벌이는 당사자가 어른 에바와 어른 헨드릭이 아닌 절망한 내면의 아이들이라는 사실은 이 사례에서도 명백히 드러난다.

퇴행 행동을 멈추고 성숙한 어른으로 되돌아가려면 어떻게 해야 할까? 정답은 자기 자신을 더 잘 파악하는 것이다. 어떤 상황에서, 혹은 누구를 대할 때 순간적으로 통제력을 잃고 내면의 어린아이가 깨어나는지 자세히 관찰해야 한다. 물론 그 전에 할 일은 원하는 것이나 필요한 것을 받아본 적이 없어 걸핏하면 상처받고 뾰로통해지는 어린아이가 자기 내면에 존재한다는 사실을 받아들이는 것이다.

자신을 이해하는 것도 성숙해지는 과정의 하나다. 나를 이끄는 내면의 목소리는 무엇인가, 나는 어떤 신념에 따라 행동하는가, 내가 가장 자주 맞닥뜨리는 내적 · 외적 갈등은 무엇인가, 내면 아이는 그에 어떤 영향을 미치는가를 스스로 잘 알고 있어야 한다.

누구에게나 유치하고 미성숙한 부분은 있다. 내면 아이를 제대로 돌보지 않거나 거부하고 억누르면 아이가 문제를 일으킬 가능성도 커진다. 상처받은 내면 아이가 두려움과 절망에 사로잡혀 마구 날뛰며 소동을 벌이기 때문이다. 혹은 실망하고 침묵하며 우리에게서 살아 나갈 용기와 힘을 빼앗아 버릴지도 모른다. 보살핌을 갈구하던 아이의 해묵은 고통과 열망은 삶의 어느 단계에서든 갑작스레 깨어나 극단적인 감정 상태와 기이한 행동을 일으킬 수 있다.

해묵은 상처를 낱낱이 파고들다 보면 지금이라도 이를 치유할 가능성이 생긴다. 당신을 가두고 있던 과거에서 벗어나 성장해 나가는 일도 한층 수월해질 것이다.*

---

* 내면의 아이와 마주하고 이를 보살피는 일에 관해서는 6장에서 자세히 다루겠다.

성인이 된다는 것은 독립적인 인간, 즉 '나 자신'이 된다는 뜻이다. 내면 아이를 자아의 일부로 통합시키고 그의 성장을 돕는 일도 이에 포함된다. 내면 아이의 성장이 곧 나의 성장을 의미하기 때문이다.

나 자신으로 성장해 나가려면 다양한 측면에서 부모로부터 독립하는 일이 꼭 필요하다. 부모의 집에서 독립해 나오는 일, 직업을 갖고 경제적으로 자립하는 일, 배우자를 찾아 새로운 규칙 체계를 갖춘 자신만의 가족을 구성하는 일이 모두 이에 포함된다. 이처럼 지극히 평범해 보이는 일들이 실제로는 큰 도전으로 여겨지는 경우가 많다. 특히 이미 무사히 거친 줄 알았던 과거의 단계로 반복해서 되돌아가게 될 때나, 다음 단계로 나아가기 위한 중요한 발달 과제를 아직 제대로 완수하지 못했을 때가 특히 그렇다.

경제적 자립이 필요한 이유

현재 마흔다섯 살인 플로리안Florian은 젊은 시절 미술사학을 전공했다. 그는 대학을 졸업한 뒤 곧바로 골동품 가게를 차렸다. 가게는 그럭저럭 운영되었으나 얼마 안 가 골동품 가게에 싫증이 났다는 이유로 꽃가게를 차리기로 결심한다. 그러나 꽃가게가 겨우 수익을 내기 시작할 무렵 직원과 다툼을 벌이고는 충동적으로 가게를 폐업해 버렸다. 그리고 얼마 안 가 도시의 다른 구역에 새 가게를 차리고 처음부터 새로 시작했다. 꾸준하지 못한 성향은 사생활에서도 드러났다. 그는 친구가 거의 없었고 사귀는 사람은 수시로 바뀌었다.

플로리안은 사치스러운 생활을 했다. 넓은 아파트에 살며 고가의 자동차들을 사들였고, 호화로운 휴가와 명품 의류, 고급 레스토랑 식사에도 많은 돈을 지출했다. 버는 돈보다 나가는 돈이 몇 배로 많은 것도 당연했다. 그러나 그의 은행 계좌에는 항상 잔고가 넘쳐났다. 부모의 아낌없는 경제적 지원 덕분이었다.

매우 부유한 플로리안의 부모는 아들을 지나칠 정도로 오냐오냐 키웠다. 비슷한 환경의 아이들에게 으레 그렇듯 플로리안에게도 이는 축복이자 저주였다. 무슨 일이든 부모가 돈으로 막아주어 실패할 일이 없었으니 애초에 그는 경제적으로 자립한다는 게 어떤 의미인지 알지 못했다. 무언가를 소유하거나 잃는다는 게 어떤 느낌인지도 몰랐고, 그 결과에 스스로 책임질 줄은 더더욱 몰랐다. 부모 덕분에 돈으로는 무엇이든 할 수 있었다. 누구나 부러워할 만한 조건이 결국 플로리안을 파멸로 몰아넣었다. 부모의 든든한 금전적 뒷받침이 그에게서 삶의 의미를 송두리째 앗아간 것이다. 가족의 부가 그를 마비시켰다해도 과언이 아니다. 이는 부유한 가문에서 흔히 발생하는 후유증이기도 하다. 부모가 이룬 것을 뛰어넘기는 어차피 불가능하니 애초부터 제 손으로 뭔가를 이루고자 하는 동기가 생기지 않는 것이다. 스스로 무엇을 일구어내도 선대가 이룬 성공에 비하면 그 가치가 볼품없어 보이기 때문이다.

넘치는 가능성과 커다란 잠재력을 지니고도 번번이 직업에서 실패하고 부모에게 경제적으로 의존하는 사람은 은연중에 부모로부터 받는 압박감에 시달리며 가족이라는 그물에 옴짝달싹 못 하게 얽혀 버린다. 부모에게 붙들린 자녀에게 분리는 요원한 일이 되고 만다.

경제적 자립은 사소한 문제가 아니라 분리의 여정에서 매우 중요한 이정표다. 당신은 처음 혼자 힘으로 돈을 벌었을 때의 뿌듯함과 해방감을 기억하고 있을 것이다. 그러니 결국 '돈'이라는 건 명확한 독립의 표식이자, 우리가 혼자서도 이 세상을 헤쳐 나갈 수 있다는 증거다.

그러나 어떤 사람들은 일정한 직업을 가져 경제적으로 자립하는 일을 생각조차 해 본 적 없는 것 같다. 당사자 또는 가족 중 누군가가 분리를 견디기 힘들어하는 것도 그 원인 중 하나다. 누군가의 자녀가 대학 또는 직업 교육을 끝마치지 못했거나 계속해서 부모에게 경제적으로 의존할 때 가장 큰 혜택을 받는 사람이 누구인가? 자녀를 지원함으로써 자신이 중요한 존재라는 느낌을 얻고 그로부터 삶의 의미를 찾는 부모인가? 아니면 성인으로서 마주해야 할 도전을 외면한 채 부모의 돌봄을 받아 가며 편안히 지내는 자녀인가?

　스스로 자각하지 못하는 가족과의 얽힘이 개인의 발달을 가로막는 경우는 생각보다 흔하다. 죄책감으로 엮인 부모와 자녀 모두가 자신도 모르게 분리를 저지하는 것이다.

　플로리안과 그의 부모는 부모-자녀 관계가 무너질지도 모른다는 무의식적인 두려움 때문에 경제적으로 서로에게서 분리되지 않으려 양쪽 모두 무진 애를 쓴 경우였다. 플로리안의 부모는 조부모가 설립한 가족기업을 물려받아 운영하는 데 일생을 바쳤다. 플로리안은 바쁜 부모 대신 베이비시터의 손에 자랐고 나중에는 기숙학교에 들어가 지냈다. 부모는 그에 대한 죄책감을 상쇄시키기 위해 아들에게 극도의 물질적 풍요를 제공해 왔으며, 현재도 그렇게 하고 있다. 아들을 더욱 의존적으로 만들어 자신들 곁에 붙잡아 두려는 것이다. 분리 과정을 거치는 여느 자녀들처럼 아들이 부모를 비난하게 될까 두려워 이를 미연에 방지하려는 목적도 있다. 돈을 줄 테니 고분고분 잠자코 있으라는 일종의 거래였다. 그러나 언젠가는 비싼 대가를 치를 것이 분명하다. 서로를 영원히 같은 눈높이에서 볼 수 없게 되는 게 그 대가다. 부모와 자녀의 애착이 사랑과 다른 무엇보다 의존 중 무엇에 기반을 두고 있는지도 불분명한 채로 남는다. 이 가족 내에 도사린 채 관대한 부모와 의존적인 아들을 양산한 것은 다름 아닌 죄책감이다.

　플로리안은 발달을 가로막는 장애물을 외면하고 자신의 무능함을 잊기 위해 애써 다른 곳으로 주의를 돌리며 몇 년, 몇십 년을 살아 온 것인지도 모른다. 그런데 어느 날, 태어나서 처음으로 진심을 다해 사랑한 연인이 그를 떠나 버렸다. 그가 결혼해서 함께 가족을 꾸릴 수 있을 만큼 성숙하지 못한 사람이라는 게 이유였다. 이후 플로리안은 우울증에 시달렸다.

"인생이 텅 비어 버린 느낌이에요. 여자친구가 너무 보고 싶어요. 그 사람 없이는 도저히 살 수 없을 것 같아요."

플로리안이 말했다. 이별의 아픔과 함께 자신이 그 누구와도 진정한 애착을 맺은 적이 없다는 사실을 뼈저리게 깨달은 것이다. 가족과 친구는 물론이고 자기 자신과도 마찬가지였다. 그는 이것을 '사실은 제가 어떤 사람인지도 전혀 모르겠어요.'라는 말로 표현했다. 극도의 불안감은 그를 두려움으로 몰아넣는 한편, 지나간 삶을 반추하고 스스로 변화할 수 있는 가능성 또한 열어주었다. 과거의 생존 전략이 효력을 잃었을 때 사람들은 내면의 아이로 퇴보하거나, 반대로 살아가는 데 꼭 필요한 다음 발달단계로 과감히 발을 내딛는다. 플로리안은 결국 내면의 아이를 돌보고 나이에 맞게 자기 삶을 책임져 나가는 단계를 차근차근 밟기로 결심했다. 자신에게 무엇이 진정으로 중요한지, 무엇이 진정한 기쁨을 주는지, 발전하고 성장하기 위해 과감히 포기해야 하는 것은 무엇인지도 하나씩 찾아 나갔다.

감정과 사고를 마비시킨 채 계속해서 호사를 누리는 대신 온갖 감정들을 견디고 타인들과 공유하는 법도 배웠다. 우선은 심리 치료사와 감정을 공유하는 연습을 한 뒤, 오랜 친구들과 새로 사귄 연인으로까지 그 대상을 넓혀갔다. 그러자 부모와의 관계에도 변화가 생겼다. 이들은 거리낌 없이 갈등을 표출하고 서로에 대한 실망감도 감추지 않았다. 동시에 양쪽 간에 친밀감과 존중하는 태도가 형성되었으며, 플로리안이 부모로부터 서서히 해방되어 혼자 힘으로 서기 시작했을 때는 전에 없이 진심으로 서로를 챙기게 되었다.

　나이에 맞지 않게 부모에게 의존하는 자녀들은 수많은 가정에서 볼 수 있다. 분리가 이루어지지 않아 부모 집에 얹혀사는 성인 자녀, 만년 대학생 자녀, 성인이 되고도 실패를 거듭하며 부모의 경제적 지원을 받는 '아픈 손가락' 자녀 등, 그 양상도 다양하다.

　경제적으로 의존하는 자녀를 가족 가운데 일부 또는 모두가 매우 못마땅해하는 일도 있다. 이때 자녀는 부모에게서 생활비를 받는다는 사실을 수치스럽게 여기고, 부모는 자녀를 부양하는 것이 부담스러워 노후에는 그런 책임에서 벗어나기를 간절히 기도한다.

　대개는 모두의 고통이 한계에 다다르는 시점이 있다. 이때는 먹고 살기 위해 불가피하게 무언가를 시작할 수밖에 없다.

직업을 갖기 위해 교육받는 동안에는 어떤 자녀든 부모의 금전적 지원을 필요로 한다. 그러나 언젠가는 경제적으로 독립하고 홀로서기를 해야 할 때가 온다. 어떤 사람들은 이런 순간을 부담스럽게 느끼지만, 오히려 부모에게 빚지지 않고 스스로 생계를 책임질 수 있다는 사실에 해방감과 자부심을 느끼는 사람들도 있다. 금전적 측면에서 부모를 더 이상 필요로 하지 않는다는 것은 부모에 대한 사랑이나 애착을 끊어내는 것과 전혀 다르다. 의존적인 어린아이 역할에서 벗어나 자율적인 개인으로 성장한다는 데 그 의의가 있을 뿐이다.

분리 과정을 거치지 않은 것이 늘 겉으로 드러나지는 않는다. 일찌감치 부모의 집에서 독립하고 스스로 생계를 책임질 줄 알아도 정서적으로는 유년기의 발달단계에 머물러 있는 사람들이 있다. 반대로 성인이 된 뒤에도 한동안 부모 집에 머물거나 일부 재정 지원을 받는 사람이 모두 분리 문제를 겪는다고 단정 지을 수도 없다.

그러나 성인이 된 후 홀로서기를 시도해 본 적이 한 번도 없는 자녀, 원가족으로부터 약간의 거리를 둔 채 그에 대한 충성심을 고민해 본 적이 없는 자녀, 자신의 재정 상황이나 인간관계 등을 오롯이 홀로 책임져 본 적이 없는 자녀는 향후 인생의 여러 부분에서 건강한 분리에 반드시 필요한 발달단계를 거쳐야 한다. 제대로 완성되지 못한 발달 과정은 인생 전반, 특히 배우자와의 관계에 적잖은 영향을 미치게 된다.

배우자 선택
위험한 칼날과 편안한 완충지대

월리스 심프슨Wallis Simpson은 두 차례 이혼 전력이 있는 평민 출신의 미국인이자 1930년대 커다란 논란의 중심에 있던 여성이었다. 영국 윈저Windsor 가문의 에드워드 8세Edward VIII는 그와 결혼하기 위해 1936년에 스스로 왕위에서 내려와 고향을 떠났고, 이로 인해 정치적 비난과 왕실의 따가운 시선을 감수해야 했다. 월리스와 에드워드의 결혼식에는 영국 왕실의 누구도 참석하지 않았으며 에드워드의 모친은 이후에도 아들이 '격에 맞지 않는 며느리'를 대동하고 찾아오면 그를 문전박대하고는 했다.

그로부터 80여 년 뒤, 비슷한 일이 일어났다. 왕위 계승 후보자 가운데 한 명인 해리Harry 왕자가 사랑을 위해 가문의 엄격한 규율에 반기를 든 것이다. 해리 왕자와 아내 메건 마클Meghan Markle은 2020년 1월 8일 인스타그램 계정을 통해, 영국 왕실의 일원으로서 수행해야 하는 모든 의무로부터 물러나고 재정적으로 독립하며 일정 시간 동안 북미에 거주할 것임을 공식 선언했다. 영국 언론에서는 이를 대서특필했고 왕실은 발칵 뒤집혔다. 이혼 전력이 있는 흑백 혼혈의 미국인 배우가 영국 왕실의 매력적인 왕자를 '낚아' 챈 것도 모자라, 인종차별과 언론의 악의적인 사생활 침해 보도를 이유로 고작 2년 만에 황금 새장에서 탈출하겠다고 나선 것이다. 언론에서는 왕실로부터 독립하려는 이 부부의 시도를 '메그시트Megxit'로 명명하고 이를 헤드라인에 내걸었다. 해리 왕자가 스스로 원했거나 부부가 공동으로 내린 결정이 아님을 암시하며 메건에게 모든 책임을 전가하려는 의도가 명백히 엿보였다.

가족이 반대하는 배우자와 결혼하겠다는 자녀의 말을 선전포고로 간주하는 것은 비단 영국 왕실만의 문제가 아니다. 원가족을 향한 충성심을 극히 중시하는 가정에서는 자녀가 갑자기 독립을 선언했을 때 자녀의 배우자에게 비난의 화살을 돌리는 경우가 많다. 자기 아이를 지키려는 부모의 분노가 가족 내로 들어오려는 누군가에게 향하는 것이다. 이런 부모는 자녀의 배우자가 자신의 아들 또는 딸을 정서적으로 납치한 뒤 부모와 반목하게끔 이간질하는 것으로 간주한다. '저 사람에게 세뇌당하지만 않았어도 내 아이가 나를 떠나는 일은 영원히 일어나지 않았을 텐데!'가 이들의 사고방식이다.

자녀가 그 배우자를 선택한 데는 그럴만한 이유가 있다는 사실을 부모들은 너무 쉽게 망각한다. 배우자가 분리를 도와준다는 것도 아마 그런 이유 중 하나일 것이다. 일부 부모들이 며느리나 사위를 위험한 칼날로 받아들이는 데 비해, 이들의 자녀는 배우자를 자신과 부모 사이의 안락한 완충지대로 느끼는 경우가 많다.

부모가 허락하지 않는 배우자만큼 가족 간의 애착을 시험대에 세우는 것은 없다. 자녀에게 집착하는 부모들은 흔히 자녀의 감정과 결정에 좌절감을 느끼며 '그 여자는 너한테 어울리지 않아.', '그 여자는 너무 무능해.', '그 남자가 우리 사이에 분란을 일으키는 걸 모르겠니?' 같은 말로 그를 배우자로부터 떼어내려 든다. 자녀는 사랑하는 사람과 그 사랑에 동의하지 않는 원가족 사이에서 충성심의 갈등을 겪게 되고, 부모는 그것을 이용해 자녀를 자기편으로 끌어들이려 한다.

　가족 또는 세상 전체에 맞서 싸우는 연인이나 부부는 거센 맞바람에 무릎을 꿇을 수도 있지만, 오히려 이를 계기로 두 사람 사이에 강력한 연대감을 형성하기도 한다. '잘못 고른' 배우자 덕분에 이전의 어느 때보다도 원가족과 거리를 두기가 수월해지기 때문이다. 외부의 공격은 또한 두 사람의 공동체 의식을 크게 강화한다. 이런 상황에서 동생에게 왕위를 물려주고 왕좌에서 내려오는 길을 택한 에드워드 8세는 '나는 사랑하는 여인의 도움 없이 무거운 왕의 책무를 다할 수 없다.'라는 말을 남겼다. 에드워드와 월리스의 결혼생활은 에드워드가 사망할 때까지 35년간 이어졌으며, 당사자의 말에 의하면 온갖 고난이 무색할 만큼 행복했다고 한다. 해리와 메건의 관계가 얼마나 굳건히 유지될지는 아직 미지수다. 2021년 3월의 한 인터뷰에서 해리는 아내가 아니었더라면 가족과 척지는 일은 없었을 것임을 인정했다. 메건을 만나고서야 자신이 구속된 채 살아왔음을 깨달았다는 것[3]이다. 그리고 이제부터는 아내와 자녀들을 돌보고 보호하는 일, 가족을 지배하던 '고통과 수난'의 악순환이 자녀들에게 대물림되지 않도록 막는 것을 일 순위로 삼겠다고 이야기[4]했다.

서른다섯 살의 남성이 아내와 함께 자신만의 규칙을 만들고 자신만의 삶을 살기로 결심한 것을 두고, 세상에서는 메건이 범죄라도 저질렀거나 해리가 세상 물정 모르는 바보인 것처럼 비난을 퍼부었다. 뒤늦게 시작된 그의 분리 시도를 지지해 주기는커녕 배신, 왕실의 균열, 왕실 명예 훼손, 개인파산 등을 들먹이며 그를 폄훼한 것이다.

그러나 해리의 입장에서 보면 이 모든 일들은 개성화또는 자기화 과정에서 거치게 되는 몇 가지 중요한 단계일 뿐이다. 원가족이 고수해 온 기존의 가치와 규범에 의문을 품는 일, 스스로 새 가치관과 규칙을 정립하고 배우자와 함께 독립된 가정을 꾸리기로 결심하는 일이 모두 이에 포함된다.

원가족에서 새로 꾸린 가족에게로 충성심을 이양하는 것은 분리에 필수 불가결한 요소다. 그러나 자녀에게 무한한 가족애를 요구하는 가정에서는 이것이 갈등과 분노와 실망의 촉발제가 된다.

가족들의 압박과 상실에 대한 두려움을 무릅쓰고 자신만의 길을 가는 데는 커다란 용기와 내면의 힘이 요구되며, 우리는 모두 그 잠재력을 갖추고 있다. 원가족을 향한 과한 충성심 때문에 연인관계나 부부관계가 깨어지는 경우는 셀 수 없이 많다. 가족을 향한 절대불변의 신의가 누군가와 연인이 되고 공동의 가치관에 따라 공동의 삶을 살아가는 일을 가로막는 탓이다. 원가족에 너무 충실하다 보면 배우자에게 소홀해질 수 있다. 따라서 분리에 성공하려면 부모를 향한 자신의 충성심을 반드시 검토해 보고 일찌감치 이를 배우자와 자녀에게로 이양해야 한다.

수많은 자녀가 배우자를 선택하고 관계를 가꾸며 독립적인 가정을 꾸리는 일을 분리 과정 중에서도 가장 어려운 단계로 느낀다. 그들의 부모도 마찬가지다. 가족이 성장하고 확대될 것인가, 혹은 스스로 무너지고 파괴될 것인가도 이러한 기로에서 결정된다. 이들은 변화를 거부하며 종국에는 독립하려는 자녀와 그 배우자를 배척하기 때문이다.

부모와의 공생관계가 부부관계에 미치는 영향

어떤 부모들은 자녀의 분리가 가족 전체에게 위협이 된다고 느끼지만, 자녀의 삶과 모든 인간관계를 위해서라도 분리는 반드시 이루어져야 한다. 부모에게서 제대로 분리되지 않으면 좋은 배우자가 될 수 없기 때문이다. 예를 들어 이성의 부모와 끈끈한 애착 관계를 형성하고 이로부터 평생 벗어나지 못하는 이른바 '마마보이'나 '파파걸'은 부모와의 애착 때문에 연인이나 배우자와 제대로 관계를 가꾸기 어렵다.

마마보이는 아내와 어머니 사이에 고부갈등이 발생해도 중재하기는커녕 둘 사이에서 쩔쩔매기만 한다. 내 어머니가 뭘 잘못했느냐며 대놓고 편들지 않으면 그나마 다행이다. 아버지를 평생 최고의 영웅으로 여기고 자란 파파걸은 남편을 끊임없이 아버지와 비교한다. 결혼 선물로 딸에게 집을 사준 뒤 딸의 신혼집 열쇠를 가지고 다니며 예고도 없이 드나드는 장인에 대해 남편이 불평이라도 할라치면 딸은 즉각 아버지 편을 든다. 자신은 아버지와 모든 것을 공유해 왔으며 아버지라면 언제 찾아와도 환영이라는 것이다. 이들에게 세대 간의 경계는 흐리거나 애초부터 존재하지 않는다. 그래서 분리에 성공하지 못한 자녀의 부부관계는 불안정하고 끊임없이 잡음이 일어난다. 동성 부모와의 분리가 불완전했거나 부모와의 애착이 전반적으로 지나치게 강한 사람에게도 부부 사이의 불화는 예정된 것이나 다름없다.

분리에 성공하지 못한 사람은 배우자를 1순위에 두지 않는다. 오히려 배우자와 자신의 부모가 끊임없이 경쟁하게 만든다. 이는 팽팽한 신경전을 유발하고, 결국은 부모와 배우자가 서로에게서 완전히 등을 돌리는 결과로 이어진다.

불완전한 분리는 다음 세대에까지 영향을 미칠 수 있다. 흔한 원인 중 하나로 부모가 손녀, 손자들을 자기편으로 끌어들여 며느리 또는 사위와의 갈등을 악화시키는 경우를 들 수 있다. 성인이 되어서도 어머니인 레나테Renate와 매우 끈끈한 관계를 유지해 온 칼Karl의 사례를 살펴보자.

그는 결혼한 뒤에도 자신이 세상 누구보다 신뢰하는 어머니와 날마다 통화를 나누었다. 아내인 엘레나Elena는 시어머니를 좋아했지만 남편의 잦은 통화가 내심 불만이었다. 세 사람이 부부생활을 하는 것 같다고 칼에게 불평하는 일도 종종 있었다. 엘레나와 칼에게 아이가 생기자 레나테는 즉각 소유권이라도 주장하듯 나서서 일주일에 두 번은 자신이 손자 오스카Oskar를 돌보겠다고 선언했다. 처음에는 엘레나도 동의했지만, 얼마 안 가 자신이 당부해 둔 것을 시어머니가 지키지 않고 있음을 알게 되었다. 오스카에게 알레르기를 일으키는 음식을 먹이고 수면시간도 지키지 않아 아이의 생활 리듬을 엉망으로 만들어 놓은 것이다.

레나테에게 아무리 이야기해도 나아지는 기미가 보이지 않자 엘레나는 남편에게 어머니를 설득해달라고 부탁했다. 그러나 칼이 이를 거부하는 바람에 두 사람 사이에 난생 처음으로 큰 부부싸움이 벌어졌다. 엘레나는 남편에게 비난을 퍼부었다.

"당신은 나는 물론이고 아들조차 안중에 없는 것 같아. 견과류를 먹으면 아이 피부에 발진이 돋는 거 당신도 알잖아. 그런데 어머니는 알레르기 같은 건 없다면서 마음대로 견과류를 먹이신단 말이야. 그러다 큰일 난다고!"

그러나 어머니를 맹목적으로 신뢰하는 칼은 엘레나가 괜한 소란을 떤다고 생각하며 어머니를 변호하기 바빴다.

"별것도 아닌 일로 무슨 호들갑이야. 우리 엄마가 얼마나 똑똑한 분인지도 모르면서. 엄마가 다 알아서 잘하실 거야. 나도 이렇게 잘 키워주셨잖아."

칼은 엘레나의 걱정에 공감하기는커녕, 부부가 함께 정해두었던 가치관과 육아법을 모조리 부정하고 아들의 피부 발진 문제까지 무시해 버렸다. 마치 자신의 어머니는 그 누구도 비판해서는 안 되는 신성한 존재라고 이야기하는 것 같았다. 그렇지 않아도 오래전부터 시어머니의 지나친 간섭으로 스트레스를 받아 온 엘레나는 급기야 남편을 잃을지도 모른다는 두려움에 사로잡혔다. 그리고 또다시 다툼을 벌인 어느 날 밤, 우울해진 엘레나는 남편에게 이렇게 말했다.

"당신은 어머니와 내가 물에 빠지면 망설이지 않고 어머니만 구할 사람이야."

"당신이야말로 나를 사랑한다면 어머니와 당신 중 한쪽을 선택하라고 강요하지 말아야지."

칼의 대답은 맞기도 하고 틀리기도 하다. 어머니와 아내 중 한쪽만 선택해야 하는 상황은 당연히 있어서는 안 된다. 그러나 자신의 태도를 확실히 밝히지 않는 한, 다시 말해 자신이

1순위로 지켜야 할 대상이 아내와 아이임을 확실히 하지 않는 한 그는 성인 남자이자, 아버지이자, 아들로서의 의무를 다할 수 없다. 아내와 함께 안정된 부부관계를 가꾸고 새로 꾸린 가족을 돌보며, 각자의 원가족이 가졌던 것과는 구별되는 자신들만의 규칙을 세우는 것이 그가 할 일이기 때문이다. 어머니가 이를 못마땅하게 여기면 적극적으로 소통에 나서서 이 규칙을 관철하는 것 또한 그의 몫이다. 물론 조부모가 손녀, 손자에게 중요한 애착 대상이 되어주는 일은 자녀들에게 큰 도움이 된다. 그러나 자녀 양육에 필요한 규칙을 정하는 사람은 부모이지 조부모가 아니다.

레나테가 한때 훌륭한 어머니였는지는 모르지만, 할머니가 된 지금은 오스카를 육아하는 일에서 며느리와 동등한 권리를 주장할 수 없다. 칼이 어머니의 부적절한 태도를 비판하기는커녕 제대로 인지조차 못 하는 이유는 분리 과정을 제대로 거치지 못했기 때문이다. 어머니와 틀어질 위험을 감수하느니 부부관계가 악화하는 편을 택하는 것이다.

레나테는 이후에도 엘레나의 거듭된 당부를 무시하고 오스카에게 견과류를 먹였다. 그리고 오스카는 세 살이 되던 해에 알레르기 쇼크를 일으켜 응급실에 실려 갔다. 그제야 칼은 자신이 어머니에게 맹목적으로 충성해 왔음을 퍼뜩 깨달았다. 어머니의 필요를 옹호하는 것보다 아들을 책임지는 것이 훨씬 중

한 의무임을 자각한 것이다. 난생처음으로 그는 어머니와 비판적인 대화를 나누며 어머니와 자신의 가족 사이에 명확히 선을 그었고, 이로써 어머니보다 아들의 안위를 우선시할 수 있게 되었다.

"내 인생에서 너보다 소중한 것은 없었다. 그리고 너한테도 내가 가장 중요한 사람이라고 생각했어."

대화를 끝맺을 무렵 레나테는 칼을 향해 망연자실하게 말했다. 순간 칼은 어떻게 반응해야 할지 혼란스러웠다. 분노와 죄책감과 걱정이 마구 뒤섞인 채 엄습해 왔다. 아직은 어머니 앞에서 차마 그런 감정을 입 밖에 낼 수 없었지만, 내면에 어떤 변화가 일어났다는 것만은 분명히 느낄 수 있었다. 아들을 잃을까 두려워하는 어머니의 행동이 오히려 그의 삶에서 가장 소중한 사람이내 엘레나와 오스카임을 명확히 보여준 것이다. 물론 칼은 어머니를 사랑한다. 그러나 자신도 아버지가 아닌가. 그에게는 자신의 아이를 사랑하고 보호해야 할 의무가 있다. 더 나아가 필요한 경우 아이의 할머니로부터도 보호해야 함은 물론이다.

제대로 분리되지 못한 사람 가운데 배우자에게 버림받거나 자기 아이와 사이가 틀어질 때까지도 이를 깨닫지 못하는 경우가 많다. 성인으로서 자신만의 인간관계를 꾸려가고 싶다면 스스로 선택한 관계를 보호하고 부모를 포함한 타인들로부터 확실히 선을 그을 수 있어야 한다. 부모가 성인 자녀의 일에 간섭하는 데 좋은 의도란 있을 수 없다.

분리가 덜된 사람일수록 배우자 선택의 난이도는 높아진다. 애초부터 스스로 배우자를 찾지 않는 사람도 있고, 무의식적으로 불행한 선택을 하는 사람도 있다. 부모에게서 '떠나지' 않으려고 일부러 기혼자를 만나거나 끊임없이 상대방을 바꾸어 가며 불만족스러운 연애를 이어 가기도 한다. 그것도 아니면 자신을 사랑하는가는 둘째 치고 자기 가족에게 잘할 것 같은 완벽한 사윗감, 완벽한 며느릿감을 배우자로 선택한다.

여기에서 짚고 넘어가야 할 것은, 부모와 공생관계에 있지 않더라도 배우자를 고르거나 연애할 때는 누구나 부모로부터 커다란 영향을 받는다는 점이다. 배우자를 선택할 때 부모를 본보기로 삼기 때문이다. 대개 배우자를 선택할 때는 유년기에 부모와의 상호작용으로부터 큰 영향을 받으며 형성된 '애착 맺기 능력'과 '채워지지 않은 욕구'를 바탕으로 한다. 그리고 연인 또는 부부와의 관계에서 어린 시절의 드라마를 재연하는 경우가 많다. 거부당하고 상처받았던 기억, 해소되지 못한 갈등을 배우자와 재현해 나가는 셈이다. 이때 부모 역할을 맡는 사람은 배우자이며 우리는 그의 관심과 사랑을 얻기 위해 다시금 처절한 싸움에 돌입한다.

유년기의 드라마가 다시 상영되며 과거와 현재가 뒤죽박죽

되고 있는데, 그 사실을 제대로 자각하지 못하는 사람은 점점 더 자주 극적인 드라마를 연출하게 된다. 과거 부모의 모습을 배우자에게 투영시키며 덧없는 허상에 맞서 고군분투하는 것이다.

그러나 타인과 애착을 맺고 소통하는 능력, 배우자 선택, 인간관계 등이 부모를 통해 결정된다고 해서 우리의 앞날도 이미 정해져 있는 것은 아니다. 우리는 언제든 인간관계를 재정립함으로써 삶 전체를 변화시킬 수 있다. 분리란 부모의 동의 여부와 상관없이 자신만의 인생길을 찾는 것을 의미한다.

부모가 이를 지지해 준다면 당연히 분리도 훨씬 수월할 것이다. 그러면 부모는 자녀들이 잘못하고 있다고 생각되더라도 무조건 이를 지지해야 할까? 그렇지는 않다. 자신의 의견이 더 이상 자녀에게 절대적인 영향력을 발휘할 수 없음을 부모가 유념해야 하듯, 자녀들 역시 분리되는 과정에서 부모의 반대 의견에 귀를 기울일 수 있어야 한다.

어떤 부모는 자신의 영향력이 약해지고 있음을 느끼면 상실감에 마음이 상하거나, 심할 경우 분노를 표출하기도 한다. 아이의 자율성이 커지는 모습을 보며 삶의 의미에 대해 의문을 품은 채 두려움과 슬픔에 사로잡힌다. 그러나 자녀의 건강한 분리는 부모가 제 역할을 잘 해냈다는 증거다. 아이가 독립적이고 자율적인 존재로 성장할 수 있도록 도왔다면, 스스로 좋은 부모라고 자부해도 좋다.

분리를 위한 공동의 노력

　제임스 우드가 쓴 가족 소설 『업스테이트 Upstate』의 등장인
물 앨런 쿼리 Alan Querry는 '자기 아이들이 나무의 가장 낮은 가
지에서만 뛰어내리기를' 바랐다. 쿼리의 딸들은 성인이 된 지
한참이 지났음에도 분리가 초래할 수 있는 잠재적 위험에 대처
할 수 없는 상태였다.

> "딸들이 커 가는 모습을 지켜본다는 것은 아이들이 점점 더 나무의
> 높은 곳으로 올라가고 가지에서 뛰어내려도 말 한마디 못 하고 그저
> 바라볼 수밖에 없음을 절감하는 일이었다." [5]

　어떤 부모들은 배우자 선택에서든 다른 어떤 일에서든 자녀
가 스스로 결정하도록 놓아 줄 준비가 되어 있다. 반대로 다른
어떤 부모들은 끝까지 곁에 버티고 서서 자녀의 인생을 고달프
게 만든다. 그러다 보면 부모의 삶까지 고달파지기 십상이다.
자녀의 자연스러운 분리를 가로막고 버티는 데 적잖은 에너지
가 소모되고 걱정거리도 늘기 때문이다. 그럼에도 많은 부모는
자신이 아이의 독립에 걸림돌이 되고 있다는 것을 모른다. 부
모가 과거에 건너뛴 분리 단계를 자녀가 독립하는 과정에서 다
시 맞닥뜨릴 가능성도 있지만 부모는 이를 미처 깨닫지도 못한
다. 특정 단계를 건너뛴 부모는 자녀가 성장해 그 단계에 들어

섰을 때 두려움, 분노, 무력감 등의 극단적인 감정에 사로잡히고는 한다. 불안과 고난으로 점철된 성장기의 기억이 되살아나는 탓이다.

　지금까지 분리에 어려움을 겪는 이른바 '몸만 자란 어린아이'의 심리를 살펴보았다면, 이제 분리에 실패한 자녀를 둔 부모에게로 시선을 돌려보자. 세상에는 자녀가 선택한 배우자를 거부하는 부모, 자녀의 육아 방식이 성에 차지 않아 손주 일에 감 놔라 배 놔라 하는 부모, 자녀가 성인이 되었음에도 자신의 집에 붙들어 매고 있는 부모, 평생 자녀에게 재정 지원을 해주는 부모가 있다. 그 가운데 일부는 끝날 줄 모르는 부모 역할에 약간은 염증을 느끼는 반면, 일부는 자녀가 독립하려는 기미를 아주 조금만 보여도 불안에 떨고 심하면 비난까지 퍼붓는다.

　그러나 대다수는 어느 시점에 이르면 나름의 삶을 되찾고 자신의 시간, 돈, 감정을 자녀에게만 쏟아붓지 않기로 마음먹는다. 부모가 건강한 이기심의 발로에서 스스로 자녀로부터 분리되는 것이라 할 수 있다. 남은 재산을 아껴 자녀에게 물려주는 대신 오랫동안 꿈꾸던 세계여행을 계획하는 부모, 날마다 자녀 집으로 출근해 손주를 돌보는 대신 시간이 없어 못 했던 취미생활을 시작하는 부모도 있다. 부모의 끝없는 보살핌에 익숙해져 있던 자녀에게는 부모가 먼저 분리를 시도하는 것이 당황스럽기만 하다. 그러나 어떤 부모도 영원히 자녀들의 뒷바라지를 할 수는 없다. 보통의 경우 부모가 자녀보다 먼저 세상을 뜬다는 것도 무시할 수 없는 이유다. 즉, 분리는 부모와의 영원한 이별을 위한 준비 과정이기도 하다. 부모의 죽음은 누구에게나 커다란 고통이지만, 부모에게서 분리되지 못한 자녀는 특히 회복이 거의 불가능할 정도로 깊은 정신적 충격에 빠지기도 한다. 자녀가 성인이 되어서도 부모에게서 떨어지지 못하고 나이에 비해 발달 및 분리 정도가 크게 뒤처져 있는 경우, 부모는 끝도 없이 자녀를 부양하느라 고통스러운 노년을 보낼 수도 있다.

물론 로톤도의 부모처럼 자녀가 성인이 되기를 거부한다고 해서 고소까지 감행하는 부모는 드물다. 남 보기 부끄러워 남들 앞에서 자식 이야기를 꺼내지 않는 이도 있고, 오랜 기다림 끝에 자녀가 변할 거라는 희망을 버리고 정신과 진료를 알아보는 이도 있다. 내게 상담 요청을 해 온 카렌Karen과 마티아스Matthias 부부도 그런 경우였다. 두 사람의 아들 얀Jan도 로톤도처럼 스물여덟 살이 되도록 부모 집에 얹혀살며 독립하기를 거부하고 있었다.

"아드님이 독립하기를 바라실 텐데, 그런 이야기를 하면 아드님은 어떤 반응을 보이나요?"

내 물음에 카렌과 마티아스는 그에 관해 아들과 구체적인 대화를 나눈 적이 없다고 털어놓았다.

"그렇게 말하면 저희가 더 이상 자기를 사랑하지 않는다고 생각할 것 같아서요."

아기 새를 둥지에서 밀어 떨어뜨리기 적합한 시점은 언제일까? 아이를 사랑한다면 억지로 밀어내지는 말아야 하는 게 아닐까? 무슨 구실로 아이를 내쫓는단 말인가? 마티아스와 카렌은 단둘이 조용히 살고 싶은 게 너무 이기적인 바람이라고 생각했다. 그나마 카렌은 아들이 충분히 혼자 살 수 있는 나이라고 생각했으나 마티아스는 아직 확신이 서지 않는 모양이었다. 한편으로는 아들이 자기 힘으로 살아가기를 바랐지만, 다른 한편으로는 아이를 무작정 차가운 호수로 밀어 넣는 것 같아 내키지 않는다고 했다.

그 아이가 스물여덟 살이 되도록 부모 집에서 버티고 있는 성인임을 고려하면 '차가운 호수로 밀어 넣는다.'는 표현은 참으로 인상적이었다. 나는 혹시 마티아스 자신이 어린 시절 분리되는 과정에서 어려움을 겪었는지, 혹은 너무 이른 나이에 '차가운 호수로 떠밀린' 것은 아닌지 물었다. 뭔가를 완전히 극복하지 못한 기억이 한 세대를 건너 갈등이나 장애물로 재현되는 경우가 드물지 않기 때문이다. 즉, 자녀의 성장 발달 지연이 부모가 과거에 겪은 분리 문제와 관련이 있을 가능성도 있다. 그래서 자녀의 분리는 필연적으로 부모의 과거에 대한 반추와 맞물린다. 이로써 부모는 분리와 관련된 성공과 실패 여부를 판단하고, 그것이 자녀에게 어떤 영향을 미치는지도 어림할 수 있게 된다.

마티아스가 그 과정에서 어떤 경험을 했는지 파악하기 위해 나는 그가 언제, 어떤 상황에서 부모 집으로부터 독립했는지 물었다.

"당시에 저는 열여섯 살이었고 직업 교육을 받기 위해 다른 도시로 이사했습니다. 정말 외로웠죠. 가족을 이삼 주에 한 번밖에 만나지 못했으니. 저는 하루아침에 아이에서 어른이 되어야 했어요."

마티아스는 아들이 똑같은 경험을 하는 것은 원치 않았다. 자신과 달리 한 걸음씩 서서히 독립할 수 있게 해주고 싶었다고 한다. 아들이 자신보다 행복하기를 바라는 마음에서였다.

나는 개인적인 이야기를 솔직하게 해준 데 대해 감사를 표하고 다음 질문을 던졌다.

"아들이 능숙하게 헤엄칠 수 있게 되기까지 몇 단계, 또는 몇 년이 필요할까요?"

그는 모르겠다는 표정으로 어깨를 으쓱했다. 나는 질문을 조금 쉽게 바꾸었다.

"아버님께서 아드님을 충분히 믿고 놓아줄 수 있게 되기까지 몇 년이 필요하신가요?"

그런데 확신이 안 서기는 카렌도 마찬가지인 것 같았다. 이웃들 보기에 창피하기도 하고 얀이 이제 정말 제 역할을 하며 살아야 한다고 생각하면서도, 그는 여전히 아들의 빨래를 해주고 밥을 차려주고 고민을 들어주었으며, 애인과 외출할 수 있도록 가끔 용돈까지 찔러 주었다. 한 마디로 마티아스와 카렌은 아들을 지나치게 애지중지하며 쉽사리 놓아 보내지 못하는 한편, 뭔가 잘못되어 간다는 느낌 때문에 안절부절못하고 있었다. 아들은 도무지 스스로 움직이려 들지 않았다. 이유가 무엇일까? 아들이 동석하지 않았기 때문에 나로서는 어떤 판단도 할 수 없었다. 그가 딱히 심리적으로 고통 받고있는 것 같지도 않았다. 고통 받는 쪽은 아들이 독립하도록 도울 방법을 몰라 막막해하는 부모였다.

분가는 아들이 성장하기 위해 반드시 거쳐야 할 관문이었다. 카렌과 마티아스는 이후 여러 차례의 상담을 더 거친 뒤에야 자신들의 바람이 지극히 적절한 것임을 이해했다. 자녀를 분가시키는 것은 보금자리를 빼앗는 매정한 배신행위가 아니라 적절한 독립심을 키워주기 위한 필수요소다. 그러니 얀이 알아서 안락한 둥지를 떠날 때까지 기다리기보다는 부모가 나서서 행동할 필요가 있었다. 가장 먼저 할 일은 아무것도 해주지 않는 것이었다. 두 사람은 얀과 셋이서 저녁 식사하기를 그만두고 2인분의 식사만 준비했으며, 아들의 빨래를 해주는 대신 세탁기 사용법을 적어서 붙여두고 세탁기를 1회 사용할 때마다 코인세탁소처럼 5유로를 청구했다.

다음으로는 아들에게 생활비를 청구하겠다고 통보했다. 무제한 공짜 서비스가 제공되는 5성 호텔에서 호사를 누리던 얀은 이제 비를 피할 지붕을 제공받는 대가로 월세를 내는 신세가 되었다.

얀이 어떤 반응을 보였을지는 안 봐도 훤하다. 그는 모든 것을 원래대로 되돌려놓으려 온갖 수단을 동원했다. 불평불만을 늘어놓기도 하고 부모를 구슬려 보기도 하다가, 자식을 내치는 부모라고 비난하며 한동안 그들과 말도 하지 않았다. 그러나 부모는 놀라운 인내심을 발휘하며 일관적으로 이를 실천했다. 일곱 달이 지나자 기적이 벌어졌다. 아들이 취직을 한 것이다. 스스로 월세를 낼 수 있을 만큼 돈을 벌게 된 얀은 마침내 공유주택에 방 하나를 빌려 분가하기에 이르렀다.

표면적으로 분리는 자녀 쪽에서 촉발되고 진행되는 것처럼 보이지만, 앞 사례에서 살펴보았듯이 이 과정에서는 상호작용의 역동성 또한 관찰된다. 다시 말해 분리에는 항상 부모·자녀의 협동이 필요하다. 분리는 자녀가 아주 어릴 때부터 시작되며 그 성공 여부가 부모에게 크게 좌우되기 때문이다. 부모는 아이가 자율성을 배워 나가는 모든 단계에서 아이를 믿고 놓아줄 수 있어야 한다. 발달을 가로막는 장애물 하나하나를 섬세하게 포착하고, 분리의 필수요소인 자신감을 심어주며 독립심을 키우도록 지원해야 함은 물론이다. 이 모든 과정에서 부모가 명확한 소통 능력을 발휘하고, 필요할 때 선을 그어주는 것도 아이에게 더할 나위 없이 큰 도움이 된다.

부모가 자녀를 세상으로 내보내기를 꺼리면 아이는 나이에 맞는 분리 단계를 밟는 데 더 큰 에너지를 소모하게 된다. 그 결과 분리 과정이 정체되거나 반대로 지나치게 빨라지고 양쪽 모두가 수치심과 죄의식을 품게 될 가능성이 있다. 부모는 자신이 실패한 부모라고 자책하고 자녀는 의존적인 자신의 모습을 부끄러워하는 것이다. 사람은 불편한 감정을 거부하기 마련이다. 그래서 방해 요인이 무엇인가를 알아내려 하기보다는 매 상황에 대한 변명거리를 찾아낸다. 결국은 부모와 자녀 모두 '누가 누구를 이곳에 묶어두고 있으며, 그 이유는 무엇인가?'라는 질문을 던지는 대신 스스로도 전혀 의식하지 못한 채 엉킨 실타래처럼 서로에게 얽매여 살아가는 경우가 많다.

분리는 일방적으로 이루어지지 않는다. 분리 과정에는 부모와 자녀가 각각 수행해야 할 발달과제들이 있다. 자녀는 떨어져 나와야 하고, 부모는 놓아주어야 한다. 놓아준다는 것은 자녀가 떠나든 말든 무심한 태도를 취하거나 떠나도록 강제하는 것이 아니라, 아픈 상실감을 있는 그대로 받아들임으로써 자녀에게 죄책감을 심어주지 않는 태도를 가리킨다.

그런데 괴로움이 너무나 극심할 때는 어떻게 대처해야 할까? 쓸쓸한 마음이 들고 자신이 쓸모없는 존재로 전락했다는 두려움이 엄습할 때, 독립을 시작한 자녀가 자신을 거부하거나 더 이상 사랑하지 않는 것처럼 느껴질 때는 어떻게 해야 할까? 그처럼 극단적인 감정에 사로잡히는 순간 부모는 내면의 아이로 퇴행할 가능성이 있다. 내면 아이는 온갖 수단을 총동원해 '버려지지' 않으려 저항할 것이다. 해묵은 두려움과 회의감, 어린 시절에 품었던 분노와 실망감과 열망들이 깨어나면서 두려움에 압도된 내면 아이는 맹렬히 저항한다. 최악의 경우 어린 시절 부모를 향해 '저를 버리지 마세요! 제게는 아직 엄마, 아빠가 필요하단 말이에요!'라고 속으로 수없이 애원하던 것이 자녀 앞에서 행동으로 나타나고 만다.

이런 내적 혼란에 빠지지 않고 자녀의 성장과 분리에 능숙히 대처하려면 부모는 반드시 상처받은 내면 아이를 인지하고 해묵은 상처를 치유해야 한다. 그로써 성숙한 자아로 되돌아가는 통로가 열린다. 비로소 여유로운 마음가짐을 되찾은 부모는 자연스럽게 자율성을 키워가는 아이를 흐뭇하게 바라볼 수 있게 된다. 그러나 이 격동의 시기를 거치며 스스로 마음의 안정을 찾는 데 실패했다면 다른 성인들의 도움을 받는 것이 좋다. 계속해서 자녀에게 매달리며 죄책감을 불어넣거나 교묘히 상황을 조종하며 부모와 자녀의 역할이 뒤바뀌는 상황이 초래되어서는 안 된다.

분가하는 자녀를 보며 슬퍼하는 것과 온 세상이 무너진 듯 우울증에 빠지는 것은 엄연히 다르다. 단순히 아이를 걱정하는 것과 아이 인생을 통째로 조종하려 드는 것, 아이의 일부 결정에 반대하는 것과 아이의 행동이 마음에 들지 않는다고 싸늘한 태도를 취하는 것도 마찬가지로 하늘과 땅 차이다.

모든 부모는 자녀들이 자기 생각대로 자라 줄 것이라는 희망을 언젠가는 버려야 한다. 부모의 상상, 부모가 짜 놓은 틀에 아이를 끼워 맞추려 애쓰지 말라. 아이의 진짜 모습이 무엇인지, 무엇이 되고 싶어 하는지를 신중하고도 호기심 어린 태도로 관찰하고, 다정하게 아이와 눈높이를 맞추며 어른의 세계로 가는 길에 동행해 주는 것이 바람직한 부모의 자세다.

자녀의 독립은 장기적인 관점에서 부모-자녀 관계를 튼튼히 다질 수 있는 절호의 기회이기도 하다. 매우 중요한 이 시기에 부모는 자녀가 타인의 감정에 휘말리지 않고 자기감정을 명확히 인지하는 법을 배울 수 있도록 모범을 보여야 한다. 변화에 긍정적으로 대처하는 모습, 존재 의미와 인생에 관한 질문들을 회피하지 않고 의식적으로 답을 찾으며 성장하는 모습도 보여주어야 한다.

부모가 준비되어 있을수록 분리는 모두에게 수월해진다. 아이가 처음 유치원에 들어가 적응할 때 엄마가 오히려 심한 분리불안에 시달린다면 아이도 이를 고스란히 느끼고 엄마 품에서 더욱 떨어지지 않으려 들 것이다. 혹은 아버지가 딸의 성생활을 받아들이지 못하고 금지하면 딸은 성 문제와 관련해 수치심을 품고 자신감을 잃을 수 있다.

자녀들이 분리되는 동안 부모도 인고의 시간을 보내야 힘을 명심하라. 자녀를 모든 위험과 실수로부터 보호해 줄 수는 없으므로 부모의 근심도 나날이 커지겠지만, 그럼에도 침착함을 잃지 않고 아이를 믿어 주어야 한다. 아이에게 부모가 필요한 순간이 줄어들면 부모는 자신의 존재 의미가 사라진다고 느끼며 상심하거나, 자녀를 영영 잃을지도 모른다는 두려움과 싸우게 된다. 그러나 자녀가 '좋지 않은' 직업을 선택하거나 '어울리지 않는' 배우자를 고른다 해도 부모는 이를 받아들여야 한다. 자녀들과 좋은 관계를 유지하고 그들에게 도움이 되는 부모로 남는 방법은 그것뿐이다. 자녀가 연령에 맞게 분리를 시도할 때 부모가 지지하지도, 놓아주지도 않으면 아이는 자신감이 떨어지고 정신적 발달은 정체되며, 결국은 그로 인해 가족 구조 전체가 흔들릴 수도 있다.

진정으로 자녀를 사랑하고 가장 좋은 것을 주고자 하는 부모는 틈틈이 아이를 놓아주는 연습을 한다. 에리히 프롬Erich Fromm은 1950년대에 『사랑의 기술 Die Kunst des Liebens』에서 이미, 자녀에게 무조건적인 사랑을 베풂과 동시에 어머니와의 공생관계에서 벗어나도록 허락해 주는 것이야말로 참된 모성애라고 이야기한 바 있다. '아이의 성장을 돕는 것은 참된 모성애의 근본이며, 이는 아이가 자신으로부터 벗어나기를 그어머니 스스로 바란다는 의미'다. 프롬은 또한 '어머니는 아이의 분리를 그저 견뎌내는 데서 그칠 게 아니라 스스로 이를 바라고 지지해야 한다.'[6]라고 강조했다. 어머니든 아버지든 자녀를 사랑하는 부모라면 분리를 마땅히 지지해야 한다.

부모가 홀로 남겨졌다는 수동적인 감정을 느끼는 것과 스스로 떠나보냈다는 능동적인 감정을 느끼는 것 사이에는 커다란 차이가 있다.

나는 성인이 된 자녀를 놓지 못하는 부모들에게 늘 '부모님께서 지금도 자녀분의 삶을 변화시킬 수 있다고 생각하시나요?'라고 묻는다. 자신의 영향력을 정확하고 솔직하게 평가하는 부모에게서 나올 수 있는 대답은 '아니오.'뿐이다. 부모는 긴 시간 동안 자녀의 성장을 함께하며 그들의 미래를 위해 중요하다고 생각되는 모든 것을 전해줄 수 있다. 그 뒤에는 홀로 서기 위한 아이의 노력을 오랫동안 지켜보며 아이 스스로 삶을 가꾸어 나갈 수 있음을 믿어 주어야 한다. 물론 부모는 여전히 부모이므로 자녀들이 곤란을 겪을 때면 앞뒤 가리지 않고 도와줄 수도 있다. 그러나 기본적으로는 자녀들이 조금씩 자립심과 책임 의식을 키우도록 놓아주는 게 원칙이다. 자녀의 선택이 이해되지 않고 못마땅해도 받아들여야 한다. 아이는 부모와 다르게 생각하고 다르게 느낀다. 아이가 선택한 삶이 부모의 바람과는 동떨어져 있다고 해도, 그 선택의 자유는 자녀의 몫임을 인정해 주어야 한다.

자신의 쓸모가 줄어든다는 비참한 감정을 극복하는 것은 부모에게 주어진 발달과제다. 부모를 그런 감정으로부터 보호하는 것은 아이의 의무가 아니라는 뜻이다.

건강한 분리는 자녀를 잃는 것과는 다르다. 자녀들이 연령에 맞게 분리될 수 있다는 것은, 부모가 이들에게 충분한 자신감을 심어줌으로써 외부 영향에 휘둘리지 않고 자율적으로 선택할 수 있는 능력을 키워주었다는 의미다. 나아가 갈등도 극복할 수 있을 만큼 부모와 자녀 사이에 단단한 애착이 형성되어 있다는 뜻이기도 하다.

분리는 엄밀히 따지면 평생에 걸쳐 이루어지는 기나긴 여정이다. 이를 돕기 위해 부모가 할 수 있는 일은 헤아릴 수 없이 많다. 다시 말해 이 책은 분리에 어려움을 겪는 자녀들뿐 아니라 그 부모를 위한 것이기도 하다. 부모 역시 분리를 완성하지 못했을 가능성이 있기 때문이다. 어떤 부모는 지금이라도 정서적 의존성에서 벗어나기 위해 몇 가지 중요한 과제를 수행하고자 할 것이다. 이는 부모 자신과 자녀 모두를 위한 길이다.

2장

나는 부모에게
빚을 지지 않았다

그들은 우리에게 생명을 선물해 주었고, 우리로 인해 불면의 밤을 보냈으며, 집 한 채까지는 아닐지라도 고급 자동차 정도는 구입할 수 있을 법한 돈을 우리를 위해 썼으며, 우리를 위해 필요 이상의 근심에 빠지기도 했고, 그들이 할 수 있는 모든 것을 쏟아부었다. 우리에게 이 모든 것을 되갚을 방법이 있을까? 아니면 우리는 영원히 부모에게 빚진 마음으로 살아가야 하는 것일까?

두 가지 질문에 대한 대답은 모두 '그렇지 않다.'이다. 되갚는다, 빚을 졌다는 말은 모두 부모와의 관계에 부담을 주고 건강한 분리를 방해하는 부적절한 표현이다.

스위스의 철학자 바르바라 블라이슈 Barbara Bleisch는 『우리는 부모의 채무자가 아니다 Warum wir unseren Eltern nichts schulden』라는 책에서, 자녀는 부모에게 아무 빚도 지지 않으며 그저 누군가의 딸이나 아들이라는 이유만으로 '도리'를 다하라고 강요받아서는 안 된다고 이야기한다. 가족 관계의 의미와 가치는 그 무엇으로도 환산할 수 없으나 '이것이 누구에게나 부여된 것 이상의 특수한 의무를 창출'하지는 않는다.[1] 모든 인간관계는 서로를 존중하고 존엄하게 대하는 것을 전제로 하며, 서로에게 그 이상의 의무를 지울 수는 없다는 뜻이다.

자녀가 부모에게 빚을 졌다고 생각하는 건 양자 간의 관계를 딱 맞아떨어지는 엑셀 표 정도로 여기는 것과 같다. 바르바라 블라이슈에 따르면 빚은 인간관계를 '청산해야 할 총액'으로 전락시키며 '이때 공동체는 위계질서가 지배하는 채무자와 채권자의 관계로 변질'된다.[2] 그러나 가족 관계에서 '빚이 변제되는 시점이 언제인가?'라는 질문에 정확히 답하기란 불가능에 가깝다. 부모에게는 자녀를 양육할 의무가 있으며 이를 단순히 역방향으로 환산할 수는 없기 때문이다.

그런데 왜 수많은 자녀는 부모의 기대에 부응하지 못했을 때 죄책감을 느끼는 것일까? 부모의 과도한 기대 또는 부당한 기대를 거부하는 것이 어째서 그토록 어렵게 느껴질까? 자율성을 확보하며 분리되는 과정에서 왜 부모에게 상처를 준다는 죄책감에 시달리는 것일까? 이미 오래전에 끝냈어야 할 정상적인 선 긋기가 여전히 부모를 배신하는 일처럼 느껴지는 이유는 무엇일까?

간단히 대답하자면 부모의 필요와 바람에 부응하는 '착한 아이'가 되는 것이 절대적으로 중요함을 일찍부터 학습하기 때문이다. 우리는 사회적 규범과 가족의 기대로부터 원칙을 끌어내서 그것을 행동 기준으로 삼는다. 더불어 부모에 대한 충성심은 성인이 된 뒤에도 우리를 한동안 부모에게 묶어둔다.

이 모든 것에 의문을 품는 일도 어른이 되어 가는 과정의 일부다. 성인이 되고 나면 우리는 이미 닦여 있는 길에서 벗어나 나름의 목표를 찾을 수 있다. 에릭슨에 의하면 4~5세 전후의 아동들은 확대된 독립성을 누리며 새로운 시도와 죄책감으로 가득한 모험의 장을 경험하고, 이 장은 아이의 성장과 더불어 꾸준히 확대된다. 이런 과정을 거치며 우리는 스스로 책임지는 법, 삶의 과제들을 수행하는 법을 배운다. 그러나 스스로 무언가를 시도할 때 죄책감을 느끼는 사람들이 있다. 이들은 결정을 회피하고 무력함과 우유부단함에 시달리다가 최악의 경우 우울증의 늪에 빠지고 만다.

산다는 것은 능동적으로 움직이는 것이다. 부모와의 관계를 끊임없이 재정립하고 그들과의 사이에 선을 그으며, 동시에 성숙하고 애정 어린 태도로 서로에게 다가가는 일도 이에 포함된다. 나이에 따른 분리에 성공하고 부모보다 자기 자신에게 충실할 수 있게 되었을 때, 우리는 비로소 넘치는 에너지와 자기 결정권을 발휘하며 스스로 삶을 가꾸게 된다.

분리는 부모가 바라는 모습이 아닌, 나 스스로 원하는 모습이 된다는 뜻이기 때문이다.

죄와 죄책감 사이

인류의 문화에는 부모에 대한 의무감과 때 이른 죄책감이 깊이 뿌리 박혀 있다. 심지어 성경의 십계명에도 '네 부모를 공경하라.'라는 구절이 포함된다.

자녀들은 기본적으로 부모에게 빚을 지고 있는 것처럼 보인다. 심지어 사람들은 양육을 소홀히 하는 부모보다 감사할 줄 모르는 아이를 나무라는 일이 훨씬 많다. 자녀는 당연히 부모에게 감사하고, 생애 초기 몇 년 동안 진 빚을 되갚아야 한다고 여기기도 한다. 아이를 낳는 가장 큰 이유가 '노년에 외롭지 않기 위해서.'라고 말하는 사람들도 드물지 않다. 노후에 자녀의 정서적인 돌봄을 받는 것이 부모의 당연한 권리라도 된다는 듯 말이다.

역부양 의무는 심지어 법 조항에서도 발견된다. 그래서 부모에게 생활 능력이 없을 때는 자녀가 부양비를 부담해야 한다. 2014년 독일에서는 어느 아들이 아버지의 부양비를 지급하라는 법원의 명령에 항소한 일이 있었다. 그는 열여덟 살 이후 아버지로부터 버림받았을 뿐 아니라 나중에는 상속권까지 박탈당했다. 그러나 법원은 아들의 항소를 기각했다. 아버지가 아들을 버리고 부모의 의무를 더 이상 이행하지 않았다고 해서 자녀로서의 책무 및 그에 따른 부양의무가 해소되지는 않는다는 것이 연방법원의 입장이었다. 이른바 부모 부양의무는 부모가 미성년 자녀를 학대하는 등 '중대한 실책'을 저지른 경우에만 예외가 인정된다. 그마저도 증명이 필요한데, 정서적 학대 등은 사후에 자녀 쪽에서 증명하기도 어렵다. 일정 기간 부모에게서 정서적으로 버려진 채 심지어 긴 세월 동안 연락을 끊고 지냈음에도 부양의무 때문에 금전적 부담을 지게 된 자녀들의 심정은 누구나 짐작할 수 있을 것이다.

재정적인 부양의무의 불합리성을 명확히 판단할 수 있는 경우는 드물게라도 있으나, 정서적인 측면에서 부양의무가 합당한가를 따지는 것은 그보다 더 어려운 문제다. 자녀가 거의 또는 전혀 찾아오지 않는 노인이나 요양원에서 외로운 노년을 보내고 있는 노인을 떠올려 보라. 사람들은 보통 그를 동정하며 자녀들이 이기적이고 매정하다고 생각한다. 자녀들이 부모와의 관계에서 커다란 마음의 상처를 입었을지 모른다고 생각하는 사람은 없다. 오로지 사회적 규범을 어긴 자녀를 매도할 뿐, 그 원인에 대한 고찰은 뒷전으로 밀려나는 것이다.

몇 가지 원론적인 질문을 던져 보겠다. 자녀가 자신의 필요와 상충하는 부모의 바람을 거부해도 되는가? 부모의 안위보다 자기 안위를 앞세워도 될까? 좋은 부모가 되어주기는커녕 자녀에게 지나친 기대만 걸었던 부모라면 어떤가? 부모의 잘못을 용서하는 것도 자녀의 의무가 아닐까? 부모가 나쁜 부모였다면 우리가 나서서 좋은 아들, 딸로서 본보기를 보이는 게 바람직하지 않을까? 우리를 낳아준 분들이니 그것만으로도 큰 빚을 진 게 아닐까?

부모 – 자녀 관계를 반추하는 일에는 어김없이 도덕적 잣대가 들이대어진다. 그 잣대에 의문을 제기하는 이는 아무도 없다. 자녀들이 협상한 적도, 서명한 적도 없는 세대 간의 계약을 존중해야 한다는 고정관념은 온 세상에 씨를 퍼뜨린 채 번성하는 중이다. 부모가 실제로 부모의 의무를 '이행'했는가는 문제가 되지 않는다. 가족이라는 맥락을 배제하고 보면 극히 불공정한 계약이다.

그러면 성인이 된 자녀들이 부모에게서 등 돌리고 도움도 주지 않으며 자신의 안위만을 좇는 것이 옳은가? 물론 그렇지도 않다. 그러나 정서적 관계에서 권리와 의무만을 따지는 사람은 인간관계에서 가장 건강하고 단단한 기초가 되는 요소, 즉 '사랑'을 믿지 않는 셈이다.

채무 관계에 대입된 부모 – 자녀 관계는 빛이 바래고 가치를 잃는다. 뿌리 깊은 애착과 진심에서 우러난 친밀함, 건강한 효심은 뒷전으로 밀려난다. 빚을 논하기 시작하면 유대감과 정서적 돌봄을 요구하는 것이 도덕적으로 정당한 것처럼 보일 위험이 있다.

친밀함과 사랑은 강요할 수 있는 게 아니다. 부모는 자녀들과 애정 어린 관계를 가꾸려는 바람을 품고, 이를 위해 가능한 모든 노력을 기울일 수 있다. 그러나 마땅히 해야 하는 부모로서의 돌봄을 백지 어음으로 간주하고 이를 근거로 자녀의 도리를 요구해서는 안 된다. 그런 부모는 믿기지 않겠지만 이런 일은 수많은 가정에서 벌어진다 편안하고 애정 어린 관계로 지낼 기회를 자신과 아이 모두에게서 앗아가는 셈이다.

사람들이 들이미는 온갖 근거와 논리를 배제하고 오로지 합리적으로 따졌을 때, 자녀는 부모에게 그 어떤 빚도 지지 않는다. 우리는 순전히 우연에 의해 존재하기 때문이다. 물론 부모가 자녀를 태어나게 해준 것은 사실이며 운 좋은 아이들은 부모에게서 충분한 돌봄을 받는다. 그러나 태어날 것인가 말 것인가, 어떤 부모의 손에 자랄 것인가, 부모가 아이를 잘 보살펴줄 것인가 여부는 모두 아이의 영향력 밖에 있는 문제다.

심리분석학자 산도르 페렌치 Sándor Ferenczi는 1920년대 말에 이미 유대교 및 기독교 사상을 뒤엎고 자녀가 부모를 공경해야 한다는 성경의 계율에 반기를 들며 이런 말을 남겼다.

"아이는 어마어마한 노고와 사랑, 온정, 보살핌을 받음으로써 자기 의도와는 상관없이 자신을 세상에 내보낸 부모를 용서할 수 있어야 하며, 그렇지 못할 경우 얼마 안 가 파괴 본능이 깨어날 것이다." [3]

페렌치는 가족의 책임을 지극히 올바른 방향에서 조명하고 있다. 아이를 세상에 내보낸 것은 부모이므로, 다정하게 아이 곁을 지키며 삶을 살아갈 의지와 용기를 키워주는 것 또한 부모의 의무다.

어떤 자녀도 부모에게 빚을 지고 있지 않다. 다만 부모를 사랑하고 그들에게 감사하는 마음을 품을 수는 있다. 부모와 끈끈한 유대감을 느끼는 한편, 자신이 바라는 바를 부모가 못마땅하게 여겨도 아랑곳하지 않고 죄책감 없이 부모와의 사이에 건강한 선을 긋는 것이 이상적인 자녀의 태도다.

아무리 합리적으로 설명해도 부모를 향한 죄책감을 벗어던지지 못하는 자녀들이 그토록 많다는 것은 실로 안타까운 일이다. 죄책감은 사회적·법적으로 명시된 바에 기인하지 않는다. 죄책감은 다른 무엇보다도 가족이라는 틀에서 파생된다. 많은 경우 아이가 아주 어릴 때부터 부모가 죄책감을 심어준다. 이런 일은 아이를 부모 곁에 붙잡아 두려는 지극히 단순한 동기에서 무의식적으로 이루어지는 게 대부분이다.

죄책감의 탄생

서른여섯 살의 마이케Meike라는 여성이 상담실을 찾아왔다.

"어째서 저는 늘 어머니에게 죄책감이 드는 걸까요? 무엇이든 정확히 어머니가 바라는 대로 하지 않으면 세상에서 가장 큰 죄인이 된 기분이에요."

마이케의 어머니는 자신이 전화를 걸거나 우연히 근처를 지나다 커피 한 잔이 생각나면 딸이 열 일 제치고 달려와 주기를 바랐다. 마이케는 프리랜서 그래픽디자이너로 재택근무를 하니 언제든 시간을 낼 수 있다고 생각했다.

"날마다 해야 할 업무량이 정해져 있고 마감 기한에 맞추어 일을 끝내야 한다는 것을 어머니는 좀처럼 이해하지 못해요. 그래서 오전 시간대에 전화를 받지 않으면 심하게 화를 내요. 마지못해 받을 때까지 끈질기게 전화를 걸죠. 어머니를 소중히 여기지 않는다는 둥, 도통 연락을 안 해서 걱정하게 만든다는 둥, 마구 비난을 쏟아내세요. 우연히 근처에 왔으니 같이 밥이나 먹자고 하지 않으면 그나마 다행이에요. 어차피 점심은 먹어야 하는 것 아니냐며, 당신이 내겠다고 불러내거든요."

불행히도 마이케 역시 정서적으로 빈곤한 부모를 둔 수많은 자녀 가운데 하나였다. 이들은 부모의 필요보다 자신의 필요를 앞세우는 일에 죄책감을 느낀다. 선 긋기에도 커다란 용기와 고통이 뒤따른다.

"어머니의 실망한 눈빛을 보는 것도 괴롭고, 한 번 거절한 일을 어머니가 수없이 곱씹을 걸 생각하면 더 괴로워요. 눈 딱 감고 그냥 한번 해 달라는 대로 하는 편이 차라리 나아요."

'그래도 제 엄마잖아요.', '그래도 제 아빠잖아요.'라는 말에는 수많은 의미가 함축되어 있다. 진심 어린 감사의 마음과 송곳처럼 심장을 찌르는 죄책감, 타오르는 분노와 무력한 자포자기, 이루지 못한 자신의 바람들, 부모의 사랑과 기대 속에 질식해 버릴 것 같은 괴로움, 이 모든 것이 그 한마디에 묻어난다. 그럼에도 여전히 부모와의 관계를 개선시킬 수 있을지 모른다는 희망의 불씨 또한 아른거린다. 죄책감에서 벗어나 부모와 동등한 눈높이에서 마주설 수 있는 관계를 이들은 소망한다.

죄책감은 자녀가 분가하거나 새 가족을 꾸릴 때 처음 발생하는 것이 아니다. 마이케의 어머니는 딸이 요람에 누워 있던 시절부터 죄책감을 심어주기 시작했다. 마이케는 유년기와 청소년기 내내 "내가 직업을 갖고 꿈을 펼치지 못한 건 너 때문이었어."라는 말을 귀에 못이 박히도록 들었다. 어머니는 그가 태어나자 당시 여성들이 흔히 그랬듯 직장을 그만두고 가정주부 겸 어머니 역할에 충실했다. 물론 마이케도 어머니가 꿈을 이루지 못한 게 자기 탓이 아님을 머리로는 알고 있으나, 또다시 어머니의 질책이 시작되면 두 사람이 무거운 사슬로 엮여 있다는 느낌을 떨쳐낼 수 없었다. 그는 무거운 쇳덩이처럼 죄책감을 달고 다녀야 했다.

남달리 영특했던 마이케는 어머니의 사랑과 보살핌을 듬뿍 받으며 자랐다. 문제는 어머니의 집착이었다. 이전까지 어머니는 어느 회사 사장의 비서로 일하고 있었고 직장에 대한 애착도 컸다. 출산과 함께 일을 그만두게 되자 그는 즉각 어머니 역할에 열정적으로 뛰어들었다. 그런데 시간이 흘러 다른 부모들이 독립하는 자녀를 흐뭇하고 홀가분한 마음으로 바라볼 즈음, 마이케의 어머니는 딸을 잃을지 모른다는 두려움에 떨고 있었다. 딸이 초등학교에 들어가기 무섭게 고등학교 졸업 후를 상상하며 몸서리쳤다. 아이에게도 '네가 어른이 돼서 독립하고 나면 엄마는 어쩌지?'라고 수없이 묻고는 했다. 마이케가 대학 입시를 준비하는 동안에는 딸의 곁에서 한시도 떨어지려 하지 않았고, 친구 집에만 가려고 해도 힐난을 퍼부었다.

"또 어딜 가는 거니? 조만간 졸업해서 자취하기 시작하면 엄마 혼자 남을 텐데, 엄마와 조금이라도 더 시간을 보낼 생각은 안 하는구나."

마이케는 당시를 회상하며 이렇게 말했다.

"저는 한없이 갈팡질팡했어요. 세상 밖에서는 대학교와 친구들과 제 인생이 저를 기다리고 있는데 집에서는 어머니가 창백한 얼굴로 주방 테이블 앞에 앉아 울고 계셨으니까요. 제가 독립하는 게 어머니를 죽이는 일이나 다름없게 느껴졌어요."

마이케는 어머니와 요리를 하거나 창가에 앉아 잡담을 나누기 위해 수많은 약속을 취소해야 했다.

"어머니에게 맞선다는 것은 정말이지 애초부터 쉬운 일이 아니었어요."

과거를 되짚으며 마이케는 비로소 자신이 지난 이십 년간 외로운 어머니의 지나친 간섭에 적절히 맞서 건강한 선을 긋는 데 실패했음을 깨닫고 충격에 휩싸였다.

누구나 알겠지만 자신에게 무한한 애정을 쏟는 부모의 바람을 거절한다는 게 말처럼 쉽지만은 않다. 그런데 죄책감은 부모가 자녀에게 소홀했던 경우에도 발생한다. 원치 않게 태어난 아이, 사랑받지 못한 아이는 때로 죄책감의 화신과 같다. 예컨대 뜻하지 않은 임신으로 태어난 아이는 자기 때문에 사랑하지도 않는 여자와 결혼했다는 아버지의 한탄을 들으며 죄책감을 키운다. 사랑받지 못한 아이는 아마도 넌 못난 아이다, 귀찮게 군다, 부모의 꿈을 가로막는다, 고마운 줄 모른다, 염치없다, 베풀 줄 모른다는 등의 비난을 귀에 못이 박히도록 들었을 것이다. 아이는 이 모든 것을 자기 탓으로 돌리고 더 이상 부모의 사랑을 얻으려 노력할 필요도 없다고 생각한다.

아이가 애써 묻어 둔 증오와 복수심으로부터 죄책감이 자라나기도 한다. 방치되거나 학대받은 아이는 부모와의 관계가 더 악화하는 것을 막기 위해 그들을 향한 적대감을 억누를 수밖에 없다. 억눌린 적대감은 결국 아이 자신에게로 향해 아이의 내면에 죄책감과 자기 비하를 낳는다. '나는 악마의 자식이야. 그러니 부모님에게 사랑받을 자격도 없어.'라는 믿음에서 자기 파괴적인 행동이 촉발된다. 극단적으로 선을 넘는 행위가 그 예다. 중독, 번 아웃, 우울증 같은 정신질환이 발생할 가능성도 있다.

부모에게 심한 트라우마가 있는 경우, 부모를 나쁜 기억으로부터 구해주지 못했다는 생각이 자녀에게 죄책감을 심어줄 수 있다. 트라우마를 입은 부모와 그 자녀는 스스로도 자각하지 못하는 사이에 일찍부터 서로에게 얽혀 버린다. 부모에게서 어떤 거부감을 감지한 아이가 그들의 괴로움을 덜어주기 위해 이를 스스로 짊어지는 것이 그 원인이다. 이른 나이에 부모를 향해 지나친 책임감을 느끼는 것이다. 이때는 분리되고자 하는 아이의 갈망이 자녀를 잃을지 모른다는 부모의 두려움과 충돌한다. 부모가 자녀에게 과도하게 집착하고 공생관계에 묶어두려 할 때, 분리는 결국 모두에게 불편한 감정을 유발하는 주요 원인이 된다.

부모가 못마땅해 하는 것을 선택한 사람들은 입버릇처럼 '죄책감이 든다.'고 이야기한다. 자율성이 곧 충성심을 파괴하는 요소로 간주되는 가정에서는 부모와 자녀 모두가 고통받는다. 분리가 암묵적으로 금지된 길을 가는 어려운 과제로 변질되면 자녀는 은밀한 양심의 가책을 느낀다. '내가 떠나면 어머니가 까다로운 아버지 곁에 홀로 남겨질 거야.', '주말마다 찾아뵙지 않으면 아버지가 살아갈 힘을 잃을지도 몰라.', '크리스마스에 지나치게 엄하고 냉정하고 권위적인 부모님을 우리 집으로 초대하지 않으면 부모님이 쓸쓸하고 우울한 휴일을 보내게 될 거야.' 이 모두는 단순히 부모에 대한 애정에서 나온 생각이라기보다 지나친 의무감과 죄책감이 낳은 강박관념이라 해야 옳다. 자녀들은 '나는 무책임한 딸/아들이야. 부모님이 불행한 것도 내 탓이야.'라는 관념 때문에 자신의 필요에 크게 반하는 선택을 하고는 한다. 순전히 죄책감 때문에 연락하고 관계를 유지하는 일은 진정한 친밀함과 애정에서 비롯된 행동이 아니기 때문에 어색하며 무미건조할 수밖에 없고, 결국 죄책감은 커져만 간다.

앞서 언급했듯이 부적절한 죄책감은 부모와의 관계에서 비롯된다. 부모가 본의 아니게 자녀의 죄책감을 유발하는 경우도 매우 흔하다. 정서적 결핍으로 인해 자녀에게 집착하는 것이 그 원인이다.

자녀가 연령대에 맞게 독립하는 법을 배울 수 있도록 놓아주는 것도 좋은 부모 되기의 일환이다. 이때 아이를 압박하거나 몰아세워서는 안 된다. 자기 결정 능력과 다정한 성품, 애착을 맺고 갈등에 침착하게 대처할 수 있는 능력을 지닌 성인으로 자라나도록 돕는 것은 부모의 몫이다.

보살핌과 놓아주기 간의 균형을 맞추는 일은 쉽지 않다. 그에 앞서 부모는 과거 자신의 분리 과정을 반드시 되짚어 보아야 한다. 분리되는 데 어려움을 겪었던 부모의 내면에는 미성숙한 부분이 남아 향후 자녀와의 관계에 영향을 미치기 때문이다. 부모의 지나친 기대로 인해 스스로 고통을 겪었음에도 자녀에게 이를 대물림하는 부모도 있다. 부모의 비위를 맞추기 위해 스스로 꺾어야 했던 사람은 자기 자녀도 그렇게 해주기를 바랄 것이다. 자기 삶의 규칙을 스스로 만들어 낼 수 없었던 사람은 자녀가 가족의 규칙에 반기를 들 때 이를 불쾌하게 여길 가능성이 크다. 부모에게 사랑받는다는 느낌을 한 번도 받지 못한 사람은 자녀들이 자신을 사랑하고 평생토록 헌신해 주기를 기대하며, 장성한 자녀가 자신만의 가족을 꾸리는 것마저 못마땅하게 여긴다.

부모의 잘못은 대물림되는 경향이 있다. 부모가 유년기에 경험한 결핍이 다음 세대에서도 자주 반복된다는 뜻이다. 충분한 보살핌을 받지 못한 아이가 자라 자녀를 보살피지 않는 부모가 된다. 오히려 자녀에게 부모 역할을 강요하고 보살핌을 기대하는 경우도 드물지 않다. 뒤바뀐 부모-자녀 관계가 아이에게 짐이 되는 것은 당연한 일임에도, 부모는 아이가 부담스러워하면 또다시 질책을 쏟아 낸다. 그렇게 아이의 마음에는 죄책감이 싹튼다.

마이케의 죄책감 또한 딸과 지나치게 가깝게 지내려는 어머니의 바람에서 비롯된 것이었다. 마이케의 어머니는 부모가 원치 않은 아이였고, 그래서 많은 시간을 혼자 보내며 정서적 소외감을 경험했다. 외로운 시간을 견디며 아이는 서로 애정을 쏟고 보살피는 따뜻한 가족을 갈구하게 되었다. 그 염원은 세월이 흘러 딸 마이케를 품에 안는 순간 현실이 된다. 영원히 자기 곁을 떠나지 않을 누군가가 생긴 그 순간부터가 그에게는 진짜 삶의 시작이었다. 그러나 마이케에게 이 관계는 감당하기 벅찬 과제이자 그의 성장을 가로막는 걸림돌이었다. 오늘날까지도 이는 두 사람 모두를 괴롭히고 있다. 어머니 정확히 표현하면 그의 내면 아이는 딸에게 끊임없이 실망하고 홀로 방치되었다고 느끼는 한편, 딸을 아끼는 어머니의 성숙한 자아 덕분에 딸이 자신으로부터 분리되어야 함을 명확히 인지하고 있었다. 그러나 홀로 남겨질 것을 두려워하는 내면 아이는 여전히 마이케를 자신의 부모로 착각하며 부적절하고 과도한 요구를 하는 중이다.

부모와 자녀 사이의 정서적 얽힘을 풀어내는 일이 그토록 어려운 이유는 이것이 무의식에 잠재된 어린아이의 영역에 형성되어 있기 때문이다. 관계의 당사자는 성숙한 어른이 아니라 내면에서 서로를 대면하고 싸움을 벌이는 어린아이들이다.

자녀가 죄책감 때문에 부모 곁에 머물 때 이들은 불편하고도 힘든 관계를 이끌어가게 된다. 부모는 자녀가 빚을 지고 있음을 끊임없이 일깨우며 불가능한 무언가로 이를 상환 받으려 든다. 키워준 은혜를 보상받고자 하는 것이다. 그중에서도 최악의 부모는 자녀들이 평생에 걸쳐 빚을 갚아야 한다고 여긴다. 이는 부모–자녀 관계에 독이 되는 것을 넘어 장성한 자녀들이 독립된 가정을 꾸리기 어렵게 만든다. 평생토록 부모에 대한 의무를 우선시하다 보면 자신의 아이를 낳고 키우는 일이 어떤 관점에서든 극도로 어려워지기 때문이다. 아이를 낳는다 해도 부모에게서 배운 무겁고 해로운 굴레, 즉 '너는 평생 나를 책임져야 해.'라는 관념에 뿌리를 둔 역할 전이가 대물림될 가능성이 농후하다.

이 모든 것을 종합해 보면 자녀가 부모와의 관계에서 과도한 죄책감을 품는 원인은 다름 아닌 부모에게 있다. 죄책감은 자녀를 집요하게 붙잡아 두려는 부모들이 즐겨 사용하는 전략이기도 하다. 이들은 아이가 자신을 사랑하고 진심으로 친밀함을 느낀다고 믿지 않는다.

가족 관계에서 권리와 의무를 우선적으로 따지는 사람은 불안한 애착 관계를 맺고 있다고 봐도 좋다. 그래서 불안한 부모는 자녀의 도리를 강조하고 이를 확인받으려 들며, 자녀가 진 빚을 환기하기 위해 비난을 일삼는다. 마이케와 어머니의 관계를 설명해 주는 것 역시 이와 같은 관계의 역학이다. 스스로 돌보는 법을 배우지 못한 마이케의 어머니는 딸에게 과도한 의무를 부여하며 붙잡아 두려 든다. 친구나 지인들과 교류하거나 취미를 갖거나 직업을 찾음으로써 고독감을 해소하는 대신 마이케에게 집요하게 매달리며 투정과 요구를 반복하는 것이다.

"그러고 보니 제가 죄책감을 느끼게 된 게 어머니 때문인 것 같네요. 어머니가 자기 삶에 스스로 책임질 줄 알았더라면 제 잘못을 그렇게 비난하지도 않았을 테니까요."

마이케의 가족사를 되짚어 보며 실제 책임과 전가된 책임에 관해 이야기를 나눈 뒤, 그가 생각에 잠긴 눈빛으로 말했다.

"애초에 존재하지도 않는 잘못이었죠."

나는 한 번 더 강조했다. 사람들은 흔히 잘못과 죄책감을 혼동한다. 계획적이고 의도적으로 남에게 상처 주는 것을 잘못이라 한다. 그러나 잘못을 저지르지 않고도 죄책감을 품는 일 또한 벌어진다. 아버지에게 학대받는 아이가 있다고 가정해 보자. 아버지는 아이에게 '집에서 있었던 일은 아무에게도 말하면 안 돼. 이런 일이 벌어진 건 다 네 탓이야. 누구한테 말하면 나는 감옥에 갈 테고, 그러면 혼자 남은 네 엄마가 슬퍼할 게다.'라고 으름장을 놓는다. 이로부터 책임 전가라는 해로운 역동성이 탄생한다. 오롯이 학대의 책임이 있는 아버지가 이를 거부하면서 그의 잘못은 죄책감의 형태로 아이에게 전가된다. 그래서 무고한 희생양일 뿐임에도 아이는 죄책감에 사로잡힌다.

아이들은 다양한 이유로 부당한 죄책감을 떠안는다. 부모의 잘못에 대한 책임을 떠맡을 때, 부모의 지나친 기대에 부응하지 못했을 때, 가족들이 강요하는 규칙을 어길 때도 마찬가지다. 규칙이 아이에게 유익한가, 해로운가는 이때 고려되지 않는다. 정신질환 등으로 고통받는 부모를 구해주지 못했다는 자책감 역시 아이의 몫이 되고는 한다.

아이의 죄책감은 맹목적으로 요구되는 과도한 충성심에서 비롯되는 일이 많다.

많은 아이가 부모의 비난에 대한 자동 반응으로 죄책감을 품게 된다. 혹은 어린 시절부터 내면화되어 평생토록 우리를 따라다니는 부모의 목소리가 원인일 수도 있다.

불합리한 죄책감은 자가면역질환과도 같아서 성인이 되어서까지 거듭 재발하며 삶을 힘들게 만든다. 인간관계에 독이 되

고 사람을 무기력하게 만들며 자발성과 삶의 기쁨을 앗아갈 뿐
아니라, 타인을 사랑하거나 선을 그을 수 있는 자유를 제한하
는 것 또한 죄책감이다. 죄책감은 우리를 자녀 역할에 가두어
독립할 수 없게 만든다. 죄책감에 사로잡힌 자녀는 계속해서
부모에게 매여 있되, 부모와 자녀 모두가 갈망하는 다정하고
생기로운 관계를 맺기는 힘들다. 서로를 신뢰하고 편안하게 여
기는 부모-자녀 관계는 점점 요원해질 뿐이다.

가족의 규칙과 침묵을 타파해야 하는 이유

"어머니와 편한 관계로 지내는 게 가능하기는 할까요? 언젠가는 저
도 죄책감에서 벗어날 수 있을까요? 자유롭고 홀가분한 기분을 느껴
보는 게 소원이에요."

마이케가 상담 시간에 한 말이다. 죄책감에 시달리는 수많은
사람이 같은 말을 한다.

다행히도 거북한 죄책감을 줄이는 방법이 없지는 않다. 그러
려면 먼저 이 감정의 실체를 파악하고, 그것이 어떤 사람·상
황으로부터 비롯되는지 판단할 필요가 있다. 부모나 사회가 가
하는 윤리적 압박감에 즉각 반응하기를 멈추고 잠시 마음을 가
다듬으며, 죄책감으로부터 약간의 거리를 두고 그 근원을 추
적해야 한다. 내가 정말 어떤 잘못을 저질렀는가, 혹은 내 삶을

살지 못하게 가로막는 부모의 불합리한 신념에 휘둘리는 것이 아닐까?

죄책감은 흔히 어떤 규칙을 위반함으로써 유발되기 때문에 우선은 누가 그 규칙을 정했는지, 그것이 내게 얼마나 큰 영향을 미치는지를 파악하는 것이 중요하다. 규칙을 정할 때 내게 선택권 또는 발언권이 주어졌는가? 무엇이 우리에게 특정한 규칙을 어기도록 만들었나? 규칙을 계속 지키는 일이 무의미하거나 어려워지지는 않았는가? 부모와 그에 관해 터놓고 대화하며 상황에 맞게 규칙을 고치도록 타협하지 못한 이유는 무엇인가? 분리되지 못한 내면 아이에게 묻는다면 십중팔구 '부모님이 실망하거나 내게 화를 낼까 두려워서.'라고 대답할 것이다. 부모가 못마땅해할지도 모른다는 두려움은 그들과 편안한 관계를 맺지 못하게 만든다. 그 결과 자녀는 자신에게 방해가 되는 것, 자신이 바라는 것을 솔직하게 털어놓기보다 묵묵히 순종하는 편을 택하거나, 수동공격성을 발휘해 부모가 정해놓은 규칙을 어기며 죄책감을 품기도 한다.

부모가 우리의 행동에 대해 화를 내거나 비난하거나 실망한 적이 있다면 그 비난이 우리의 '일탈'을 향한 것이었는지 고민해 봐야 한다. 더불어 이후의 대처방식이 어땠는가도 되짚어 볼 필요가 있다. 용서를 구하는 것이 가능했는가? 그렇다면 어떤 이유 때문에 용서를 빌었는가? 죄책감을 덜기 위해서였는가, 혹은 진심으로 뉘우쳤기 때문인가? 부모가 이를 받아들였는가? 가족들 간에 용서를 빌고 용서하고 털어버리는 일이 원칙적으로 가능한가? 혹은 부모의 바람보다 나의 바람을 앞세울 때마다 부모가 해묵은 상처를 들먹이고 쑤셔대지 않는가?

마지막 질문에 대한 답이 '그렇다.'라면 부모가 의식적으로든 무의식적으로든 여러분을 통제하고 있는 것이다. 자녀를 놓아줄 준비가 되지 않은 부모는 순종을 기대하며, 자녀가 독립할수록 화를 터뜨리거나 짜증을 내거나 좌절한다. 분리되려는 자녀를 걸핏하면 비난하고 양심의 가책을 유발함으로써 '얌전하고 순종적으로 굴어라. 그리고 너희의 필요를 앞세우지 말거라.'라는 신호를 보내는 것이다. 이처럼 부도덕한 부모의 기대는 자녀의 시기적절하고 건강한 분리를 영구적으로 불가능하게 만들 수도 있다.

잘못과 죄책감을 구분하기까지는 보통 매우 길고 힘든 과정을 거쳐야 한다. 죄책감에서 벗어나고 건강한 분리에 성공하려면 기존의 수많은 것들에 질문을 던지고, 새로 찾은 대답들과 그에 수반되는 감정을 견뎌낼 수 있어야 한다. 불안감, 두려움, 거부감, 분노까지도 말이다.

자녀를 무기력하게 만드는 죄책감의 이면에는 흔히 부모와의 관계를 해치지 않기 위해 지금껏 억눌러 온 분노가 도사리고 있다. 마이케도 마찬가지였다. 의식적으로 죄책감의 원인을 추적하며 자신이 어머니의 불행한 운명과 가련함의 굴레에 단단히 얽혀 있음을 거듭 확인하는 과정에서 그는 치솟는 분노를 느꼈다. 그 감정은 어머니뿐만이 아니라 자기 자신을 향한 것이기도 했다.

"어머니는 저를 놓아주려 하지 않아요. 저는 저항도 못 한 채 붙잡혀 있고요."

마이케는 이렇게 결론지었다. 분노를 느끼는 것은 죄책감의 악순환에서 벗어나는 과정의 주요 전환점이다. 마이케는 어머니를 비호하던 태도를 멈추고 자신의 책임과 어머니의 책임에 의문을 품기 시작했다.

"제가 왜 모든 것을 해 드려야 할까요? 어째서 어머니는 친구를 만나러 나가지 않는 걸까요? 제가 거절할 때마다 비난하는 이유가 뭘까요? 끊임없이 죄책감에 시달리는 것도 이제 지긋지긋해요. 이런 관계는 어머니와 저 모두에게 해로울 뿐이에요."

어떤 이들은 이 지점에서 찜찜함이나 두려움을 느낀다. 부모의 비위를 맞추지 않아 화를 돋우면 무슨 일이 벌어질까? 나와 부모 모두 그 분노를 잘 극복할 수 있을까? 나를 위해 그토록 많은 것을 희생한 부모를 화나게 만들어도 되는 것일까? 아무도 죄책감을 느끼지 않도록 가족들 각자의 책임을 명확히 구분하면 어떤 일이 생길까? 가족들 간의 관계가 산산조각이 나지 않을까? 부모님과 연을 끊게 되지는 않을까? 그러나 내면에서 울리는 이 불안한 목소리를 부모들도 이미 알고 있으며, 그들이 무의식적으로 우리에게 죄책감을 심어준 것도 이 목소리 때문이었음을 명심하라. 이 내면의 목소리는 애착을 믿지 않고,

잘못을 날카롭게 비난하며, 자기 잘못에 책임지기를 거부하고, 자신이 저질렀을지도 모를 잘못을 남에게 전가한다. 이 목소리는 또한 자신이 사랑받을 수 있는 존재임을 믿지 않으며, 불화는 곧 파멸이라는 두려움 때문에 온갖 수단을 동원해 갈등을 회피한다. 이 목소리를 듣는 사람에게는 현실을 자각하는 것이 허락되지 않는다. 오로지 침묵하고, 떨쳐내고, 자신의 감정을 부정할 뿐이다. 건강한 관계를 가능케 하는 건강한 선을 긋는 대신 계속해서 부모에게 얽매인 채 살아가는 것이다. 그러다 보면 부모와의 관계는 점점 힘들어진다. 원가족에게 충성하며 화목하게 지낼 것을 강요당하느라 자신의 감정과 필요를 포기하고 스스로를 관계의 최하위에 두는 탓이다. 남들의 눈에는 단단히 결합되어 있는 가족으로 보일지 모르나, 그 안의 구성원들은 저마다 고독하게 갈라져 있다. 대화는 줄고 서로에 대한 불편한 감정만 커진다. 무엇이 우리를 살아가게 하는지 소리 내어 이야기할 수도 없다. 무엇 때문에 압박감을 느끼는지 모르기 때문에, 혹은 부모에게 감정을 털어놓을 엄두가 나지 않기 때문이다.

2009년에서 2013년 사이 독일에서는 다수의 심리학자로 구성된 연구진이 독일연방교육연구부의 의뢰로 전쟁 세대 아동의 폭격 및 피난의 후유증에 관해 연구한 바 있다. 이때 설문에 응한 이들 중 다수가 '부모를 향해 강한 충성심'을 보인다는 사실이 밝혀졌다. 학자들은 '이들의 이야기에 갈등이 전혀 언급

되지 않는다는 사실이 바로 관계의 장애를 보여주는 증거'[4]라는 명확한 결론을 도출했다.

다시 말해 갈등을 언급하지 않는 것, 어떤 일에서도 부모와 이견을 보이지 않는 것, 항상 부모가 원하는 대로 행동하는 것은 양호한 관계나 화목한 가정의 증거로 볼 수 없다. 오히려 부모에게 못마땅한 문제에 관해 이야기해도 괜찮다는 충분한 확신이 없음을 뜻한다.

부모에 대한 충성심이 곧 단단한 부모-자녀 관계를 뜻하지는 않는다. 충성심을 모든 가치의 우위에 두고 그에 의문을 품을 여지조차 주어지지 않을 때는 특히 그렇다. 학대와 가정폭력이 난무하는 가정에서 으레 그렇듯 병적인 규칙이 지배하는 경우는 말할 것도 없다.

폭력 가정의 아이들은 대개 침묵을 강요당한다. 부모는 이 규칙을 악용해 아이를 인질로 삼는다. 아이들이 규칙을 깨기까지는 보통 오랜 시간이 걸린다. 제삼자에게 이 사실을 털어놓기라도 하면 심한 죄책감에 시달린다. 그러나 부모를 보호하고 자녀에게 상처를 주는 규칙은 규칙이라 할 수도 없다. 따라서 자녀들은 정서적으로 생존하고 가족이라는 감옥으로부터 탈출하기 위해 부모가 정해놓은 규칙 가운데 일부를 깰 수밖에 없다.

가족치료의 창시자 중 한 명인 버지니아 사티어 Virginia Satir[5]는 가족의 기능장애를 나타내는 지표로 다음의 다섯 가지 규칙을 꼽았다.

1. 집에서 일어나는 일을 그대로 보고 들어서는 안 된다.
2. 감정을 느껴서는 안 된다.
3. 느끼고 생각하는 것을 입 밖에 내어서는 안 된다.
4. 자신의 필요를 충족시키기 위해 뭔가를 요청해서는 안 된다.
5. 위험을 감수해서는 안 된다.

이 모든 규칙은 처음에는 자기 내면과의 접점을, 다음으로는 타인들과의 접점을 상실하게 만든다. 인지하고 느끼고 소통하는 일이 금지될 때 우리는 고립되고, 자신은 물론 타인들에 대한 믿음도 쌓지 못하게 된다. 또한 위험을 감수하는 것이 허락되지 않을 때는 독이 되는 상황과 인간관계에 갇혀 버리고 만다. 최악의 경우 자기 삶에 스스로 책임지지 못하고 평생토록 부모의 기대에 맞추어 살아가게 될 수도 있다.

부적절한 요구를 간파하고 거부하라

어떤 가족에게든 파괴적인 규율과 규칙 외에 기대, 즉 자녀들이 지켜야 할 요구사항이 존재한다. 요구되는 내용은 능력 발휘 반드시 성공해라나 특정한 정서적 태도 내 곁에 머물며 나를 돌봐라에 관한 것일 수 있다. 세상의 모든 부모는 자녀에게 무언가를 바라거나 기대한다. 그러나 그게 의도적이고 경직된 요구일수록 관련된 모든 당사자에게는 이를 지키는 것도, 필요할 때 파기하는 것도 어려워진다.

자녀에게 가장 어려운 요구는 뭐니 뭐니 해도 모순된 이중 메시지가 담긴 요구다. '성공해서 자랑스러운 자식이 되어라. 단, 계속해서 우리에게 의존해야 한다!'가 그 예다. 이중 메시지는 부모가 각각 상반된 것을 요구하는 데서 비롯되는 일이 보통이나, 부모 중 한쪽에게서만 나오는 경우도 종종 있다. 이중 메시지는 자녀를 부모에게 얽매이게 해서 고통을 주지만 이를 간파하거나 거부하는 것은 극도로 어렵다. 그 유효성에 제동을 거는 요인이 없을 때 분리는 실패할 수밖에 없다. 자녀는 부모라는 쳇바퀴에 갇힌 채 그들의 기대에 부응하려는 헛된 시도를 반복할 뿐이다.

부모가 요구하는 것이 명백하더라도 해롭기는 마찬가지다. 우리에게 맞지 않는 것, 부담스러운 것을 요구받거나, 요구를 거부해 봐야 소용없는 경우가 그렇다. 부적절하고 과도한 요구는 자녀가 고통에 짓눌리다 못해 의구심을 품을 때까지 멈추지 않는다.

쉰다섯 살의 비앙카Bianca는 '억지로 살아진 것 같다.'라는 말로 적잖은 성인들이 느끼는 삶에 대한 감정을 표현했다. 이런 사람들은 자신에게 맞지 않거나 부담스러운 것을 무의식적으로 요구하는 부모에게 얽매인 채 어머니 또는 아버지의 아바타로 살며 자신의 진정한 자아와 행복으로부터 점점 멀어져간다.

비앙카는 부모 집에서 일찍이 독립했음에도 늦은 나이까지 부모의 목소리와 요구에 부응하며 살고 있었다. 직업적 성공도 이루지 못했다. 연극 배우가 되고 싶던 간절한 꿈은 학업 도중 불안장애를 앓는 바람에 일찌감치 포기해야 했다.

"불안이 당시 비앙카 씨에게 어떤 영향을 주었나요?"

내 물음에 그는 곰곰이 생각한 끝에 대답했다.

"불안이 극심해져서 혼자 사는 게 불가능해졌어요. 결국 부모님 댁으로 다시 들어가야 했지요. 연극 공부도 그만두었기 때문에 아버지가 근처에 비즈니스 계통 직업 교육 과정을 알아봐 주셨어요."

"불안장애 때문에 부모님과 더 밀착된 생활을 하게 되었군요. 만약 꿈꾸던 대로 연극 배우가 되었다면 어땠을까요?"

"일단은 계속해서 베를린에 머물렀을 거예요. 제 장기계획은 극단에 들어가는 것이었으니 이후에는 아마도 여러 도시에서 다양한 경험을 하며 유목민처럼 자유로운 삶을 살았겠지요. 부모님과 연락하는 일도 훨씬 드물었을 테고, 아마 서로 거리를 두었겠죠. 생각해 보니 대화할 거리 자체가 없었을 것 같아요. 부모님은 제 꿈을 이해해 주시기는커녕 '할리우드 예비스타'라고 비아냥거리기 일쑤였거든요."

결국 비앙카의 꿈을 짓밟고 그를 부모님과 얽매이게 만든 원인은 바로 불안장애였다. 시스템 치료에서는 어떤 문제점이나 증상들을 특정한 인간관계 시스템을 지키기 위한 시도로 간주하기도 한다. 그래서 개인의 약점 비앙카의 경우 불안보다는 문제 또는 증상의 근원이자 당사자가 고통받는 동안 단단히 유지된 인간관계에 초점을 맞춘다. 비앙카의 불안장애 증상으로 인해 초기에 단단히 다져진 인간관계는 다름이 아닌 부모와의 관계였다. 과거의 '부모 – 자녀' 간 위계질서가 다시금 유효해지면서 비앙카 자신의 꿈이 아닌 부모님의 기대가 삶의 기준이 되었다. 자신과의 관계는 점점 뒷전이 되어 갔다. 비앙카가 자신의 불안을 정확히 이해하지 못한 탓도 있지만, 가장 큰 원인은 불안을 떨치고자 하는 강한 염원이었다. 그리고 불안을 떨치는 유일한 길은 과거 익숙하던 부모의 인생 모델에 자신을 끼워맞추는 것이었다.

　인생의 중반쯤에 다다르면 사람들은 일정 정도 무의식적으로 지나온 삶을 결산해 보고는 한다. 비앙카는 이미 수년 전부터 삶에서 '길을 잃었다.'는 깊은 불만감에 시달리고 있었다. 원래 꿈꾸던 것과는 정반대의 '극도로 지루하고 예측 가능한' 삶을 살고 있는 것 같았다. 수많은 기회의 문들은 한 번도 열리지 못한 채 굳게 닫혀 있고 수많은 삶의 공간들도 텅 빈 채 방치되어 있었다. 비앙카는 지금이야말로 이루지 못한 꿈을 제대로 애도하고, 현재와 앞으로의 몇 년을 어떤 모습으로 가꾸어야 할지 고민해야 할 때라고 여겼다.

　"백 살 생일에 저를 만나 지난 45년이 얼마나 멋지고 만족스러운 시간이었는지 들려주신다고 상상해 보세요. 그때 정확히 어떤 이야기를 하게 될까요?"

나는 비앙카에게 물었다.

"창의력을 마음껏 발휘하며 대담하게 살아왔다고 이야기할 거예요. 남들이 뭐라 하든 개의치 않고 쉰다섯 살에 제가 진정으로 하고 싶은 일을 시작했다고 말이에요."

비앙카는 꿈꾸던 일을 실천하기 시작했다. 노래와 춤을 배우며 잊었던 삶의 기쁨이 되돌아오는 것을 느꼈다. 상담 치료를 마무리할 즈음 비앙카는 전단지 하나를 가져와 내게 건넸다. 그가 얼마 전 가입한 아마추어 극단의 공연 홍보 전단지였다. 그는 내게 이렇게 털어놓았다.

"너무 두렵고 긴장되지만 이번에는 숨지 않을 거예요. 무대에 올라 사람들 앞에서 제 진짜 모습을 보여주고 싶어요. 그러고 나면 스스로가 자랑스러울 테고, 내가 내 인생의 주도권을 잡을 수 있다는 걸 백 살까지 되새기며 살겠지요."

비앙카는 행운아였다. 삶의 후반부에 이르러 평생의 꿈을 실현했으니 말이다. 시간을 되돌릴 수는 없어도 자신에게는 여전히 현재와 미래가 남아있으며 그 안에서 더 나은 선택을 할 수 있음을 과거로부터 배우고 이해한 것이다.

너무나 많은 사람이 주어진 삶을 최대한 누리고 진정한 삶의 과제를 완수하는 일에 실패한다. 부모의 기대에 가로막혀서, 무엇보다도 부모를 감히 실망하게 할 수 없어서다. 그러나 독립적인 성인이 되기보다 착한 딸, 착한 아들로 남아있기를 택한다면 행복은 점점 더 멀어질 것이다. 자신에게 충실하기 위해 부모를 실망하게 하는 것 또한 분리의 한 과정이다.

부모의 요구 때문에 분리의 적기를 놓치는 것은 매우 비극적인 결과로 이어진다. 기회의 문들이 닫히고, 놓쳐버린 기회를 더 이상 누리거나 되돌릴 수 없게 되는 것이다.

타마라Tamara는 마흔아홉 살이 되어서야 '산산조각 난 인생'을 마주하게 되었다는 말로 이를 표현했다. 어머니가 중병으로 죽음을 앞두고 있을 때였다. 그는 울면서 말했다.

"저는 평생 어머니에게 복종하며 살아왔어요. 어머니는 '절대로 남자에게 의존해서는 안 된다.'라고 입버릇처럼 당부했고, 그 말씀대로 저는 결혼은커녕 동거조차 한 적이 없어요."

그러다 보니 누구를 만나도 깊은 관계로 발전하지 못했고, 아이를 낳는 것은 애초에 고려의 대상도 아니었다. 경력을 쌓는 데 아이는 방해만 될 뿐이라는 어머니의 날카로운 경고 때문이었다.

"그래서 저는 멋진 직업을 가지려고 노력했죠."

타마라는 어느 다국적기업의 임원으로 일하며 오를 수 있는 최고의 자리에까지 오른 상태였다.

"그런데 지금 제 모습이 어떤가요?"

그는 내가 이 질문에 대한 답을 알고 있기라도 한 듯 불쑥 묻고는 또다시 울음을 터뜨렸다. 나는 차분히 되물었다.

"무슨 말씀인가요?"

"어머니가 암에 걸렸어요. 시한부 선고를 받았죠. 그런데 며칠 전에 제게 뭐라고 하셨는지 아세요? 살면서 제게 가장 크게 실망하신 게 어머니에게 손주를 안겨드리지 않은 일이래요."

타마라는 당장 무언가를 때려 부수기라도 할 것처럼 분노에 차 있었다. 이해 못 할 바 아니었다. 어머니의 기대에 부응하고 어머니의 경고를 따르며 평생을 보냈건만, 그게 틀린 것이었음을 이제야 알게 되었으니 말이다. 자신이 무엇을 원하는지, 어떻게 살고자 하는지, 자신의 결정이 자기 의지에서 비롯된 것인지, 혹은 부모의 바람에 맞춘 것인지 수시로 검토하지 않으면 이렇게 될 위험이 있다. 타마라와 같은 많은 사람은 뒤늦게야 방향을 바꾸기에는 이미 늦어 버렸음을 깨닫는다. 그때는 어떻게 해야 할까? 감히 벗어날 생각조차 못 했던, 부모가 정해놓은 인생길을 받아들일 수밖에 없다.

수많은 상담 시간을 거치며 타마라는 다양한 인생길을 그려 보는 연습을 했다. 과거에 만났던 연인 가운데 결혼하고 싶었던 상대는 누구인가? 누구와 함께 살고 싶었는가? 조금 더 참고 곁에 머물렀어야 했다는 후회가 남는 상대가 있는가? 누군가를 조금 더 믿고 다가갔어야 했다는 후회도 드는가? 자녀를 낳고 싶은 마음을 미처 깨닫지 못했거나 부정하지는 않았는가? 아이를 낳았더라면 지금쯤 몇 살이 되어 있었을까? 자신이 살았을 수도 있는 다양한 삶의 모습을 그려보던 타마라는 자신과 더 많은 것을 나누고 싶어 한 연인과 너무 성급히 헤어졌던 기억을 떠올리고 좌절했다.

"그 사람과 함께라면 아이를 낳고 키우는 일도 가능했을 것 같아요."

그러나 놓쳐버린 수많은 기회와 그릇된 선택 이었다고 생각되는 것들을 애도하고 나자, 사실 그가 지금까지의 삶에 매우 만족하고 있음이 분명해졌다.

"그때로 되돌아간다 해도 다른 선택을 할 수는 없을 거예요. 저는 직업을 포기하고 무언가에 얽매일 준비가 전혀 되어 있지 않았거든요. 솔직히 말하면 당시의 연인은 성역할에 대해 매우 보수적인 관념을 갖고 있어서 저와 맞지 않았어요. 결혼하고 함께 살며 가정을 꾸렸어도 얼마 못 가 헤어졌겠지요. 모든 게 제가 생각하는 바와는 달랐을 테니. 아마 극도의 스트레스에 시달렸을 거예요."

"비앙카 씨가 또다시 어머니의 기대라는 함정에 빠질 뻔했다는 사실을 스스로 분명히 깨닫게 되어 정말 다행이네요."

나는 한결 홀가분해하는 그를 보며 말했다.

아이를 책임지는 일이 자신에게는 맞지 않으므로 자녀가 없다고 불행해할 필요도 없으며, 이제 스스로 돌보며 어떤 선택이 자신을 행복하게 만들 것인지 신중하게 살펴보아야 할 때임을 그는 깨닫고 있었다.

부모의 기대를 저버리기 힘든 이유

부모는 아이를 무조건적으로 사랑한다고들 이야기한다. 분명한 것은 이 문장에서 주어와 목적어를 바꾸면 진실이 된다는 점이다. 아이는 부모를 무조건적으로 사랑한다. 어린아이에게 부모는 신이나 다름없다. 못 하는 게 없고 모르는 것도 없는 부모님이 없었다면 우리는 살아남기도 힘들었을 것이다. 하나뿐인 어머니, 하나뿐인 아버지가 하는 말과 행동만큼 우리에게 영향을 미친 것은 없다. 아이들 대부분은 부모에게 사랑받기 위해서라면 무엇이든 한다. 부모가 아이에게 뭔가를 기대하면 아이는 그에 부응하기 위해 필사의 노력을 기울인다. 부모가 부적절하거나 실현 불가능하거나 말 그대로 '정신 나간' 요구를 해도 마찬가지다. 그 요구가 분리를 가로막고 아이를 영구히 부모에게 얽매여 두기 위한 것이라 해도 상황은 달라지지 않는다.

칼 구스타프 융 Carl Gustav Jung은 '부모가 살지 못한 인생만큼 아이에게 심리적인 영향을 미치는 것은 없다.'고 말했다. 실제로 적잖은 부모들이 자녀에게 '내가 살지 못했던 삶을 살아라!'라고 요구한다. 얼핏 애정 어린 바람처럼 느껴지지만, 정확히 따지면 이때 아이는 부모가 꿈꾸던 인생을 대신 살아 줄 도구로 전락하게 된다.

'너는 나보다 나은 삶을 살아야 해!'라는 부모의 바람을 누가 나쁘다 할 수 있겠는가? 문제는 바로 여기에 있다. 아무리 좋은 마음에서 나온 바람이라도 자녀에게 그 뜻을 따를 능력이나 의지가 없다면 죄책감의 근원이 될 뿐이다. 부모가 사랑이라 주장하는 마음으로 세상에 내보낸 아이는 이제 부모가 부여한 임무를 수행하는 역할에 갇혀 버린다. 어떤 삶이 '더 나은' 삶인지 결정하는 사람이 부모이기 때문이다.

그와는 상반되는 특별 요구를 하는 부모도 있다. 부모보다 나은 삶을 살아서는 안 된다는 요구가 그것이다. 이들에게는 '나보다 더 큰 행복이나 성공을 누려서는 안 된다.'라는 불문율이 존재한다. 이런 '추월 금지법'에 얽매인 자녀들은 좌절감과 무기력에 빠지기 쉽지만 그 원인이 무엇인지 스스로 알지 못하는 경우가 다반사다. 부모가 그처럼 비인도적인 요구를 한다는 것을 보통 사람은 상상조차 할 수 없다. 당사자인 자녀가 그로 인해 큰 고통을 받게 됨은 물론이다.

부모보다 잘 사는 죄

여러분은 모든 부모가 자녀의 행복을 진심으로 기뻐한다고 생각하는가?

여러분이 특별히 여유를 누릴 때, 특별히 큰 성공을 거두거나 행복해졌을 때, 부모가 비판적인 태도를 취하거나 그 가치를 평가 절하하지는 않는가?

교육, 경제적 성공 또는 전반적인 삶의 행복에 있어 여러분과 부모 간에 격차가 존재할 때 죄책감을 느끼는가? 나아가 자기 삶이 부모의 삶보다 나아지지 않도록 무의식적으로 노력을 기울였는가? 굴러온 기회를 차 버리고 불리한 선택을 하며, 전반적으로 주어진 가능성의 이하에 머물렀는가?

이 중 하나 이상의 질문에 '그렇다.'고 대답했다면 여러분의 가족 내에도 추월 금지 조항이 존재하는 셈이다. 일반적으로 우리는 부모가 자녀에게 가장 좋은 삶을 기원한다고 여기며, 대부분 이 말이 맞기도 하다. 그러나 세상에는 극도로 불안한 자존감으로 인해 자녀가 자신보다 우월해지는 것을 견디지 못하는 부모가 존재한다. 이들은 열등감에 빠질 것이 두려워 자기 가치에 해악을 미치는 신념을 자녀에게 주입한다. 결국 자녀는 '나 혼자서는 해낼 수 없어. 나는 부족한 사람이야. 내게는 행복해지고, 성공하고, 독립적인 사람이 될 권리가 없어.'라는 확신을 품고 성장한다. 흔히 이들의 등 뒤에는 걸핏하면 모욕감에 끓어오르는 나르시시스트 부모가 있다. 이런 부모는 자신도 모르게 자녀를 망치고 얽매는 요구를 한다.

가족들 가운데 최초로 대학교를 졸업한 율리안Julian의 부모가 그랬다. 그의 부모는 조부모가 설립한 회사를 물려받아 운영했다. 그러나 시대가 변하면서 회사는 점점 경영난에 시달렸고 부모가 은퇴할 무렵에는 파산 직전에 이르러 있었다.

"부모님은 평생을 성실하게 일했어요. 그리고 제가 가업을 물려받기를 바라셨죠."

그러나 율리안에게는 다른 계획이 있었다. 수많은 언쟁 끝에 아들을 설득하는 데 실패한 부모는 그가 뜻한 바를 이루지 못할 것이라고 악담을 퍼부었다. 그러나 율리안은 학업을 마치기도 전에 첫 회사를 설립하고 큰 수익을 내며 승승장구했다. 삼십 대 중반에는 또 다른 회사를 설립해 운영하며 경제적으로 풍요로운 삶을 누렸다. 한편으로는 4년 전 일하며 알게 된 연인 엘사Elsa와 작은 아파트에서 동거 중이었는데, 엘사는 임신한 뒤 정원이 딸린 집으로 이사하자고 율리안에게 제안했다. 두 사람은 지인을 통해 가장 선호하던 지역에 침실 다섯 개가 딸린 남서향의 멋진 집을 소개받았다. 두 사람에게는 집값을 충당할 만한 재정적 여유도 있었으나 율리안은 주저했다. 침실 다섯 개는 너무 과하다며 세 개면 충분하다는 것이었다. 갑작스레 넓은 정원이 생기는 것도 낯설고, 지나치게 부유해 보이는 지역으로 이사하기도 꺼려지는 모양이었다.

"갑자기 그게 무슨 소리야? 이제 막 가족을 꾸리려는 참인데. 아이는 둘, 어쩌면 셋까지도 낳을 생각이잖아. 지금 여기로 이사하지 않으면 이삼 년 뒤에 또 번거롭게 이사를 해야 해."

"아이 둘이서 방 하나를 같이 쓰면 되지." 율리안이 항변했다.

"어쩔 수 없는 상황에서는 물론 그래도 되지. 하지만 우리가 금전적으로 쪼들리는 것도 아니고, 그 좋은 집을 포기할 이유가 없잖아. 당신이 왜 그러는지 모르겠어."

그러나 율리안은 더 이상 대화하려 들지 않았다. 그리고 엘사가 지나치게 '사치스럽다.'는 말로 입씨름을 끝맺으려 했다.

나는 상담실을 찾아와 망연자실하게 앉아 있는 율리안에게 물었다.

"무슨 뜻으로 그렇게 말한 건가요?"

"절약을 하지 않고 돈을 함부로 낭비한다고 생각했어요."

"무엇 때문에 돈을 아껴야 한다고 생각하나요?"

"당연히 나중을 위해서죠!"

그는 어이없다는 듯 대꾸했다.

"율리안 씨에게 그 '나중'이란 언제를 뜻하지요? 그리고 돈을 얼마나 모으고 싶은 건가요?"

내 물음에 그는 어리둥절한 표정이 되었다.

"정확한 액수를 말씀하시는 것 같은데 거기까지는 생각해 본 적 없어요. 그렇게 빨리 대답할 수 있는 문제도 아니고요."

"좋아요. 그러면 필요한 만큼 시간을 드리지요. 이건 중요한 문제니까요. 율리안 씨는 나중에 금전적인 어려움을 겪고 싶지 않은 것 같아요. 부모님처럼 말이죠."

율리안이 내 말을 모욕으로 받아들인 것 같지는 않았기 때문에 나는 말을 이어 갔다.

"금전적으로 곤란을 겪는 부모님에게 어떤 감정을 느끼나요?"

"불편하죠. 기분이 좋을 리 있나요. 솔직히 형편이 어려운 부모님을 두고 대궐 같은 집으로 이사한다는 게 말도 안 되는 일 같이요."

"율리안 씨의 재정 상황을 부모님의 상황과 비교하는 거군요. 율리안 씨가 사는 집도 부모님 집과 비교하고요."

"맞아요. 그래서 큰 집이 부적절하게 느껴져요. 사치라고 생각돼서요."

"재정 상황이 허락하는 대로 사는 게 사치라고 느껴진다는 거죠? 혹시 부모님의 기준에 맞추어야 한다고 생각하기 때문인가요?"

"듣고 보니 바보 같은 일이지만, 그 말씀이 맞네요."

다시 말해 율리안에게 삶의 기준은 그와 엘사의 실제 재정 상황도, 가족을 꾸리기 위해 더 넓은 집이 필요하다는 사실도 아니었다. 넓은 공간에서 지내고자 하는 엘사의 바람도 고려 대상이 되지 못했다. 율리안이 생각하는 삶의 기준은 여전히 부모였다. 자신들의 뜻을 거역한 아들을 용서하지 않았음에도, 아들이 비참하게 실패하고 후회할 것이라 장담했음에도, 악담이 무색하게 승승장구하는 아들을 여전히 못마땅하게 여기고 있음에도 그랬다. 율리안의 부모는 불만을 공공연하게 드러내는 것으로 아들에게 앙갚음을 했다. 아들의 성공을 기뻐하기는 커녕 비하도 서슴지 않았다. 석사학위를 따고 부모에게 이를 자랑스레 알렸을 때는 부모보다 더 배웠다고 잘난 체한다며 비난을 퍼부었다. 사업이 잘 돼서 사무실을 넓히자 설레발을 친다며 조롱했고, 출장이나 휴가만 가도 사치를 부린다고 손가락질했다. 엘사도 그들의 가시 돋친 태도에서 자유롭지 못했다.

엘사의 부친이 의사임을 알게 된 뒤로는 엘사를 '잘나신 의사 선생님의 귀한 따님'이라 부르며 비꼬았다. 엘사와 함께 살게 된 율리안이 집들이에 부모를 초대하자 자신들은 상류층의 고상한 모임에 방해만 될 것이라며 거절했다. 그쯤 되자 엘사도 모욕감과 분노에 휩싸였다.

"당신 부모님은 왜 우리 부모님을 만나보려고도 하지 않으시는 거야? 우린 이제 가족이잖아."

그 와중에도 율리안은 부모님을 변호했다.

"그런 뜻으로 하신 말씀이 아니야. 그냥 그런 자리를 불편해하는 분들이라 그래. 당신이나 당신 부모님에게 나쁜 감정이 있어서가 아니고."

아주 틀린 말은 아니었다. 부모가 초대를 거절한 가장 큰 이유가 본인들이기 때문이다. 정확히 말하면 파산했다는 열등감과 수치심이 바로 그것이었다. 아들의 성공으로 인해 부모는 자신의 실패를 더욱 쓰디쓰게 눈앞에 마주해야 했다. 그리고 이에 의연히 대처하기는커녕 불편한 감정을 외면하고 외부를 향해 날을 세우며 '다들 우리에게 호의적이지 않고 우리를 깔보고 있어. 그렇다면 우리도 거리를 두어야지.'라는 태도를 취했다. 아들에게도 노골적으로 적대감을 드러냈다. 자신들이 무의식적으로 요구한 추월 금지 조항을 어겼다는 게 그 이유였다.

나르시시스트 부모는 자녀를 확장된 버전의 자신으로 간주하고 그로부터 이익을 얻으려 들거나 자녀의 성공을 도리어 못마땅하게 여긴다. 나르시시스트 아버지는 아들이 자신보다 운동에 소질을 보이면 머리가 나쁘다고 비웃는다. 아들이 자신보다 공부를 잘하면 골 하나 못 넣는 녀석이라며 경멸한다. 나르시시스트 어머니는 자신보다 날씬한 딸이 몸매를 드러내는 옷차림을 하면 창녀처럼 하고 다닌다는 말로 모욕한다. 딸이 좋은 남성을 만나 행복한 결혼생활을 하면 남편이 얼마 안 가 바람을 피울 것이라고 호언장담하며 무지한 딸이 장밋빛 인생을 꿈꾸고 있다고 조롱한다. 자녀가 독립하려는 기미를 보이거나 감히 부모보다 잘 살려 들면 '네가 우리보다 낫다고 생각하는 게냐? 네게 다른 가족들보다 더 나은 삶을 누릴 자격이 있다고 생각하는 게냐?'라는 평가 절하와 경고의 메시지를 보낸다.

자녀의 성공에 굴욕감을 느끼는 부모는 비하의 악순환에 걸려들기 쉽다. 이들은 자녀의 직업이 무엇인지, 자녀가 어디에서 일하며 어떤 지위에 있는지 '망각'하거나 주기적으로 이를 평가 절하한다. 자녀에게 추월당했다는 모욕감을 고스란히 자녀에게 뒤집어씌우는 것이다. 자녀의 성공을 함께 기뻐해 주는 게 아니라 보란 듯이 무관심한 태도를 취하거나 경멸하고 벌주기까지 하는 부모를 보며 상처받지 않을 자녀는 없다. 심하면 자녀를 처벌하기 위해 연을 끊는 부모도 있다. 그러나 대부분은 부모와의 정서적 교감이 끊긴 지 오래인 자녀가 먼저 최후의 수단으로 연을 끊는다.

율리안 역시 부모와 점점 멀어지는 것을 감지하며 아무것도 할 수 없는 자신에게 무력감을 느끼고 있었다. 어린 시절 부모에게 느꼈던 끈끈한 애착을 되새기며 그때의 친밀한 관계로 되돌아가기만을 간절히 바랐다. 그러나 부모가 불가능한 선택지를 들이밀고 있음을 스스로도 뼈저리게 느끼는 중이었다. 가족과 잘 지내기 위해 스스로를 낮추고 부모의 그늘로 들어가거나, 독립적이고 행복한 삶을 위해 부모와의 관계를 포기하는 비싼 대가를 치르거나, 둘 중 하나였다.

대부분의 부모가 그렇듯 이들의 행동도 악의적인 계산이 아닌, 마음 깊은 곳에 도사린 불안에서 비롯된 것이었다. 주월 금지 명령을 내리는 부모 가운데 다수에게는 자녀와의 애착이 견고하다는 믿음이 없다. 견고한 애착이란 자녀가 궁전에서 살든, 교수 자격을 세 번이나 취득하든, 귀족과 결혼하든, 배우자와 어마어마한 행복을 누리든, 짧게 말해 어떤 조건에서든 변하지 않는 애착을 가리킨다. 이런 부모의 눈에는 자신이 이루지 못한 것, 부모-자녀 간의 격차를 넓히는 것만 보인다. 그래서 자녀를 시기하고 질투하며 자기가 갖지 못한 것에 골몰한다. 이들은 보통 앞서 자신의 부모가 살았던 인생을 본보기로 삼고 따른다. 그리고 자녀가 감히 자유롭고 행복한 삶을 찾으려 들면 두려움에 사로잡혀 매몰차게 비난한다.

추월 금지를 강요하는 부모는 또한 율리안의 부모처럼 걸핏하면 자녀를 소외시킨다. '네가 우리보다 우월하다고 생각할 테니 더 이상 우리를 찾지 말거라.', '상아탑에 틀어박혀 복잡한 것들에 골몰하며 고상한 언어를 쓰는 너와 네 고학력자 친구들을 보면 우리가 무식한 사람들 같아 불쾌하다.', '떼돈을 벌어 으리으리한 집에서 살게 되었으니 초라한 부모를 창피하게 여기겠지.' 등이 이들이 전하는 메시지다.

이런 말을 하는 부모와 친척·지인 관계가 아닌 사람들만이 그 말에 담긴 모욕감을 포착할 수 있다. 특히 자녀의 귀에는 이것이 '네가 하는 모든 행동은 잘못된 것이며, 우리는 너를 사랑하지 않는다.'라는 말로 들릴 뿐이다. 자식을 따라잡을 수 없다는 열등감과 수치심, 자식에게 버림받을지 모른다는 두려움을 정작 자녀는 눈치채지 못한다. 이런 부모는 자녀가 부모보다 훨씬 우월해지고, 부모와는 다른 세상에서 살게 되고, 더 이상 대화도 통하지 않을 것임을 깨닫는 즉시 자기들 곁을 떠날 것이라 여긴다. 잔인하기 이를 데 없는 파괴력을 발휘하는 추월 금지 조항의 이면에는 무엇보다도 상실에 대한 두려움이 똬리를 틀고 있다. 부모를 영구히 일 순위에 두도록 강요함으로써 자녀를 부모 곁에 묶어두는 것이 추월 금지 조항의 목적이다. 극단적으로는 부모를 위해 희생할 것을 강요하기도 한다.

이 조항은 자녀를 진퇴양난으로 몰아넣는다. 자기 힘으로 살아보려는 매 시도는 부모를 실망하게 한다. 부모가 부당한 요구를 한다는 사실도 여간해서는 알아채기 힘들다. 이미 그들에게 길들어 객관적으로 상황을 판단하기도 어렵고, 과도한 충성심을 통해 부모에게 매여 있는 것도 원인이다. 추월 금지 조항에 길든 수많은 자녀는 개인의 발달과 그에 상응하는 분리 기회까지 영구히 상실한다. 이후에는 독립적인 성인으로 자라지 못하고 평생 부모에게 휘둘리며 살아갈 수밖에 없다.

"무엇을 하든 저는 먼저 부모님의 관점에서 스스로 바라봅니다. 그러면 제가 허세를 부리고 사치하는 것 같고, 뭘 해도 과하다고 느껴져요. 그러니 무엇도 마음 편히 즐길 수 없어요."

율리안이 말했다.

"부모님께 무언가를 선물한다거나 정기적으로 금전적 도움을 드리겠다고 하면 부모님이 어떻게 반응할까요?"

주고받기와 관련된 가족의 관례를 파악하고 그것이 율리안의 죄책감을 덜어줄 수 있는지 알아보기 위한 질문이었다.

"그런 생각도 물론 해 봤지만 절대로 받을 분들이 아닙니다. 부모님의 스물다섯 번째 결혼기념일에 웰니스호텔 숙박권을 선물해 드렸더니 쓸데없는 짓을 했다며 다시는 선물 따위 하지 말고 돈을 모으라고 하셨죠."

부모에게 특별한 선물을 해주고 싶은 아들의 마음보다 금욕적인 삶에 가치를 두는 태도였다. 거절당한 아들이 상처받을지라도 부적절한 선물은 받아들이지 않는 것이 올바른 결정이라 여기는 것이다.

그러나 부모 쪽에서만 자녀에게, 또는 자녀의 가치관에 선을 그을 수 있는 것은 아니다. 자녀에게도 선을 그을 권리가 있다.

율리안의 부모가 자신들의 가치관에 따라 살듯, 율리안도 자신의 가치관을 지킬 수 있어야 한다. 그러려면 먼저 자신이 진정 원하는 게 무엇인지 파악할 필요가 있다. 그 뒤에는 스스로 원하는 대로 삶을 가꿀 권리를 부여해야 한다. 성인이 된 지 한참인 율리안이 부모의 동의에 매달릴 이유는 없다. 율리안도 이를 수긍했다.

"맞아요. 부모님의 허락이 떨어져야 뭘 할 수 있는 나이는 지났죠. 하지만 못마땅하게 등을 돌리는 부모님을 볼 때마다 괴로워지는 건 어쩔 수 없어요. 저라고 늘 부모님 말씀을 고분고분 따르는 것은 아니거든요. 저와 엘사가 나름대로 좋은 삶을 누리는 동시에 부모님과도 완전히 틀어지지 않기 위해 적당한 타협점을 찾으려 항상 애쓰고 있어요."

"타협점이라… 그러면 부모님의 바람대로 가업을 잇지 않고 독립할 때는 어떤 타협점을 찾았지요?"

나는 그가 부모의 바람보다 자신의 바람에 무게를 두고 그에 걸맞은 선택을 한 적이 있음을 상기시켜 주기 위해 물었다.

율리안은 어리둥절한 표정으로 나를 바라보며 대답했다.

"그때는 상황이 조금 달랐어요."

"어떻게 달랐다는 건가요? 부모님의 확고한 의사에 반하는 선택을 하는 데 무엇이 도움이 되었나요?"

율리안은 곰곰이 생각한 끝에 대답했다.

"그때는 선택의 여지가 없었어요. 대학에 진학하고 싶은 마음이 생존에 필요한 기본 욕구만큼이나 강했거든요. 부모님이 물 마시는 것을 금지한다고 제가 그 말에 복종할 것은 아니잖습니까."

부모의 바람에 순응하거나 심기를 건드리지 않기 위해 타협점을 찾는 데 익숙해져 있는 자녀들은 자신이 부모에게 과도하게 얽매여 있다는 사실조차 망각할 때가 많다. 그러나 부모보다 자기 자신에게 충실해지는 특별한 순간들이 예외적으로나마 관찰된다. 율리안의 경우가 그랬다.

아무도 자신의 뜻을 꺾을 수 없었던 순간을 떠올리는 일은 살아가는 데 매우 큰 힘이 된다. 명료한 정신과 그로부터 비롯된 단호한 행동력은 우리를 우리 자신일 수 있게 해주는 동시에 부모의 인생도 한결 수월하게 만들어 준다. 율리안 역시 자신의 미래에 관한 질문을 받고서야 이를 납득했다.

"25년 뒤 아들에게 회사를 물려주려는데 아들이 전혀 다른 삶을 꿈꾸며 이를 거절한다고 상상해 보세요. 그때 율리안 씨는 어떤 마음이 들 것 같나요?"

"당연히 괜찮지요. 저도 그렇게 했으니."

율리안은 망설임 없이 대답했다.

"그러면 아버지의 바람을 물리치고 자신이 원하는 인생을 택한 아들이 현재의 율리안 씨보다 여유롭게 지낸다면 어떨까요? 율리안 씨는 지금 부모님에 대한 죄책감에 시달리고 있지만, 25년 뒤 아들은 아무런 부담 없이 자유롭게 살며 죄책감으로부터도 자유롭다면 어떤 기분일 것 같습니까?"

율리안의 눈가에 눈물이 맺혔다.

"더할 나위 없이 좋겠지요. 진심으로 그렇게 되기를 바랄 뿐입니다."

율리안의 대답에는 두 가지 핵심이 담겨 있었다. 아들에게 자신의 삶을 이어 갈 의무를 지우지 않는 것, 추월 금지 조항으로 아들을 구속하지 않는 것이 핵심이었다. 오히려 그는 아들이 어떤 길을 가든 그저 행복하기만을 바랐다.

자녀가 부모에 대한 죄책감에 시달리지 않고 자유로운 삶을 누리기를 바란다면, 우리는 지금 자신에게도 같은 것을 허락해 주어야 한다. 자녀는 부모의 기대를 충족시키기 위해 세상에 태어난 게 아니기 때문이다.

누구에게나 부모의 기대가 아닌 자신의 꿈을 기준으로 삼게 되는 순간이 있다. 성인인 우리에게는 스스로 결정할 자유와 권리가 있다. 나아가 이는 우리의 의무이기도 하다. 의식적으로 내린 결정 하나하나에서 기적이 탄생한다. 그렇게 함으로써 우리는 얽매인 관계와 부당한 죄책감으로부터 벗어나는 동시에 부모를 과오로부터 해방시켜 줄 수도 있다. 부모의 가장 큰 의무, 부모가 수행해야 할 가장 큰 과제는 자녀를 자율적인 성인으로 키워내는 것이기 때문이다. 진정한 성인은 자신의 필요와 한계를 파악하고 그에 맞추어 살아가며, 필요하다면 부모의 희망에 반하는 선택도 할 수 있어야 한다.

생존자의 죄책감 부모의 불행을 답습하지 말아야 할 이유

작가 리제 스핏 Lize Spit은 자신의 어린 시절을 이렇게 회상했다. 부모와 아이의 역할이 뒤바뀌어 어린 나이에 과도하게 부모를 걱정한 것이다.

> "근심은 손잡이가 달린 쇼핑백이 아니다. 그러나 어린 시절의 나는 늘 부모님의 짐에 달린 손잡이 한쪽을 잡아주려 애썼다. 지나친 책임감은 맞지 않는 음처럼 내 유년기 전체를 관통하며 울려댔다. 나는 근심으로부터 자유로웠던 적이 없다."

열일곱 살이 된 그는 고향에서 멀리 떨어진 브뤼셀의 대학에 다니게 된다.

> "한동안 나는 커다란 죄책감에 시달렸다. 부모님 집에서 주말을 보내고 문을 나설 때면 늘 가련하고 외로운 부모님을 두고 간다는 생각이 마음을 괴롭혔다."

그러나 결국 리제는 죄책감을 억누르기로 결심했다.

> "마음을 고쳐먹은 나는 냉정하게 죄책감을 외면했다. 그러나 죄책감은 여전히 내 몸 속, 손닿을 수 있는 차디찬 어딘가에 갇혀 있었다."[6]

어떤 자녀들은 그와 다른 방법을 택한다. 스스로 불행해짐으로써 부모에 대한 죄책감을 통제하려 드는 것이다. 부모만이 추월 금지 명령을 내리는 게 아니라 때로는 자녀 스스로 이 규칙을 정하고 지키는 경우도 있다. 특히 부모가 혹독한 경험을 한 적이 있을 때 자녀는 부모를 혼자 두기를 꺼려 쉽사리 분리되지 못하는 경우가 많다. 흔히 트라우마가 있거나 정신질환을 앓는 이들의 자녀는 매우 이른 나이부터 은연중에 막중한 책임감을 품는다. 가족 구조 내에 처음부터 결핍되어 있거나 사망한 구성원 또는 배우자의 역할을 대신하는 아이, 역할 전이로 부모 역할을 떠맡게 된 아이가 그렇다. 아이답게 어린 시절을 보내지 못하고 일찍부터 부모에 대한 책임감을 짊어진 자녀는 뒤바뀐 역할에 갇힌 채 자신이 평생 부모를 돌봐야 한다고 생각한다. 필요하다면 자신의 행복을 희생시켜서라도 말이다. 부모에게서 독립한 뒤 부모보다 나은 삶을 누리는 자녀가 죄책감을 품는 일은 심심찮게 발생한다. 마치 보이지 않은 끈으로 부모의 불운에 묶인 채 가족의 정신적 짐을 떠메고 있는 것처럼 보인다. 그러나 자녀가 그렇게 한다고 부모의 짐이 가벼워지는 것도 아니다.

부모의 불운에 동행하겠다는 결심은 대부분 무의식적으로 이루어진다. 부모에 대한 충성심이 지나치게 강한 자녀는 부모의 고락을 함께하느라 스스로 더 나은 삶을 허락하지 않는다. 부모가 자녀의 행복만을 바라도 여전히 부모의 불행이 자녀의 인생을 결정짓고 제한한다. 이처럼 숙명적인 충성심을 '생존자의 죄책감'이라 부른다.

누군가가 사망한 불행한 사건에서 생존한 이들은 이후 홀로 살아남았다는 죄책감에 시달린다. 어째서 자기만 살아남은 것인지 의문을 품고 괴로워하는 것이다. 사망자와 내적으로 친밀한 관계였을 때는 자신의 생존을 더더욱 부당하고 죄스럽게 여기며 삶의 기쁨을 되찾지 못한다. 살아갈 자격을 박탈당하기라도 한 것처럼 죄책감을 떨치지 못한 채 망자에게 정신적으로 얽매여 있다.

정신질환을 앓거나 트라우마를 입은 부모의 자녀들도 생존자의 죄책감을 품을 가능성이 있다. 서른세 살의 파리Pari는 어린 시절부터 우울증을 앓으며 자신이 무가치하고 인생이 덧없다고 생각했다. 여러 차례 입원 치료를 받으며 살아갈 용기를 얻는 것도 잠시, 얼마 안 가 또 다시 위기가 찾아왔다. 그는 제노그램 Genogram, 정서와 관련된 유전적 특징 등을 시각적으로 나타낸 가계도을 작성하기 위해 상담실을 찾았다. 그의 선대와 가족 중에는 트라우마를 입은 사람이 많았다. 고문을 받고 모국에서 추방된 이, 아무도 애도해 주지 않는 고인, 트라우마를 입은 부모로 인해 정서적 안정을 경험하지 못한 자녀들, 젖먹이 때부터 부모의 트라우마와 두려움을 흡수한 아이들도 있었다. 나는 파리가 태어나던 무렵 모친이 극심한 우울증을 앓았다는 것, 자녀들에게 더 나은 삶을 부여해 주기 위해 부모가 고향을 떠나왔다는 것 등을 알게 되었다. 그의 부모는 누구보다도 두 딸을 사랑했다. 딸들을 위해서라면 무엇이든 할 수 있는 사람들이었다.

"부모님은 우리가 자신들보다 잘 살아야 한다고 입버릇처럼 강조하셨어요. 그래서 제가 우울증을 앓는다는 사실이 두 배로 괴로워요. 저희를 위해 그토록 많은 것을 희생하신 부모님께 큰 죄를 짓는 것 같아서요."

낙담에 빠진 파리가 말했다.

"우울증을 앓아서는 안 되는 이유가 부모님이 잘 살아왔음을 증명해 드려야 하기 때문이라니, 참으로 지독한 일이군요."

"하지만 우울증 자체도 끔찍해요! 저도 낫고 싶다고요!"

그렇게 말하면서도 파리는 치료 과정에 그리 적극적이지 않았다. 상담 자체에는 의욕적으로 임했지만, 그 과정에서 주어진 '과제'는 수행하지 않는 것이었다. 심지어 회복 자체를 거부하며, 우울증에서 벗어나기 위한 과정 하나하나를 모두 물거품으로 만들기 일쑤였다. 증세가 조금 완화되고 삶의 기쁨을 약간이라도 감지하는 즉시 그간 다져 온 것들을 몽땅 포기해 버렸다. 자신에게 유익한 것과 피해야 할 것이 무엇인지 파악하는 데 도움이 되는 감정 일기 작성도 중단했다. 그토록 좋아하는 필라테스 수업에도 나가지 않았으며, 스스로 정해 둔 긍정적인 신념들은 '잊어'버렸다. 잠도 너무 적게 자고 건강에 나쁜 식생활을 하며 과로하는 것은 물론이었다. 한 마디로 스스로를 도로 망가뜨리고 끌어내리는 행동을 하기에 이르렀다. 상담 치료는 계란으로 바위치기만도 못했다. 매번 처음부터 다시 시작해야 하는 탓이었다.

그렇게 몇 달이 흐른 뒤 나는 파리에게 물었다.

"파리 씨의 상태가 실제로 좋아진다면 어떨 것 같나요? 우울증이 완전히 사라지고 재발하지도 않는다면 말이에요."

"모르겠어요. 모든 게 다 좋아질까요?"

"모든 게 다 좋아지면 파리 씨의 삶은 어떤 모습이 될까요?"

"모든 일이 훨씬 쉽겠지요. 인간관계도, 일도, 일상생활도. 부모님에게 더 이상 죄책감을 느끼지 않을 테고요."

우울한 사고와 행동 구조를 개선하기 위해 부단히 노력할 이유가 차고 넘치는 셈이었다. 그럼에도 그의 어떤 부분은 우울증이 악화하는 기간으로부터 이득을 취하는 것처럼 보였다. 이것이 그를 주기적으로 부담과 과로, 그에 따른 죄책감으로 몰아넣고 있었다. 그래서 나는 우울증으로 이끌리는 그 어떤 부분을 지적했다.

"우울증을 그저 받아들이면 어떨까요? 억지로 맞서 싸우려 하지 말고 그저 일 년에 한두 번 찾아오는 우울한 주기에 익숙해지는 것도 가능할까요?"

파리는 화를 냈다.

"저는 치료를 받으러 온 거지, 우울증을 받아들이고 살기 위해서 온 게 아니에요."

항의하고 분노하는 그를 보자 나는 다소 안심이 되었다. 우울증의 이면에 자기 파괴적인 행동 방식이 숨어있는 경우도 드물지 않기 때문이다. 타인에게 화내는 것을 스스로 금지하는 사람은 이따금 자기 자신을 향해 공격성을 분출한다. 해로운 신념에 몰두하거나 자해 행동을 하는 것이 그 예다. 파리의 분노는 사실상 딸이 수십 년째 심한 우울증을 앓고 있음에도 치료받도록 도와준 적이 없는 어머니를 향해 있었다. 그러나 그 분노를 자각하고 어머니를 원망하게 되는 상황을 피하고자 계속해서 우울증을 앓는 편을 선택한 것이다. 그 밖에도 파리의 우울증에는 한 가지 기능이 더 있었다. 바로 어머니와 같은 고통을 겪음으로써 그에 대한 신의를 지키고 연대하는 기능이다. 어머니에게서 분리되어 건강한 선을 긋고 스스로 돌보는 대신 무의식적으로 어머니와 같은 운명을 선택한 셈이었다.

우울증의 원인에는 유전적 취약성, 애착과 관련된 생애 초기의 트라우마, 자아와 세상에 대한 부정적인 시각, 뜻밖의 심리사회적 스트레스 경험 등 여러 가지가 있다. 파리에게는 이 모든 요인이 복합적으로 영향을 미쳤으나, 오늘날까지 우울한 성향이 유지된 원인은 같은 병을 앓는 어머니에 대한 지나친 충성심 및 그것이 낳은 '나는 어머니보다 잘살아서는 안 돼.'라는 신념이었다. 정신질환을 앓는 이들의 자녀는 부모에게 책임감을 느끼고, 부모를 구원하는 데 실패하면 실패하는 게 당연함에도 죄책감을 품는다. 그 결과 생존했다는 죄책감이 세대를 넘어 이어지며 '부모님을 구해줄 수 없다면 나도 부모님보다 행복해져서는 안 돼!'라는 무의식의 관념이 형성된다. 딸을 병마에서 벗어나지 못하게 만든 것이 이 무의식의 사슬이었음을 알았더라면 아마도 어머니는 기함했을 것이다. 파리의 부모는 딸에게 추월 금지가 아닌 추월 의무를 부여했기 때문이다. 그러나 부모보다 잘 살아야 한다는 요구와 파리 자신의 구원 환상이 뒤섞이면서 그는 꼼짝없이 진퇴양난에 빠지고 말았다. '우리보다 잘 살아야 한다.'는 부모의 바람을 이루어 주지 못해도 패배감과 죄책감에 고통받고, 어머니보다 더 잘 살면 잘 사는 대로 또 죄책감에 시달리는 것이다.

파리처럼 불행한 부모를 둔 자녀들은 성인이 되어서도 건강과 행복을 거부한다. 그리고 부모를 구원하려는 헛된 시도와 죄책감 사이를 시계추처럼 오가며 살아간다.

"제가 평생 느껴 온 감정이 정확히 그거였어요."

파리는 그제야 수긍하고는 남은 상담 시간 내내 눈물을 쏟았다. 죄책감 뒤에 감춰진 무기력함, 분노, 그리고 어머니를 구하지 못했다는 슬픔을 그는 비로소 받아들일 수 있었다.

세상의 어떤 자녀도 부모를 구원할 수는 없다. 어릴 때는 물론이고 어른이 되어서도 마찬가지다. 자녀에게 이를 요구하는 부모들이 있기는 하나, 단언컨대 이는 자녀가 할 일이 아니다.

우리가 잘살든 못살든, 부모의 기대에 부응하든 못하든, 부모에 대한 연민이 얼마나 크든, 그리고 그들의 고통을 덜어주려 얼마의 노력을 기울이든, 시간을 되돌려 무언가를 바로잡

2장

는 것은 어차피 불가능하다. 고통을 없었던 일로 만들 수도, 불행을 바로잡을 수도 없다. 부모의 고통스러운 삶을 답습한다고 해서 그들과 더 친밀해지는 것도 아니며, 부모의 불행을 대신 짊어지려 노력한다고 부모의 짐이 덜어지는 것도 아니다. 일정한 나이부터는 우리의 행복과 불행이 오롯이 우리 손에 달려 있듯이 부모의 행복과 불행도 오롯이 그들의 손에 달린 문제다.

시간이 흐르며 파리는 구원자 역할에 대한 집착을 내려놓고 어머니와의 보이지 않는 얽매임으로부터도 조금씩 벗어날 수 있게 되었다. 죄책감에 골몰하던 지난날과 달리 그는 주기적으로 '내 행동이나 감정, 생각이 어머니에게 도움이 되는가?'라고 자문하며 현실을 점검했다. 대부분의 경우 대답은 '아니다.'였다. 어머니의 우울증이 자신과 아무 상관도 없음을 깨닫자 죄책감의 악순환을 깨고 자기 힘으로 영향력을 발휘할 수 있는 자기 인생에 집중하는 것도 가능해졌다.

부모를 사랑한다는 것은 건강한 선 긋기를 포기하는 것과는 다르다. 그럼에도 부모가 정신적으로 병들어 있으면 세대 간의 경계선이 흐려지고는 한다. 부모의 고통이 아이의 삶에 잠식해 들어오지만, 이를 막을 방법은 거의 없다. 그러나 나이가 들면 적절히 선을 긋고 스스로 부모의 고통에서 해방되기로 마음먹는 것도 가능해진다. 부모와는 상관없이 자신만의 행복을 선택할 수 있다는 뜻이다. 분리되기 위해서는 부모와의 사이에 건강한 선을 긋는 일이 필수적이다. 부모가 도움을 필요로 할 때

외면하는 게 아니라 자신에게 지나친 부담이 되지 않는 적정선을 찾아야 한다는 의미다. 부모가 겪었거나 겪고 있는 고난에 얽매이지 않고 내 삶을 누릴 기회를 스스로에게 부여한다는 의미도 있다.

자녀가 부모에게 주고 싶은 것

여러분이 죄책감을 느끼는 데 회의를 품으며 죄책감과 부적절한 부모의 기대를 막 내려놓으려는 참이라고 가정해 보자. 이는 부모에게서 분리되어 진정한 성인으로서 살아가기 위한 이상적인 조건이다. 그런데 외부에서 강요되던 의무가 사라진 뒤에는 부모와의 관계를 어떻게 유지해야 할까? 부모와 여러분을 묶어주던 죄책감이 사라진다면? 부적절한 부모의 기대를 거절해야 한다고 배웠다면?

이제 책의 초반부에 약속한 대로 미래를 향해 시선을 돌릴 차례다. 부모에게 해주고 싶은 것이 무엇인지 스스로 결정할 수 있음을 자각하는 것도 이에 포함된다. 혹자는 너무 이기적인 생각이 아니냐고 물을 것이다. 내면화된 가족적·사회적 규칙과 규범들, 그리고 섣부른 죄책감이 또다시 고개를 드는 탓이다. 정말 부모보다 나의 필요를 앞세워도 된다는 말인가?

작은 생각 실험을 제안하겠다. 여러분은 어머니 또는 아버지이며 자녀는 이미 성인이다. 그리고 여기 두 가지 선택지가 있다. 첫째는 사랑과 감사하는 마음, 그리고 평등함을 토대로 자녀와 진심 어린 교류를 하는 것이다. 어떤 형태로 교류를 이어 갈 것인가는 양쪽이 타협해서 결정한다. 두 번째 선택지는 부모인 여러분이 정해둔 규칙에 따라 교류를 이어 가는 것으로, 자녀들은 그저 부모에 대한 죄책감 때문에 이를 따른다.

당연히 여러분은 첫 번째 선택지를 선호할 것이다. 그러나 자녀에게 죄책감을 품고 있는 부모, 아이가 자신을 사랑하고 기꺼이 교류할 것이라는 확신이 없는 부모는 그렇게 하지 않는다. 확신 없이 죄책감으로만 오염된 관계의 악순환을 끊고, 더 나은 가족 관계의 기초를 마련하는 일이 중요한 이유도 바로 여기에 있다.

인간관계는 저절로 변하지 않는다. 우리는 적극적으로 교류를 시작하고, 만남을 준비하고, 인간관계에 영향력을 발휘할 수 있다. 부모와의 관계에서 자신의 필요를 적극적으로 옹호하는 태도는 정체되어 있던 관계에 긍정적인 변화를 불러일으킬 수 있다. 이 단계에 이르면 의무적인 가족 모임이 자발적이고 즐거운 만남으로 변하기도 한다.

게오르크 Georg 역시 이를 경험했다. 수많은 상담 시간을 거치며 부모와의 쓰라렸던 관계를 애도하고 줄곧 그를 괴롭혀 온 죄책감과 의존성을 벗어던진 뒤의 일이었다.

　어머니에게 뇌졸중이 발생했을 때 그는 쉰네 살이었다. 아버지가 그에게 전화를 걸어 '상황이 심각하다.'며 당장 병원으로 달려올 것을 종용했다. 근무 중이던 게오르크는 하던 일을 모두 내던지고 100여 킬로미터 떨어진 병원으로 내달았다. 온갖 생각과 감정들이 가는 길 내내 휘몰아쳤다. 그는 상담에서 배운 대로 애써 심호흡하며 마음을 가다듬으려 노력했다. 도착했을 때 어머니가 이미 숨을 거둔 뒤라면 평생 죄책감에서 벗어날 수 없을 것 같아 너무나 두려웠다. 걸핏하면 집안을 발칵 뒤집던 권위적인 아버지에 대한 분노도 치밀었다. 어머니와 애착이 매우 강한 여동생도 걱정이었다. 무엇보다 작별 인사 없이 어머니를 보내게 될지도 모른다는 불안감에 미칠 것만 같았다. 그러나 자신의 필요가 무엇인지 자각한 뒤에는 마음이 다소 안정되었다. 스스로 느끼는 바에 따라 행동하고 있음을 확인하자 한결 홀가분해진 것이다.

　"제가 아버지의 명령이나 의무감 때문이 아니라 순전히 제 필요에 의해 행동하고 있더군요. 가능한 빨리 어머니에게 가고 싶다는 마음 말입니다."

　병원에 도착한 그는 머리를 감싸 쥔 채 병실 앞에 구부정하게 서 있는 아버지와 마주쳤다. 아버지는 인사차 포옹하려는 아들을 물리치며 '어서 네 어머니에게 가 봐라.'라고 말했다. 아버지에게 거부당할 때의 익숙한 느낌이 또 한 번 가시처럼 심장을 찔렀다. 어머니의 침대 곁에서 울고 있던 여동생이 말없이 그를 꺼안았다.

"어머니는 눈을 감은 채 미동도 없이 누워 힘겹게 숨을 이어가고 계셨어요. 저는 그나마 늦지 않게 도착했다는 데 안도했지요. 여동생이 어머니의 손을 잡고 얼굴 위로 늘어뜨려져 있던 머리카락을 다정하게 쓸어 넘겨주었어요. 멍하니 곁에 서서 그 장면을 바라보고 있으려니 부끄러움과 부러운 마음이 약간 들더군요. 저는 그렇게 어머니를 만지는 데 익숙지 못했으니까요. 어머니와 살갑게 지내고 싶었지만 저는 도저히 못 하겠더라고요."

상담 치료 초기부터 이처럼 힘겨운 순간을 맞은 그는 정신적 위기에 봉착했다. 완벽한 아들이 되지 못했다는 죄책감이 그를 짓눌렀다. 장남인 게오르크는 어려서부터 기계적으로 작동하도록 키워졌다. 게오르크의 어머니는 나치 신봉자였던 요한나 하러Johanna Haer[7]의 반인류적 이데올로기에 따라 자녀를 양육했고, 이와 같은 이유로 그에게 다정하고 온화한 어머니의 모습을 보여준 적이 없었다. 제대로 작동하지 않으면 바지에 실수를 했을 때, 밥그릇을 깨끗이 비우지 않을 때, 식사 전에 손을 씻지 않을 때, 형편없는 성적표를 받아왔을 때 가차 없이 매질이 쏟아졌다. 어머니는 아버지보다도 심하게 그를 구타했으며 선을 넘는 행동으로 정신적 폭력을 가했다. 예컨대 아들이 열네 살이 될 때까지 자신이 직접 씻겨주어야 한다고 고집을 부렸고, 나이가 차서 독립해 나갈 때까지 아들의 방에 노크도 하지 않고 불쑥 들이닥치기 일쑤였다. 자율성은 움트기도 전에 싹을 잘랐고 모멸감을 줌으로써 아들의 필요를 짓밟았다.

전후 독일의 수많은 가정에서 그랬듯 게오르크의 부모도 훈육과 질서에 중점을 두고 자녀를 양육했다. 어린 게오르크가 말을 듣지 않으면 가차 없이 신체적·정신적 폭력을 가했다. 폭력에 짓눌리고 기계처럼 작동하도록 강요당하는 동안 그는 자아를 잃어버렸다. 부모가 자신에게서 무엇을 원하는지는 정확히 알았지만 자신이 무얼 원하는지는 잘 알지 못했다.

쉰네 살에 어머니의 임종을 지키며 비로소 그는 가족의 기대에 부응하는 것이 자신의 필요와는 상관없는 일이었음을 자각했다. 자신에게 충실하게 된 것 또한 자율성을 키우는 여정에 세워진 또 하나의 이정표였다.

"좋은 아들이라면 어머니의 손을 잡고 손등에 입을 맞추며 작별 인사를 했겠지요. 그러나 저는 어머니를 만지고 싶지 않았습니다."

그는 자신의 감정을 이렇듯 분명히 표현했다. 자기감정과 필요에 따라 행동하기로 결심하고 부모의 바람을 따르지 않은 것이었다.

"선생님은 제가 나쁜 아들이라고 생각하십니까?"
다음 상담 시간에 그는 내게 이렇게 물었다.

2장

분리되지 못한 채 부모의 죄책감을 먹고 자란 자녀들은 이처럼 '부모 역할'을 하는 타인그의 경우 심리상담사에게 재차 다짐을 받아야 한다고 생각한다. 부모에게서 분리되더라도 사랑받을 수 있는지 확인하기 위해서다. 바야흐로 다음 단계로 넘어가야 할 때가 온 것이었다. 이제는 타인에게 확인받을 필요 없이 자기 생각을 스스로 확인하는 경험을 해야 한다. 그래서 나는 대답 대신 그에게 되물었다.

"자신이 나쁜 아들 같은가요?"

"남들 눈에는 분명 이상하게 보이겠지요."

"본인이 느끼기에는 어떻죠?"

"제게는 선택의 여지가 없었어요. 여동생이 그 자리에서 어머니를 다정하게 보듬어 준 게 다행이었지요. 저는 그렇게 할 수 없었으니."

"선택의 여지가 없었다고 하셨는데, 손과 팔이 마비되기라도 해서 어머니를 만질 수 없었다는 뜻인가요?"

게오르크는 내 질문의 의도를 즉각 알아챘다. 선택의 여지가 없었다는 것은 당연히 틀린 말이었다. 어린 시절 길든 대로 기계적으로 행동하거나다시 말해 어머니를 다정하게 대하며 착한 아들을 연기하거나, 스스로 적절하다고 느껴지는 정도의 거리를 유지하거나, 둘 중 하나를 선택할 여지가 있었던 것이다.

"그게 바로 건강한 분리입니다. 게오르크 씨는 나름의 방식으로 어머니에게 작별 인사를 한 거예요. 자기감정을 존중하고 그것에 맞게 행동함으로써 말입니다. 감당하기 힘든 상황에서 자신의 행동에 스스로 책임지는 쪽을 택하신 겁니다."

게오르크는 고개를 끄덕였다.

"맞아요. 무엇보다도 여느 때처럼 화가 나거나 괴롭지 않았다는 데 의미를 두어야 할 것 같습니다. 죄책감도 느끼지 않았고요."

그는 놀라면서도 뿌듯해하는 기색이었다. 그렇게 게오르크는 먼 길을 거슬러 올라가 유년기의 상처를 직시하고 애도할 수 있었다. 유치한 분노와 부모 앞에서 느끼던 무력감을 더 이상 억누르지 않고 있는 그대로 받아들임으로써 누그러뜨리는 법도 배웠다. 부모의 기대와 자신의 죄책감에 의문을 품기 시작했고, 자신의 감정이 이끄는 대로 작별 인사를 하며 어머니의 임종을 지켰다. 필사의 노력 끝에 자신과의 섬세한 조율에 성공한 그는 외부의 평가보다 스스로 편안한 마음을 갖는 데 더 큰 비중을 두게 되었다.

자매 사이인 마렌Maren과 타냐Tanja 역시 부모가 팔순을 넘긴 뒤에야 분리를 위한 각고의 노력을 기울이기 시작했다. 자매의 친조부모와 외조부모는 모두 전쟁 트라우마를 겪고 자녀를 방치한 채 키웠다고 한다. 부모가 작은 문구점을 운영하느라 바빴던 탓에 마렌과 타냐 역시 일찍부터 일정 정도 스스로 책임져야 했다. 고독하고 고립된 네 사람이 한 가족을 이루고 살아온 것이었다. 자신들의 인생만도 버거웠던 부모는 일찍부터 딸들에게 '너희 일은 너희가 알아서 해라.'라는 임무를 부여했고, 오늘날까지도 이 가족에게서는 부모와 자녀의 역할이 뒤바뀌어 있었다.

어머니가 치매를 앓게 되면서 아버지는 부득이 가게 운영을 포기해야 했다. 딸들은 그제야 가게 운영에서 적자가 나기 시작한 지 이미 오래임을 알게 되었다. 남은 것은 산더미같이 쌓인 빚뿐이었다. 충격에 휩싸이기도 잠시, 마렌과 타냐는 다시금 '우리가 평생 부모님을 책임져 왔으니 이 문제도 우리가 해결해야 해.'라는 결론을 내렸다.

"다행히 부모님의 빚을 청산하는 데는 문제가 없었어요. 저희 둘 다 직업이 괜찮아서 저축해 둔 게 있었거든요. 어차피 부양해야 할 자녀도 없고요."

마렌의 말에 타냐가 덧붙였다.

"대신에 저희에게는 부모님이 있죠. 부모님 스스로 생계를 꾸릴 여력이 없어서 저희가 책임져야 하니 자녀나 다름없거든요."

가게를 정리하고 빚을 해결한 뒤 자매는 이제 어떻게 해야 할지 고민했다. 보잘 것 없는 부모의 연금으로는 월세조차 감당할 수 없었다. 자매는 도리 없이 자신들이 계속해서 부모를 책임져야 한다는 데 의견을 모았다. 그간 모은 돈으로 부모를 부양해야 했으므로 바닷가 마을에서 함께 노후를 보내려던 자매의 꿈도 무산될 수밖에 없었다.

그러던 어느 날 바닷가로 나들이를 간 자매는 그곳 택지 개발 지역에 매입 가능한 부동산이 남아 있음을 알게 된다. 별안간 꿈을 포기하지 않고도 부모를 부양할 수 있는 길이 생긴 것이다. 이들은 북해 연안의 아파트를 사들여 부모를 입주시키기로 했다. 부모는 지금까지 살던 도심의 아파트를 떠나고 싶어하지 않았으나 자매는 그 바람을 일축했다.

"스스로 노후를 망친 장본인은 어머니, 아버지지 저희가 아니잖아요. 노숙자로 사시든지, 저희 돈으로 구입한 멋진 바닷가 아파트에서 지내시든지, 둘 중에 선택하세요."

자매는 부모에게 단호히 통보한 뒤 부모를 배제한 채 일을 처리했다. 인테리어도 부모에게 맞추지 않고 후에 자신들이 살게 되었을 때를 고려해 결정했다. 이따금 부모가 참견하려 들었지만 딸들은 발언권을 주지 않았다.

"양로원에 들어갈 때 취향에 따라 주방의 크기나 타일 색깔을 선택하는 사람이 있나요? 부모님이 돈 한 푼 대는 것도 아니면서 아이처럼 구니 저희도 부모님을 아이처럼 대할 수밖에 없어요."

누가 보면 매몰차고 무정하다고 느낄지도 모르지만 뒤늦게 더 큰 문제가 생기는 것을 막기 위해서라도 마렌과 타냐는 단호히 선을 그어야 했다. 그것만이 부모를 위하는 동시에 자신들을 위한 길이었다. 스스로 결정하고 행동하기 시작하자 지금 껏 억울하다는 감정과 함께 솟구치던 분노와 무력감과 체념도 누그러들었다. 부모의 잘못에 대한 책임을 강제로 떠맡아야 했음에도 이번만큼은 당황하지 않고 능동적으로 이런저런 결정을 내릴 수 있었다. 부모를 책임지기 위한 결정이자 자신들의 상황에 걸맞은 결정이며, 장기적으로는 스스로 그 혜택을 누릴 수도 있는 결정이었다.

"지금은 부모님 덕분에 별장을 갖게 되었다는 생각이 들 정도예요. 나중에는 제 집이 될 별장 말이에요."

그 말 그대로였다. 계획보다 훨씬 일찍 아파트를 구입해 별장으로 사용하게 되었으니 말이다. 부모가 입주한 뒤로는 그들과의 관계도 눈에 띄게 좋아졌다. 자매는 주말이면 부모를 찾아가 오랫동안 산책을 즐기고는 했다. 부모와의 사이에 명확히 선을 긋고 나자 도리어 갈등이 줄어든 것이다.

타냐와 마렌처럼 의식적으로 자신의 필요에 따라 행동하고 선을 그으면 부모와의 얽매인 관계에서 차츰 벗어날 수 있게 된다. 성인이 된 후에는 부모, 부모의 기대, 부모가 정해둔 규칙 등에 더 이상 구속되지 않는 것이 당연하다. 자녀는 부모와의 관계를 어떤 형태로 가꾸어 갈 것인지 결정하는 데 동참할수 있어야 한다. 그러기 위해서는 자신의 입지를 재정립하고다음과 같은 결정들을 내릴 필요가 있다.

1. 부모의 기대 중 무엇에 부응하고 무엇을 거부할 것인가?
2. 나는 어떤 형태의 교류를 선호하며, 어떤 것을 선호하지 않는가?
3. 부모님과 갈등이 발생했을 때 나 자신과 나의 필요를 존중하고 옹호할 준비가 되어 있는가?

마지막 질문을 실천할 수 있다면 건강한 분리를 향해 크게 한 걸음 내디딘 셈이다. 자신의 필요에 스스로 책임지는 사람만이 타인들과의 관계도 책임질 수 있다. 이로써 해로운 관계 구조에도 변화가 찾아오며, 관련된 모든 이들에게 의미 있고 모두의 필요가 존중되는 방향으로 관계의 균형이 맞추어진다. 이때 우리는 을이 되거나 저항하는 대신 자주적으로 행동하고, 동시에 상대방을 배려할 수도 있게 된다. 부모의 필요를 인지하되 그들과 역할을 맞바꾸거나 자신에게 부담이 될 정도의 책임을 떠맡지도 않는다는 의미다. 부모와 다정한 관계를 유지하는 동시에 건강한 선을 그을 수도 있다. 또 불화가 생겨도 죄책감을 품지 않고 의연히 대처하게 된다.

분리는 가벼운 산책이 아닌 길고 험난한 등산에 비유할 수 있다. 힘든 도전과제들을 만나고, 절대적인 것으로 믿어 온 기존의 사고방식에 의문을 품게 되며, 무엇보다도 지금껏 억눌러 온 감정을 허용하게 된다. 분리된다는 것은 자기감정을 아마도 어린 시절 부모가 강요한 대로 외면하거나 억누르지 않고 있는 그대로 인지한다는 뜻이기도 하다. 아마도 한때 부모에게서 배운 대로 자신이 할 수 있는 것 이상을 하려 애쓰지 않고 한계를 인지하는 것도 중요하다. 자기감정과 가치관에 부합하는 선택을 하는 것도 마찬가지다. 그렇게 명확성을 얻고 나면 즐겁고 진심 어린 마음으로 부모를 대할 수 있게 된다. 부모를 실망시키는 것은 용서받지 못할 과오가 아니라 진정한 나 자신을 찾고 부모와 서로 존중하는 관계를 가꾸는 과정이라는 것 또한 깨닫게 될 것이다. 다음은 철학자이자 예수회 수도사인 미하엘 보르트Michael Bordt의 말이다.

> "부모를 실망시킨다는 것은 곧, 자기결정권을 쥔 한 인간으로서 부모와의 사이에 선을 긋고 자신에게 잘 맞는 관계를 모색함을 의미한다."

분리는 부적절한 부모의 기대 및 그것이 낳은 죄책감으로부터 해방되는 것을 가리킨다. 부응할 수 없는 기대를 거부하고 실망한 부모의 모습에 흔들리지 않는 것도 그에 포함된다. 우리는 이것을 어른이 되기 위해 반드시 거쳐야 할 성장통처럼 받아들여야 한다. 분리와 그에 따르는 자주적인 삶는 또한 자신의 감정과 필요를 존중하고 자신에게 충실함을 뜻하기도 한다.

3장

부모를 향한
나의 기대,
부모가
내게 진 빚

세상에는 언젠가부터 부모 역할을 그만두는 부모들이 있다. 자녀들이 아직 아주 어릴 때, 혹은 성인이 된 뒤에 그만두는 일도 있다. 부모에게 마음대로 자신들의 의무를 벗어던질 권리가 있는가? 한 번 부모는 영원한 부모, 한 번 자식은 영원히 자식이지 않은가? 그러나 이 문제는 그리 단순한 게 아니다.

생애 초기 몇 년 동안에는 당연히 부모가 자녀를 책임져야 한다. 아이의 필요에 즉시 세심하게 반응하는 애착 대상이 되어준다면 더할 나위 없다. 아이들은 성장하고 독립성이 커져 가면서 부모를 점점 덜 필요로 하게 된다. 엄밀히 따지면 분리는 전 생애에 걸쳐 이루어지는 셈이다.

그러나 세상에는 부모를 부모 의무에서 놓아주지 않는 자녀들도 있다. 이들은 얕은 생각으로 부모가 해줄 수 없는 것을 기대한다. 성인이 되고 가족을 꾸린 뒤에도 달라지지 않는다.

비현실적인 기대에는 부모가 지금껏 해주지 못한 것들도 포함된다. 가질 수 없었던 것에 대한 실망감은 때로 강박적인 집착으로 발전한다. 어떤 사람들은 그토록 실망을 거듭하는 것을 보면서도 부모가 자신의 바람을 이루어 주지 않았다는 생각과 평생을 싸우며 살아간다. 그리고 부모를 변화시키기 위해 갈망하고 소망하고, 비난하고, 불평하며, 그 밖의 어떤 것도 마다하지 않는다. 이들은 낡아빠진 무기와 해묵은 전략, 상처받은 내면 아이의 관점으로 무장하고 있다. 이들의 시도는 소모적이고 비극적이며, 실패는 예정된 것이나 다름없다.

특히 정신질환 트라우마, 우울증, 중독, 나르시시스트 성향 등을 앓는 부모를 둔 자녀, 방치되거나 통제당한 자녀, 정신적·신체적으로 학대받은 자녀들은 부모에 대한 기대를 버리는 데 커다란 어려움을 겪는다. 유년기에 경험해야 했던 결핍이 여전히 이들에게 영향을 미친다는 의미다.

자녀의 결핍을 채워주고 자녀의 필요에 공감해 줄 여유가 없는 부모 손에 자란 경우, 이상적인 부모를 향한 자녀의 갈망은 커진다. 반대로 실망과 체념 때문에 부모와의 교류를 끊어 버리고픈 충동이 강해지기도 한다.

그러나 개중에는 자신이 출구도 보이지 않는 복잡한 싸움에 휘말려 있다는 사실을 자각조차 못 하는 사람들이 허다하다. 그래서 언젠가는 바람이 이루어질 것이라는 희망에 인생 인간관계, 직업, 그 밖의 모든 중요한 선택들을 통째로 걸어 버린다.

부모가 내게 빚진 것이 무엇인가, 내 정신건강과 성장을 위해 놓아 보내야 할 것은 무엇인가를 파악하는 일은 분리 과정에서 거쳐야 할 또 하나의 중요한 단계다.

나는 부모에게 무엇을 바라는가?

남성들과의 관계에서 어려움을 겪는 쉰여섯 살의 율리아Julia 라는 여성이 어느 날 나를 찾아왔다. 매번 '이상한' 남자들과 엮이는 바람에 지금까지도 미혼이라는 것이었다. 가족을 꾸리고 싶었지만 누군가와 함께 살아본 적도 없고 자녀도 없다고 했다.

"제가 필요로 하거나 원하는 것을 얻은 적이 한 번도 없는 것 같아요."

그는 자기 인생에 대한 감정을 이렇게 표현했다.

인간관계에서 매번 똑같은 경험을 한다면 그 표본을 정확히 파악해야 한다. 관계가 어떻게 시작되었으며, 이를 유지하는 과정에서 자신이 어떤 역할을 했는지도 살펴봐야 한다. 이 과정에서 흔히 부모와의 풀리지 않은 갈등과 마주하게 된다.

나는 율리아가 부모, 특히 어머니 한네Hanne로부터 방치되었다고 느끼고 있음을 알게 되었다.

"아버지는 제가 네 살이었을 때 저희를 버렸어요. 그리고 아주 먼 곳으로 떠나 새 가정을 꾸렸죠. 그래서 제게 가장 중요한 애착 대상은 어머니였어요. 문제는 제게 브리타Britta라는 언니가 있었다는 거예요."

어머니는 큰딸을 편애했다. 두 사람은 지금도 서로 가까이 살며 서로의 삶에 매우 깊숙이 관여하고 있었다. 어머니는 은퇴한 뒤로 큰딸이 마음 편히 일할 수 있도록 두 손주를 돌보며 지냈다.

율리아는 오래전에 고향에서 3백 킬로미터 떨어진 대도시로 이주했다. 만나봐야 좋을 게 없었으므로 어머니를 찾는 일은 드물었다.

"어머니는 제 모든 것에 대해 트집을 잡아요. 남편도 없고, 아이도 없고, 안정된 직장도 없고. 어머니 눈에 저는 패배자일 뿐이에요. 그에 비하면 언니는 완벽한 딸이죠. 심지어 언니는 한때 제 애인이었던 남자를 빼앗고 그와 결혼해 세 아이를 낳았어요. 그런데도 어머니는 그게 제 탓이라며 언니 편을 들어요. 제가 그 남자에게 잘했더라면 그런 일이 없었을 거 아니냐면서. 언니는 한 번도 그 일에 대해 사과한 적이 없고, 어머니는 저희 일에 끼어들고 싶지 않다며 모른 체해요. 반대의 경우였다면 아마 어머니는 저를 가만두지 않으셨을 거예요. 하지만 언니는 무슨 짓을 해도 무조건 감싸주죠."

거의 30년 전의 일이었지만 율리아의 말투에서는 여전히 분노가 묻어났다. 나는 그에게 물었다.

"형부를 아직도 사랑하나요?"

"그럴 리가요. 그게 언제 적 일인데요. 그 남자는 제 관심 밖이 된 지 오래예요. 다만 제가 희생자였다는 사실을 어머니가 지금이라도 인정해 주시기를 바랄 뿐이에요."

상담 치료가 진행되는 동안 나는 율리아가 오래전 겪었던 억울한 일을 좀처럼 놓아 보내지 못하고 있음을 확인했다. 언니의 과오를 어머니가 인정하고 단 한 번이라도 자기편을 들어주어야만 그 감정이 해소될 것이라고 그는 굳게 믿고 있었다.

"한 번 더 어머니를 찾아가 대화를 나눠보는 게 좋을까요?"

율리아는 내게 몇 번이고 이렇게 물었다. 이미 수없이 어머니와 대화하며 자신이 바라는 바를 전했을 터임에도 그랬다. 어머니를 만나고 나면 마음이 진정되지 않아 매번 수일에서 수 주일을 괴로워하며 보내야 했다.

"어머니는 도대체 왜 그러는 걸까요? 어째서 번번이 저를 거부하는 거죠?"

어머니가 자신을 깎아내리고 거부한다는 느낌만 받고 좌절한 채 돌아올 때마다 그는 내게 물었다.

많은 내담자가 몇십 년에 걸쳐 부모와 같은 경험을 반복하며, 매번 부모가 상처 주는 일이 처음인 것처럼 크게 동요하거나 분노한다. 이런 순간 그들의 내면에서 주도권을 잡는 것은 성숙한 어른의 자아가 아닌, 네 살도 채 되지 않은 아이의 자아다. 실제로는 어른이지만 내면에서는 세상 모든 사람이 자신과 똑같이 생각한다고 여기는 자기중심적인 아이에게 지배당하는 것이다. 타인들이 나와 다르게 생각하고 느낀다는 것을 이해하는 능력, 즉 '정신화Mentalization'가 발달하는 시기가 4세 이후이기 때문이다.

내담자의 부모가 상담에 참여할 수 없는 이유는 다양하다. 내담자 자신이나 그의 부모가 이를 원치 않는 경우도 있고, 부모가 이미 사망해 불가능한 경우도 있다. 이럴 때는 상담실에 부모가 함께 있다고 상상하는 방법을 쓸 수 있다. 그로써 가상의 부모와 대화하거나, 현실에서는 더 이상 할 수 없는 혹은 지금껏 불가능했던 방식으로 그들과 대면할 수 있다. 나는 율리아에게 어머니가 문으로 들어와 그의 맞은편에 놓인 소파에 앉는 장면을 상상해 보라고 요청했다. 이어 어머니와 대화를 시작하도록 했다. 율리아는 잠시 마음을 가다듬고는 가능한 차분한 어조로, 비난하지 않고 객관적인 태도를 유지하려 노력하며 어머니를 향해 마음에 담고 있던 이야기를 시작했다.

"저는 늘 어머니가 저를 경멸하는 것 같았어요. 한 번이라도 칭찬해 주기를 바랐는데. 어머니가 늘 언니만 감싸는 게 너무나 견디기 힘들었어요. 심지어 언니가 못되게 굴 때도요. 옛날부터 그랬어요. 언니와 다퉈도 늘 저만 야단치셨죠. 언니에게 남자친구를 빼앗기고 너무나 힘들었다는 걸, 그리고 지금까지도 괴롭다는 걸 어머니가 한 번이라도 알아주기를 바랐어요. 비난하려는 게 아니라 그저 어머니가 나를 봐주고 공감해 준다는 느낌을 단 한 번이라도 느껴보고 싶은 거예요."

율리아는 깊이 심호흡을 한 뒤에 소파 등받이에 몸을 기댔다. 나는 그를 향해 물었다.

"지금은 어떤 감정이 드나요?"

"긴장돼요. 화도 나고요. 또 여느 때처럼 어머니가 회피하고 귀를 닫아 버릴까 봐 두렵기도 해요. 그런 태도 때문에 늘 비난하려다가도 그만두고는 하거든요."

나는 율리아에게 이번에는 맞은편 소파에 앉아 자신이 어머니라고 상상하며 몇 분 동안 어머니의 몸짓과 어조, 말까지 그대로 재연해 보라고 요청했다. 어머니 역할을 시작하자 율리아의 언성이 높아졌다.

"나는 좋은 엄마예요. 딸아이가 내게 뭘 원하는 건지 도무지 모르겠다니까요. 그 애는 늘 내게 드집이나 잡을 줄 알지, 내가 저한테 얼마나 많은 것을 해 줬는지는 알려고도 하지 않아요."

"무슨 말씀인지 알겠어요. 혹시 따님이 부인을 공격한다고 느끼나요? 딸을 위해 그렇게 많은 것을 하셨는데도 말이에요."

그는 고개를 끄덕였다.

"안 해준 게 없어요! 저렇게 번듯이 키웠잖아요! 두 딸을 위해 제 모든 걸 희생했는데 율리아에게서 돌아오는 건 비난뿐이에요."

"누구라도 기분이 좋지는 않겠네요. 그러면 부인이 무엇을 해 주셨는지 따님에게 자세히 이야기해 보시는 건 어떨까요? 따님이 모르는 걸 수도 있으니까요. 딸들은 어머니를 어느 한 각도에서만 바라보는 일이 많거든요. 따님이 시야를 넓힐 수 있게 부인이 도와주시는 것도 좋을 것 같아요."

"이런 대화는 썩 내키지 않네요. 선생님까지 저를 몰아붙이는 것 같아서. 그만 가 봐야겠어요."

"그럴 의도는 없었어요. 죄송합니다. 제가 참고할 수 있도록 정확히 어떤 점에서 몰아붙인다는 느낌이 들었는지 말씀해 주시겠어요?"

"말씀드렸다시피 저는 좋은 엄마였는데 그 애는 제가 못 해준 것만 보려고 해요."

"알겠습니다. 해줄 수 있는 건 다 해주신 좋은 어머니였는데 따님이 자꾸 받지 못한 것만 이야기하니 궁지에 몰린다는 느낌이 드는 거군요. 그런데 따님도 하고 싶은 이야기가 아주 많을 거예요. 자신이 어떻게 지내는지, 어머니에게 어떤 것을 바라는지, 그런 것들 말이지요. 딸이 무엇을 바라는지 알고 계신가요?"

"솔직히 말하면 그 애가 뭘 원하든 알 바 아니에요. 저는 그 애 엄마고, 그저 트집이나 그만 잡았으면 좋겠어요. 이제 진절머리가 나요."

한네 역할을 한 율리아는 숨을 몰아쉬며 자리를 박차고 일어나더니 문을 쾅 닫고 나가 버렸다. 나는 율리아가 다시 들어올 때까지 기다렸다. 역할극이 너무 버거웠는지 그는 펑펑 울고 있었다.

"어머니와의 대화가 항상 이런 식인가요?"

내 물음에 율리아는 고개를 끄덕였다.

"저는 늘 제가 어떤 점 때문에 실망했는지, 뭘 바라는지 최대한 차분하게 이야기해요. 어머니는 내내 입을 꾹 다물고 있다가는, 내가 얼마나 훌륭한 어머니인지 아느냐, 트집 좀 그만 잡아라, 라고 쏘아붙이시죠. 몇 년, 몇십 년을 그래 왔어요. 어머니가 제 말을 아예 듣지 않는다는 느낌이에요. 내가 어머니를 괴롭히는 건가 싶고, 그냥 제가 성가신 존재인 것 같아요."

나는 율리아가 조금 진정되기를 기다려 질문을 던졌다.

"어머니 역할을 하는 동안에는 어떤 기분이었죠?"

"공격받는다는 느낌이었어요. 화가 치밀었죠. 피곤하기도 했고요. 딸이 매번 똑같은 비난을 퍼붓는데 달리 대답할 말이 없으니 지치더군요."

"대화 중에 부인과 어머니가 똑같이 좌절감을 느꼈군요. 서로가 자기 말을 들어주지 않는다고 생각하고. 두 분 다 이해받기는커녕 비난한다는 기분을 느낀 것 같아요."

누군가 자신의 고통을 알아준다는 것만으로도 율리아는 마음이 한결 가벼워진 모양이었다. 나는 건설적인 대화를 거부하는 어머니로 인해 좌절해야 했던 그의 마음을 이해하고 보듬어준 증인이었다. 심리치료의 관점에서는 율리아가 어머니의 입장에서 생각할 수 있게 되었다는 것도 중요했다. 어머니는 딸에게 비난받는 게 너무나 두려워 진심 어린 교류가 불가능해질 정도로 강력한 자기방어에 나서고 있었고, 율리아는 가상의 대화를 계기로 이를 어렴풋이 느끼게 되었다.

그날 상담 내내 율리아는 정말 많은 눈물을 흘렸다.

"어머니의 행동이 너무나 견디기 힘들어요."

152   3장

나는 그 말에 동의했다. 부모가 완벽하지 못하다는 사실, '그 럭저럭 좋은' 부모가 되기에도 부족하다는 사실이 자녀에게 는 커다란 괴로움이다. 이 역할극에서 나는 율리아의 어머니가 '어머니 역할'에 대해 매우 협소한 시각을 갖고 있다고 판단했 다. 어머니는 자식에게 모든 것을 주는 존재이니, 그들에게 비 판받아서도 안 된다는 것이다. 한네가 딸의 마음에 공감하며 귀를 기울여주고 다정하게 대하지 못하는 이유도 여기에 있었 다. 부모라고 다 완벽할 수 없다는 것을 인정하지 않고 그저 죄 책감을 회피하기에 급급한 부모들이 세상에는 너무나 많다.

나는 율리아에게 이렇게 말해 주었다.

"부모를 있는 그대로 본다는 것은 매우 어려운 일입니다. 부 모에게서 너무 많은 것을 기대할 때는 더욱 그렇지요. 이유를 막론하고 부모가 해줄 수 없는 무언가를 말입니다."

율리아는 다음 상담 예약을 취소했다. 그다음 예약도 마찬가 지였다. 나는 이메일로 그의 안부를 물었다. 답장에는 이렇게 쓰여 있었다.

"잘 못 지내고 있어요. 선생님에게 너무나 화가 납니다. 이런 식의 상담 치료를 기대한 게 아니었어요. 어머니와 대화할 수 있게 도와주실 줄 알았는데, 가뜩이나 절망에 빠진 저를 더욱 절망으로 몰아 넣으셨잖아요."

상담 치료에서 무언가가 반복되고 있었다. 내가 어머니처럼 율리아를 실망시켰다는 점이 그것이다. 그의 어머니가 그랬듯, 나는 그가 기대한 것을 주지 못했다. 그는 어머니에게 그랬듯, 내게 분노하면서도 내 앞에서 직접 화를 내지는 못했다. 무엇보다도 그는 어머니가 마법처럼 자신이 바라는 모습으로 변할 것이라는 희망을 여전히 버리지 못하고 있었다.

상담 치료를 하다 보면 내담자의 개인적 갈등이 상담자와의 사이에서 무의식적으로 재현되는 일이 많다. 그러면 갈등을 의식적으로 풀 가능성이 생긴다. 나는 나를 믿고 용기를 내어 화난 마음을 솔직히 말해줘서 고맙다고 말하고는, 다시 한번 찾아와 조금 더 이야기를 나누어 보자고 율리아에게 제안했다. 그와 비슷한 내담자들은 심리치료 과정에서 인간관계를 새로이 경험하고는 한다. 불편한 감정도 인간관계의 일부라는 것, 상대방을 비판해도 괜찮다는 것, 그리고 비판한다는 게 곧 상대방을 처벌하거나 평가 절하하거나 떠난다는 의미는 아니라는 것을 배운다. 다음 상담에서 나는 율리아의 실망감을 확인하는 동시에 실현될 수 없는 그의 바람을 지적했다.

"저 때문에 실망했다니 미안합니다. 율리아 씨 원하시는 것을 제가 해드릴 수 없어 화가 나고 실망한 마음 이해해요. 어머니와의 관계를 개선하고 싶은 간절한 바람도 이해합니다. 저도 도와드리고 싶지만 제가 부인의 어머니를 변하게 만들 수는 없어요. 제가 할 수 있는 것은 이루어지지 않은 소망을 성찰하고 그에 건강하게 대처할 수 있도록 돕는 것뿐입니다. 분노와 고통을 견디는 힘을 기를 수 있도록 제가 곁에서 도와드릴게요."

어느덧 잦아든 분노 대신 깊은 실망감이 율리아의 마음을 채우고 있었다. 이런 감정들을 너무나 오래 묵혀 왔음을 그도 서서히 깨닫고 있었다. 그날 상담에서 율리아는 자신의 또 다른 자아를 만났다. 아버지에게 버림받고 어머니에게도 의지할 수 없었던 네 살배기 율리아가 그 주인공이었다. 어머니의 품을 항상 독차지하고 있는 언니를 보며 네 살배기 소녀는 늘 좌절해야 했다. 악몽을 꾸고 어머니의 침대로 파고 들어가면 대개는 언니가 먼저 엄마 곁을 차지하고 있었다. 부모 품을 갈구하던 어린 소녀에게 남은 것은 세상에 혼자 버려졌다는 고독감뿐이었다.

율리아의 네 살배기 내면 아이는 엄마가 '그때는 미안했다. 네게 더 신경을 썼어야 했는데.'라고 말해 주기를 간절히 바랐다. 엄마는 그때나 지금이나 너를 사랑한다고, 너는 엄마의 소중한 딸이라고 말해 주기를. 그러나 어머니에게는 그때나 지금이나 홀로 모든 것을 감당하기가 벅차기만 했다. 그래서 딸을 안아주며 '엄마에게서 외면당했다고 느꼈다니 정말 미안하구나. 표현하는 데는 서툴지만 엄마는 너를 사랑해.'라고 말해 줄 만한 마음의 여유도 없었다.

어린 시절을 되돌리는 것도, 부모를 변화시키는 것도 모두 불가능한 일이다. 그러나 자신의 열망을 비판적으로 바라보는 것은 가능하다. 부모가 이루어 주지 않은 바람과 기대에 작별을 고하는 것 또한 어른이 되어 가는 과정의 일부다. 지금까지 받지 못한 것은 아마 앞으로도 영원히 받지 못할 것임을 받아들여야 한다.

건강한 분리는 그릇된 희망을 버리는 것을 의미한다. 당사자에게는 이것이 지독한 고통이다. 그래서 많은 자녀가 어른이 되고도 오랫동안 이 비현실적인 열망을 버리지 못한다. 해묵은 바람을 부모가 더 이상 채워줄 수 없다는 진실을 이들은 한사코 보지 않으려 한다.

당신도 성인이 되어서까지 실망에 실망을 거듭하고 있는가? 그럼에도 언젠가는 부모가 이상적인 모습으로 변할 것이라는 희망을 버리지 못하는가? 그런 자신이 몇 살이라고 느끼는가? 틀림없이 실제 나이보다 어리다고 느낄 것이다. 일정한 연령에 도달하고 나면 우리는 그간의 경험에 의해 사람이 그리 쉽게 변하지 않는다는 사실을 알게 된다. 그러나 내면 아이는 이를 알지 못한다. 오롯이 부모에게 의존하는 어린아이가 언젠가는 부모가 자신을 더 잘 돌봐 줄 것이라는 희망을 버리지 못하는 건 당연하다. 과거 이 아이에게 이것은 생존의 문제였다. 그러나 어른이 되면 생존하는 데 부모가 필요하지는 않다. 부모와의 관계가 좋아지기를 바랄 수는 있지만 더 이상 그에 의존하지는 않는다. 이를 이해하지 못하는 내면 아이는 여전히 부모가 필요하다고 착각하도록 만들면서 우리를 교묘히 조종하고야 만다.

"언젠가 어머니가 율리아 씨 마음을 이해하고 율리아 씨 편에 서 주겠다고 말한다면 어떤 변화가 생길까요?"

나는 율리아에게 물었다.

"그러면 비로소 마음이 편해지겠지요. 그 뒤에는 더 이상 어머니가 필요치 않을 테고."

"어머니를 더 이상 필요로 하지 않게 되었을 때 율리아 씨의 삶은 어떤 모습이 될까요?"

한동안 고민에 잠겼던 율리아가 대답했다.

"지금보다 평온해질 것 같아요. 어머니를 자주 떠올리지도 않게 되겠지요."

"어머니가 해주는 게 적을수록 어머니에게 더욱 의존하려 드는 것 같네요."

내 말에 그는 부루퉁한 표정으로 나를 빤히 바라봤다. 나는 또다시 질문을 던졌다.

"자신의 마음을 정확히 점검해 보세요. 정말로 지금도 어머니가 필요한가요?"

그에게 성숙한 결정 능력이 있음을 환기하기 위한 질문이었다. 그는 어깨를 으쓱했다. 어머니가 자신에게 '유용한' 존재가 될 수 있을 거라는 희망을 아직도 놓지 못하는 것 같았다. 나는 물론이고 율리아 자신도 이를 느끼고 있었다.

스스로 부모에게 얽매이는 자녀에게는 그 뒤에 숨은 역학_{정확}히 표현하자면 그 자신의 '행동'을 직시하게 하는 것이 중요하다. 필요한 경우 심리치료사가 개입해 이를 자극해 주어야 한다. 미국의 저명한 정신과 의사 어빈 얄롬 Irvin Yalom은 어느 동료 의사가 마흔다섯 살의 여성을 치료하는 과정에서 사용한 치료법에 관해 기록한 적이 있다. 의사는 내담자에게 사망한 어머니와 가상의 대화를 나누어 보라고 한 뒤, '어머니가 열 살이었던 저를 다르게 대해주실 때끼지지는 변하시 않을 거예요.'라는 말을 여러 차례 반복하게 했다. 그로써 내담자가 '그 상황의 터무니없음과 고집의 제단에 바쳐진 한 인생의 비극적이고도 무의미한 희생'을 직시할 수 있게 한 것이다.[1]

율리아도 비슷한 딜레마에 처해 있었다. 어머니가 당시 네 살배기 소녀에게 한 것과 다르게 자신을 대할 때까지 율리아는 변하지 않을 것이었다. 그의 내면 아이가 내건 조건은 이랬다.

"어머니가 들어줄 때까지 제 바람을 포기하지 않을 거예요. 결코 희망을 버리지 않을 것이고, 지금과는 다른 어머니가 되어줄 수 없다는 현실을 인정하고 슬퍼하느니 계속해서 어머니에게 실망하는 편을 택할 거예요. 어머니에게서 분리되어 이 실망감을 받아들이고 사는 법을 배우느니, 저는 영원히 어린아이의 모습으로 어머니에게 매달려 있을 거예요."

이런 식으로는 어머니를 변화시키겠다는 목표를 달성할 수 없다. 제삼자의 눈에는 이 진실이 명확히 보인다. 그럼에도 이러한 덫에 걸려드는 사람은 많고도 많다. 우리는 온 힘을 다해 부모가 여러 면에서 더 나은 모습을 보여주기를 갈망한다. 그리고 이 목표에 도달하기 위해 상처받은 내면 아이에게 주도권을 쥐여준다. 아이는 해묵은 실망과 해묵은 수단들로 무장한 채 계속해서 고군분투한다. 불행한 과거의 드라마로부터 벗어나는 길을 의식적으로 선택하는 대신, 그렇게 우리는 과거의 결핍에 끈질기게 골몰해 있다.

과거로부터 벗어나는 방법은 과연 무엇일까? 이상적인 부모를 향한 갈망을 포기하기가 그토록 어려운 이유는 대체 어디에 있을까?

비현실적인 희망을 포기하는 것

늦은 나이까지 부모에게 과도하게 의존하고 있다고 해도 이것이 항상 겉으로 드러나지는 않는다. 가족을 꾸린 사람, 회사를 설립한 사람, 그밖에 생각할 수 있는 온갖 분야에서 성공을 거둔 사람이라도 내면에서는 실망한 아이가 주도권을 쥐고 있을지 모른다. 이들은 정서적으로 일정 정도 부모에게 의존하며, 언제나 사랑과 인정에 목말라 있다. 마흔다섯 살의 에릭 Eric

도 마찬가지였다. 그는 아버지와 연을 끊고 싶다는 생각에 골몰해 있다. 상담실을 찾아온 에릭의 이야기는 이랬다.

"정말이지 견디기 힘듭니다. 아버지는 만나기만 하면 제가 어디에서 무슨 성과를 거두었는지 시시콜콜 알고 싶어 해요. 그러면서 칭찬이나 인정해 주는 말에는 한없이 인색하죠. 그러고는 어느 순간 벌떡 일어나서 나가 버리거나 읽던 신문을 펼쳐 듭니다. 늘 그랬어요. 어느 시점에서 대화를 끊을 것인지 결정하는 사람은 늘 아버지였습니다."

에릭의 분노와 실망감은 이해할 만한 것이었다. 아버지를 대할 때면 그는 주유소의 주유기가 된 기분이었다. 나르시시스트 아버지는 아들의 성과 보고를 충분히 들었다고 생각되면 즉시 소통을 차단해 버렸다. 에릭은 아무것도 돌려받지 못한 채 빈손으로 돌아서야 했다. 그가 그토록 갈구하는 칭찬과 인정은 돌아오지 않았다.

수없이 이에 관해 대화해 보려 했으나 아버지는 매번 불같이 화를 내며 더욱더 폐쇄적인 태도로 돌아섰다.

"부자 관계를 혼자서 좌지우지하는 아버지에게 더 이상 끌려다니고 싶지 않아요. 어머니가 아니었더라면 이미 오래전에 연을 끊었을 겁니다. 예전부터 한없이 냉담한 분이었어요."

이때 핵심은 에릭의 아버지가 아들이 바라는 아버지상을 한번도 보여주지 않았다는 점이다. 지금껏 실현된 적 없는 기대를 품고 사는 모든 어른아이는 스스로 이런 질문을 던져야 한다. 부모가 한 번이라도 내가 바라는 모습을 보여주었던가? 내가 어린 시절부터 존재하지도 않는 이상적인 부모에 대한 환상만 좇고 있던 게 아닌가? 부모가 어떤 발전을 이루어 내가 바라는 모습이 될 가능성이 생겼다는 증거라도 있는가?

부모가 당신의 기대를 충족해 줄 가능성이 희박하다면 이제는 희망을 버리는 것이 좋다.

자녀가 부모의 기대로부터 분리되어야 하듯이, 부모도 언젠가는 자녀의 기대로부터 해방될 수 있어야 한다. 부모에게 자녀의 기대를 충족시켜 줄 능력이나 의지가 없다면 더더욱 그렇다. 부모에게 불가능한 것을 기대하는 한 우리는 부모의 행동에 의존하던 어린 시절에서 벗어날 수 없다. 기대하는 바를 부모에게 명확히 이야기하지도 말라는 뜻이 아니다. 다만 아무리 이야기해도 소용없다면 현실을 받아들이고, 이를 기점으로 부모와의 관계도 새로이 정립해야 한다. 그릇된 희망을 치운 자리는 적극적인 참여로 채울 수 있다. 실현되지 못한 바람과 그로 인해 피폐해진 부모와의 관계를 위해 우리가 할 수 있는 일이 무엇인지도 고민해 보아야 한다.

"아버지 혼자서 부자 관계를 규정한다고 하셨는데, 에릭 씨가 특정한 행동을 통해 이를 허용하는 것일 수도 있나요?"

나는 에릭에게 물었다. 부자 관계에서 그는 어떤 역할을 하는가에 초점을 맞추고, 그 역시 관계의 당사자로서 발언권이 있음을 환기하는 게 목적이었다. 부모와의 불화가 수년간 지속되어 고착되고 나면 자녀들은 자신도 그 불화에 기여하고 있다는 것을 더 이상 자각하지 못한다. 속으로는 곪아도 겉으로는 내색하지 않고, 옛 규칙에 스스로를 종속시키거나 동참하고 있는 것이다.

에릭은 부모님을 뵈러 갈 때마다 지난 몇 주간의 성과들을 머릿속으로 정리한다는 사실을 퍼뜩 깨달았다. 아버지의 기대에 맞추어 미리 보고할 준비를 한 것이었다.

"매우 철저히 대화에 대비하는 셈인데, 그러면 가는 길에 어떤 기분이 들지요?"

"답답하지요. 가끔은 차를 돌리고 싶은 마음도 듭니다. 실제로 그런 적은 한 번도 없지만요."

에릭은 이른바 효자였다. 게다가 아버지에게 바라는 것도 아직 남아 있었다. 부모가 무언가를 실현해 주기를 바라는 마음은 죄책감과 마찬가지로 자녀를 부모에게 강하게 묶어둔다.

나는 그가 가벼운 마음으로 부모를 마주할 수 있으려면 어떤 변화가 필요한지 물었다.

"간단하죠. 아버지만 변하시면 됩니다."

에릭이 대답했다. 누구라도 떠올릴 법한 가장 흔한 대답이었다. 우리는 불편한 상황이 개선되기 위해서는 상대방이 변해야 한다고 생각한다. 상대방이 변한 모습을 보여주는 것이 가장 확실한 사랑의 증거라고 믿고, 실제로도 그렇게 될 것이라는 희망에 매달려 살아간다. 관계가 끊기는 것을 막을 방법은 그것뿐이라고 여긴다. 그러나 안타깝게도 이 기대는 해묵은 관계와 해묵은 역동성만을 유지할 뿐이다. 상대방의 손에 백 퍼센트의 권력을 쥐여준 뒤 스스로는 희생양 역할에 빠지기 때문이다.

"아버지가 하루아침에 변할 수만 있다면 물론 더할 나위 없겠지요. 하지만 그럴 가능성은 극히 낮습니다. 그러면 에릭 씨 본인이 할 수 있는 다른 일에는 뭐가 있을까요?"

에릭은 아버지를 피하거나 그의 질문에 대답을 미리 준비하지 않는 방법을 제시했다. 그러나 예상대로 아버지의 '취조극'을 아예 그만둔다는 생각은 하지 못했다. 그에게도 이 연극이 나름의 의미가 있기 때문이다. 이는 다름 아닌 자신의 기대를 충족시켜 줄 수 있도록 아버지를 변화시키려는 시도였다. 부자는 '만약에'라는 연극 놀음에 빠져 있었다. '만약에 아들이 모든 일을 제대로 하면 아버지는 아들을 사랑할 것이다.'가 연극의 주요 내용이었다.

에릭은 불현듯 어린 시절 느꼈던 감정을 떠올렸다. 아버지의 기대대로 모든 것을 잘 해내면 아버지의 사랑과 관심을 얻을 수 있다는 느낌이었다.

"생각해 보니 제가 평생 아버지의 환심을 사는 데 골몰해 있었네요."

에릭이 충격에 빠진 투로 말했다. 자기 인생을 통째로 아버지에게 맞추어 왔다는 사실을 처음으로 자각한 것이다. 잠시 침묵하던 그가 다시 입을 열었다.

"참을 수 없이 화가 치미는군요. 아버지가 저를 이용했다고 생각하니 말입니다. 그토록 오랫동안 멋도 모르고 휘둘려 온 저 자신에게도 화가 나고요."

분노는 자신이 부모에게 얽매여 있었음을 깨닫는 순간 가장 먼저 밀려드는 감정이다. 분노의 이면에는 있는 그대로의 모습으로 사랑받지 못하고 힘겹게 부모의 사랑을 쟁취해야 했다는 깊은 슬픔이 숨어 있다.

이 슬픔을 받아들이고 어린 시절의 자신에게 연민을 품으며, 그토록 바랐음에도 얻지 못했던 것을 아쉬워할 수 있게 될 때 비로소 해묵은 상처를 치료하는 것도 가능해진다. 그 뒤에는 무의식적으로 동참해 온 부모와의 연극으로부터 한 걸음씩 빠져나올 수 있다. 당신이 어린 시절 무엇을 필요로 했는지 부모가 지금껏 이해하지 못했다면 앞으로도 달라질 가능성은 희박하다.

이런 과정을 거치고 나면 내 삶을 개척해야 할 장본인이 바로 나 자신임을 깨닫게 된다. 부모나 내면 아이가 아닌, 성숙한 어른 자아가 제시하는 삶의 방향을 따라야 하는 것이다.

나는 에릭에게 다음번 아버지와의 만남이 '유익했다.'라고 평가하기 위해 무엇을 할 것인지 물었다.

"책에 관해 대화하는 게 좋을 것 같습니다. 저희 모두 역사에 관한 책을 즐겨 읽거든요. 많지 않은 공통점 중 하나지요. 아니면 제 두 살배기 아들과 정원에서 노는 것도 괜찮겠죠."

"평소와는 다른 편안한 연극이 되겠군요. 에릭 씨가 스스로 고안한 새로운 형태의 연극이죠."

그 밖에도 에릭은 지금껏 견뎌야 했던 불편한 만남의 탈출구가 되어줄 다양한 아이디어를 떠올렸다. 이로부터 비롯된 변화 하나하나는 그가 아버지와의 관계에 영향력을 발휘할 수 있음을 증명해 주었다. 이후에도 그는 꾸준히 더 많은 것을 시도했다. 물론 아버지는 이 모든 것을 받아들이지는 않았다. 처음에는 아들을 '만약에' 연극으로 다시금 유도하려 했다. 그러나 에릭은 이에 걸려들지 않고 화제를 바꾸거나 방에서 나가 버림으로써 더 이상 아버지의 연극에 참여할 의사가 없음을 명확히 표현했다.

"아직 갈 길이 멀지만, 예전보다는 훨씬 좋아졌습니다."

어느 날 상담에서 에릭은 최근 아버지와의 만남을 이렇게 평가했다. 아버지가 변하기를 마냥 기다리지 않고 부자 관계에 스스로 영향력을 발휘할 수 있음을 배운 것이다. 바야흐로 아버지를 향한 바람도 놓아 줄 때였다. 그토록 갈구하던 인정과 칭찬을 이제는 자신에게 해줄 수 있게 되었기 때문이다.

부모가 자녀에게 매우 비판적이거나 자녀를 놓아주는 데 어려움을 겪는다면 자녀가 부모의 평가로부터 조금씩 벗어나는 게 무엇보다 중요하다. 성인 자녀에게 부모의 의견은 더 이상 결정적일 수 없다. 중요한 것은 부모의 의견과 상관없이 스스로 선택한 길을 가는 것이다.

칭찬하지 않을 자유

내 친구에게는 다섯 살배기 딸이 있다. 아이는 몇 분마다 주방에 들어와 발레리나처럼 빙글빙글 돌며 엄마에게 묻고는 했다.

"엄마, 저 잘하죠?"

"그래, 정말 멋지구나."

친구는 딸을 향해 미소를 지으며 대답했다. 얼마 전부터 발레 교실을 다니며 새로운 것을 배워 오는 딸의 모습을 거울처럼 비추어 주며 응원을 보내는 것이다. 부모들은 이 연령대의 아이들에게 많은 관심이 필요하다는 걸 잘 알기 때문에, 방해되어도 개의치 않고 기꺼이 칭찬해 준다. 충분한 관심과 인정을 받고 나면 아이 스스로 그만둘 것이다.

정신분석학자 하인츠 코후트 Heinz Kohut [2]의 표현에 따르면 아이들은 '반짝이는 엄마의 눈빛'을 필요로 한다. 가족심리치료사 버지니아 사티어[3] 또한 부모가 칭찬을 통해 아이의 '자존감 통'을 채워주는 것이 매우 중요함을 거듭 강조했다. 자존감은 저절로 생기는 것이 아니다. 초기 자존감의 형성은 최초의 애착 대상인 부모에게 크게 좌우된다. 부모는 아이에게 공감하며 아이의 모습을 비추어 주는 거울 역할을 함으로써 건강하고 안정된 자존감이 형성되도록 돕는다. 다섯 살배기 소녀가 어머니와 춤추는 즐거움을 나누며 '나는 중요한 사람이야. 엄마는 나한테 관심이 많고, 나를 자랑스럽게 생각해.'라고 느끼는 것이 그 예다.

그런데 이 소녀가 서른다섯 살이 되어서도 몇 분마다 엄마에게 달려가 '엄마, 저 잘하죠?'라고 소리친다고 상상해 보라. 괴이하기 짝이 없을 것이다. 다섯 살 꼬마만큼 부모를 자주 찾는 성인은 극히 찾아보기 어렵다. 그러나 자존감이 낮고 부모에 대한 의존도가 높은 사람일수록 부모의 관심과 칭찬, 동의를 필요로 한다. 부모에게 인정받기 위해 이들은 일부는 지극히 무의식적으로 부모의 기대에 자기 삶을 끼워 맞춘다. 부모가 자신의 노력이나 성공을 충분히 칭송해 주지 않으면 속으로 끙끙 앓고 괴로워하며 칭찬 받기 위해 더욱 스스로를 채찍질한다.

반면에 자존감이 높은 사람은 타인의 칭찬이나 지지에 크게 구애받지 않는다. 건강한 자존감을 갖추고 있으면 자신이 가치 있는 존재임을 스스로 느끼기 때문에 굳이 타인의 비위를 맞출 필요도 없다. 쉽게 상처받지도 않고, 비판에 의연히 대처할 수 있으며, 갈등을 두려워하지도 않는다. 아마도 이들의 부모는 자녀를 자신의 확장된 버전쯤으로 간주하는 나르시시스트 부모와는 거리가 멀 것이다. 그래서 자녀도 부모의 기대를 채워주는 도구가 되지 않고 자유롭게 성장하며, 부모는 아이의 필요를 세심히 포착하고 부담이 되지 않는 선에서 재능도 키워준다. 탄탄한 자존감을 갖춘 사람이 성장 발달에 큰 문제를 겪지 않는 이유는 무엇보다도 부모의 든든한 지원이 있기 때문이다. 독립적으로 성장하기 위해 분리 단계를 하나씩 밟는 것도 이들에게는 어려운 일이 아니다.

토비아스Tobias는 서른두 살의 미혼 남성으로, 벌이가 꽤 괜찮을 때도 그의 계좌 잔고는 항상 마이너스였다. 그래서 이따금 부모에게 손을 벌려야 했지만 빌린 돈을 갚은 적은 한 번도 없다. 어느 여성과 사귄 지 석 달이 되었을 무렵, 그는 할 이야기가 있다며 부모를 카페로 불러냈다.

"제가 아빠가 돼요!"

주문한 커피가 채 나오기도 전에 그가 들뜬 목소리로 기쁜 소식을 전했다.

"아이고, 맙소사!"

어머니는 충격에 눈이 휘둥그레지고, 아버지는 묵묵히 탁자만 내려다보았다.

토비아스는 자리를 박차고 나가고 싶었다. 두 번 다시 부모와 말도 섞고 싶지 않았다. 부모가 이 소식에 기뻐하지 않을 것임은 어느 정도 예상했다. 부모가 자신을 여전히 어린아이처럼 대하는 것을 그는 더 이상 참을 수 없었다. 성인이 된 지도 한참이고, 심지어 이제 아이도 생기는데 도대체 뭘 더 증명해야 어른 대접을 받을 수 있단 말인가?

충격에 휩싸여 내뱉은 어머니의 단 두 마디가 가족을 분열시켰다. 토비아스는 실제로 자리를 박차고 일어났다고 한다. 그러고는 여전히 충격에서 벗어나지 못한 부모만을 남겨둔 채 카페 밖으로 나가 버렸다. 그때부터 부모의 전화도 받지 않았다. 부모는 그에게 가족치료를 제안했고, 카페에서의 만남 이후 두 달이 지나서야 이들은 내 상담실에서 재회할 수 있었다. 갈등의 원인을 파헤친 끝에 우리가 정리한 내용은 이런 것이었다. 우선 부모는 매사에 일단 부정적으로 반응했다. 안타까운 일이지만 걱정 많은 부모들은 흔히 이런 반응을 보인다. 토비아스의 부모는 늘 위험 요인에만 초점을 맞추었고, 과거의 경험에 비추어 아들이 스스로 책임질 만큼 성숙하지 못하다고 여겼다. 아들이 아버지가 됨으로써 얻게 될 성장의 기회는 보려 들지 않았다.

안타깝게도 아들 또한 분리되지 못한 자녀의 전형이었다. 부모가 자신을 어린아이처럼 대하는 것이 불만이라면서 정작 자신도 토라진 아이처럼 행동하며 내내 품고 있던 무력감과 실망감을 가감 없이 드러냈다.

상담에서 세 사람은 과거의 수많은 일화를 쏟아내며 서로 충분히 좋은 부모, 좋은 아들이 아니었음을 증명하려 애썼다.

그러나 내 눈에는 이들이 서로에게 온갖 기대를 걸고 실현하려 애쓰며, 실패할 때마다 이를 과도하게 상쇄하려던 것처럼 보였다. 부모는 외동인 토비아스에게 모든 희망을 걸었다. 아들을 위해 안 해준 것이 없을 정도였다. 그러면서 아들도 자신들을 위해 무엇이든 해주기를 은근히 바랐다. 음악을 하고 싶던 토비아스는 꿈을 이루기 위해 열심 노력했지만 번번이 부모로부터 금전적인 도움을 받아야 했다.

그로부터 분리를 방해하는 무의식의 얽힘이 유발되었다. 부모는 아들이 직업 선택을 잘못해서 능력에 비해 궁핍하게 산다고 생각하고 틈만 나면 이를 들먹이며 나무랐다. 그러면서 정작 그가 자립할 수 있게 놓아주지는 못했다.

"매번 금전적 도움을 주는 게 옳다고는 생각지 않지만, 그러지 않으면 저희가 나쁜 부모인 것 같았어요."

토비아스는 어른답게 스스로 직업을 선택하기는 했으나 성숙하게 그에 임하는 모습은 보여주지 못했다. 돈이 떨어지면 동료들처럼 아르바이트라도 해서 생활비를 버는 것이 아니라 부모에게 도움을 청하고는 했다. 그로써 무의식적으로 이들을 부모 역할에 매어두었다. 결국 부모는 계속해서 부양 의무를 떠맡고 토비아스는 계속해서 의존적인 아이로 남아 있게 되었다.

그가 아빠가 된다는 소식에 부모가 보인 부정적인 반응과 그에 따른 토비아스의 실망감은 이들이 미처 자각하지 못한 양가적인 구조에 의문을 품는 계기가 되었다. 갈등이 각자에게 새롭고도 독립적인 지위를 부여하고 더 성숙하게 서로를 대하게 만들어 준 기회가 된 것이다.

어느 날 단독 상담에서 나는 토비아스에게 일찌감치 경제적 자립을 이루었더라도 부모의 반응에 그토록 상처받았을 것인지 물었다. 그랬더라면 여유롭고 자신감 넘치는 태도로 '걱정 마세요. 잘할 수 있어요.'라고 말할 수도 있었을 것이다. 토비아스도 같은 생각인 모양이었다.

"이런저런 면에서 아직 완전히 독립하지 못했기 때문에 더 상처받은 것은 사실이에요."

이를 자각하는 것은 분리의 핵심 단계 중 하나다. 어떤 지점에서 부모와 얽혀 있는지 정확히 파악하고 나면 향후 비슷한 반응을 마주했을 때 그에 휘말리지 않을 수 있다. 동시에 토비아스는 이제 자기 인생을 스스로 책임지고 경제적 자립을 위해 노력해야 할 때임을 깨달았다.

하나의 발달단계만 건너뛰어도 이후의 여러 분리 단계가 어려워지고 부모와의 관계도 악화할 수 있다는 점이 여기에서 재확인된다. 서로에 대한 의존도가 높을수록, 얽힘이 복잡할수록 우리는 쉽게 상처받고 실망한다.

다음 가족 상담에서 나는 토비아스와 부모 모두에게 수많은 질문을 던졌다. 기존에 형성되어 있던 관계의 역동성을 직시하고, 옳고 그름에 대한 각자의 판단기준을 비판적으로 점검할 수 있도록 돕기 위해서였다.

먼저 토비아스에게 물었다.

"자녀 계획은 토비아스 씨의 문제인데, 부모님의 동의를 그토록 중요하게 여기는 이유가 있나요?"

"동의를 받으려는 게 아니에요. 아이를 갖고 말고는 물론 제마음이죠. 다만 부모님이 제 일에 기뻐해 주셨으면 했어요."

"부모님의 동의 없이 결정할 수 있는 문제라면 부모님이 굳이 기뻐해 주셔야 할 이유도 없지 않을까요?"

그는 어리둥절한 표정으로 나를 바라봤다.

"선생님은 부모님이 선생님의 일에 함께 기뻐해 주기를 바라지 않나요? 자식이라면 누구나 그러길 바라잖아요?"

토비아스가 반문했다. 내 질문을 일반화시킴으로써 자신의 행동을 정당화하려는 것이었다.

"물론 자녀가 어떤 결정을 내리든 부모님이 이를 지지하고 함께 기뻐해 준다면 더 바랄 게 없겠지요. 하지만 부모님이 함께 기뻐하지 않는다 해서 본인 인생에 달라질 게 있나요?"

"서운하잖아요."

토비아스가 대답하며 어머니를 바라봤다. 어머니는 벌써 눈물이 그렁그렁했다. 그 역시 아들을 실망시키고 싶지는 않았지만, 토비아스가 감당할 수 없는 책임에 성급히 뛰어드는 것 같아 걱정된 것뿐이었다.

3장

"알겠습니다."

내 말에 이번에는 모두가 어리둥절한 표정으로 나에게 시선을 집중시켰다.

"토비아스 씨는 부모님에게 실망했다고 하셨죠. 부모님이 번번이 아들에게 실망하듯이 말입니다. 상대방의 기대를 완벽히 충족해 줄 수 있는 사람은 없지요. 이를 깨닫고 실망하는 것 또한 어른이 되는 과정의 일부입니다. 그러면 이에 어떻게 대처하면 좋을까요? 상대방에게 그가 틀렸음을 일깨워 주고 내 생각에 따르라고 강요할까요? 아니면 어긋난 기대에 대한 실망과 슬픔을 이고 상대방에게까지 이런 감정을 전가하는 것이 좋을까요? 그에 대해 아무런 책임감도 느끼지 않으면서 말입니다."

나는 토비아스를 향했다.

"부모님께서 절대 충격 받으면 안 되는 이유라도 있나요? 토비아스 씨가 감당할 수 없는 선택을 했다고 판단할 권리가 부모님에게 없다고 생각하십니까? 자신의 선택에 부모님의 동의가 정말로 불필요하다고 생각한다면 부모님의 반대 또한 아무 의미 없는 것 아닐까요?"

상대방의 심기를 불편하게 할 법한 질문이었다. 그러나 나는 세대 간에 건강한 선을 긋도록 독려하고, 부모에게 지나치게 막강한 권력을 쥐여주는 장본인이 토비아스 자신임을 명확히 일깨워 주고자 했다.

이번에는 그의 부모를 향해 질문을 이어 갔다.

"지난번 상담에서 부모님은 엉겁결에 그렇게 반응한 데 대해 미안한 마음이 든다고 말씀하셨지요. 그럼에도 여전히 아들이 그 책임을 감당할 수 없을까 걱정되고 불안하다고요. 이제 부모님도 아들의 삶에 더 이상 간섭할 권리가 없다는 사실을 분명히 아실 겁니다. 부모님이 하실 수 있는 단 한 가지는 부모의 책임을 다하는 것입니다. 그런데 이 부분에서도 해결해야 할 문제가 많이 남은 것 같습니다. 그렇지 않나요?"

"어떤 문제 말인가요?"

어머니가 불안하게 물었다. 자신이 좋은 어머니가 아닐지도 모른다는 두려움에 내 물음이 트리거가 된 것이다. 아버지도 불안한 기색이었다.

"서른두 살의 아들이 몇 달 뒤에 아버지가 된다고 선언했을 때, 좋은 부모라면 무엇을 해야 할까요?"

"질문하시는 의도를 잘 모르겠습니다만."

아버지가 항의하듯 말했다. 나는 아랑곳하지 않고 대답했다.

"어렵게 생각하실 필요 없습니다. 여러분이 토비아스 씨와 같은 상황이고, 부모님께 조만간 아버지 또는 어머니가 된다고 통보하는 장면을 상상해 보세요. 부모님이 어떻게 반응해 주기를 바라시나요?"

부모는 서로를 한번 마주 보더니 한동안 깊은 고민에 잠겼다.

"축하한다고 말해 주셨으면 좋겠습니다."

마침내 아버지가 입을 열었다. 어머니는 울면서 고개를 끄덕였다.

세상의 모든 자녀는 부모가 자기 일에 함께 기뻐해 주기를 바란다. 자녀의 결정을 받아들일 수 없어 걱정이 되거나 속으로는 전혀 동의하지 않더라도 말이다.

그러나 이보다 훨씬 중요한 것은 의식적으로 의존하는 태도에서 벗어나는 일이다. 부모가 내 인생에 공감하든 않든, 이는 내 의사 결정에서 부차적인 역할을 할 뿐이다. 나는 내 삶을 사는 것이지 부모의 삶을 사는 게 아니기 때문이다. 부모가 선호하는 것이 우리에게 전혀 맞지 않거나, 그 반대의 경우도 있을 수 있다. 부모의 찬성 여부에 지나친 비중을 두는 자녀는 부모에게 자기 인생을 내맡기고 부모의 비위를 맞추느라 정작 자신의 행복은 포기하게 될 위험이 있다.

부모의 의견이나 가치관이 자녀의 결정에 한 치의 영향력도 미쳐서는 안 된다는 이야기가 아니다. 다만 부모의 만족도를 자신의 만족도보다 상위에 두어서는 안 된다. 살다 보면 부모에게 자랑스러운 아들, 딸이 되는 것보다 자신에게 충실한 것이 중요해지는 때가 온다.

자존감을 키워 나가는 어린아이에게는 부모가 눈을 반짝이며 나를 보아주는 것이 중요하다. 그러나 어느 시점부터는 확신에 찬 나의 눈빛이 나를 보는 다른 누구의 시선보다 중요해진다. 그 누군가가 부모님이라도 마찬가지다. 진정한 성인이 되기 위해서는 스스로 키를 잡고 내 인생의 바다를 항해해야 한다. 때로 부모의 손가락 끝이 향하는 곳과는 전혀 다른 방향으로 뱃머리를 돌리게 될지라도 말이다.

남자친구와 1년간 세계여행을 하기 위해 안정된 직장을 포기한 사라Sarah도 같은 경우였다.

"모든 계획을 철저히 세웠어요. 돈도 저축해 두었고, 살던 집은 다른 사람에게 세를 주기로 했죠. 일 년 동안 마음껏 자유를 누릴 생각이었어요. 모든 게 완벽했지요. 어머니와 사이가 멀어졌다는 것만 빼면요. 여행 이야기를 꺼내자마자 어머니는 펄쩍 뛰며 필사적으로 저를 말리셨어요."

사라는 말을 끝맺고 침울한 눈빛으로 동석한 어머니를 바라보았다.

"딸이 그 생각에만 빠져서 다른 모든 걸 포기하려 드는데 어떻게 걱정을 안 하나요?"

어머니가 나를 향해 말했다. 표정과 말투에서 지푸라기라도 잡고 싶은 심정이 묻어났다.

"어머님은 따님의 계획이 썩 마음에 들지 않으셨나 보네요. 정확히 어떤 점에서 그랬나요?"

무엇을 못마땅해하는 것인지 추측 못 할 바는 아니었지만 나는 일부러 이렇게 물었다. 지금까지의 경험에 비추면, 근심에 빠진 사람에게는 먼저 고민거리에 관해 자세히 서술할 기회를 주는 것이 중요하다. 자기 이야기를 하고 나면 상대방의 말도 더 잘 경청하게 된다. 어머니가 걱정을 털어놓자 나는 정확히 이해했다는 표시로 그가 말한 것을 하나씩 반복했다. 이어 딸에게도 어머니의 걱정하는 마음을 납득할 수 있느냐고 물었다.

"아니요. 저희는 모든 걸 철저히 준비했고, 둘 다 경제적으로도 독립한 상태예요. 만약의 경우에도 대비해 두었으니 이제는 기뻐할 일만 남아 있었죠. 훌훌 털고 떠나서 휴식기를 즐길 생각이었어요."

앞서 이야기했던 에릭, 토비아스의 사례와는 전혀 다른 상황이었다. 어머니가 걱정 때문에 자녀의 계획에 반대한다는 점은 비슷했지만, 사라는 에릭이나 토비아스와는 달리 어머니의 동의가 필요치 않다는 확고한 신념을 품고 있었다. 어머니가 뭐라고 하든, 그는 자신이 원하는 휴식기를 가질 것이다. 어머니가 응원해 준다면 좋기야 하겠지만 이것이 그의 결정에 큰 영향을 미치는 것은 아니었다. 다만, 사라는 자신이 여행을 떠나는 동안 어머니가 하루하루를 근심과 걱정에 얽매어 보내지 않기를 바랐다.

"엄마, 저는 성인이에요. 독립한 지도 6년이나 됐고, 이렇게 잘 살아왔잖아요!"

사라가 힘주어 말했다.

"그렇기야 하지만, 독일에 있으면 안정된 삶이 보장되잖니."

어머니가 반박했다. 딸이 외국에 가는 즉시 사고나 질병을 겪게 될 거라고 확신이라도 하는 듯했다. 나는 어머니에게 이렇게 제안했다.

"따님이 어떤 사람인지 한번 말씀해 보시겠어요? 책임감이 강하다, 엉뚱한 생각을 잘한다, 이런 식으로 말입니다."

어머니는 크게 심호흡을 한 뒤에 입을 열었다.

"제 딸은 책임감이 강해요. 음악에도 재능이 있고. 그런데 왜 뜬금없이 이 생각이 났는지 모르겠네요."

두 사람은 동시에 웃음을 터뜨렸다. 어머니가 말을 이었다.

"그만큼 창의력이 뛰어나고 명랑한 아이죠. 여행을 좋아하고, 친구도 많아요."

그러고는 갑자기 나무라는 투로 딸에게 말끝을 돌렸다.

"그런데 꼭 이렇게 안정된 생활을 버리고 떠나야겠니?"

사라는 진지한 표정으로 어머니를 바라보다가 고개를 끄덕였다.

"네. 세 달 뒤에 출국해서 1년 3개월 뒤에 돌아올 거예요. 세상은 아무 일 없다는 듯 계속해서 돌아갈 테고, 제가 돌아온 뒤에도 모든 게 예전 그대로일 거예요."

"넌 실직자 신세가 될 거야."

"모르는 말씀이에요, 엄마. 제 직종에서는 얼마든 새 일자리를 구할 수 있어요. 그만큼 능력도 있고, 바로 취직하지 못해도 얼마간은 지낼 수 있을 만큼 저축도 해 놨어요. 그런데 솔직히 이 모든 건 제 문세고 제가 책임질 일이잖아요. 엄마가 걱정하실 일이 아니에요."

"나중에 네 딸이 그런 허황된 꿈이나 꾸고 있어도 그렇게 말할 수 있나 어디 두고 보자."

어머니는 이렇게 쏘아붙이더니 울음을 터뜨렸다.

"어머니께서 생각하시는 최악의 상황은 어떤 것인가요?"

나는 그가 조금 진정되기를 기다려 물었다.

"혹여 딸에게 나쁜 일이 생겼을 때 제가 옆에서 도와줄 수 없을까 봐 두려워요."

"어휴, 엄마."

사라가 어머니를 껴안고 다독이자 어머니도 딸을 끌어안았다. 두 사람의 애정이 매우 깊다는 것을 한눈에 알 수 있었다. 사라의 아버지가 세상을 떠난 뒤 모녀간에는 매우 특별하고도 끈끈한 애착이 형성되어 있었다.

나는 확고한 어조로 어머니를 향해 말했다.

"어머니는 평생 딸의 곁을 지켜 주셨어요. 어머니 덕분에 따님이 얼마나 훌륭한 어른으로 자라났는지 한번 보세요. 사라 씨는 정말 다정하고 공감 능력이 뛰어난 분입니다. 또 어머니의 반대를 무릅쓰고라도 본인이 원하는 바를 이루고자 노력할 줄도 알지요. 모든 분야에서 자신의 삶을 스스로 책임지고 있고요. 따님은 어머니를 향해 온몸으로 메시지를 전하고 있어요. '저는 이제 어른이에요. 이제는 마음 편히 저를 놓아주셔도 돼요! 엄마는 제가 어린아이였을 때, 아빠를 잃었을 때, 그리고 그 후로도 내내 훌륭한 어머니로서 제 곁을 지켜 주셨어요. 제가 이렇게 홀로 설 수 있게 된 것도 엄마 덕분이에요. 이제는 제힘으로 살아보고 싶어요.'라고 말입니다."

어머니는 주의 깊게 내 말에 귀를 기울였다. 제삼자의 입을 통해 자신이 많은 것을 해낸 훌륭한 어머니임을 인정받은 셈이다. 이제 그에게 남은 것은 자신이 딸에게 마련해 준 튼튼한 초석을 믿고 보내주는 일뿐이었다.

"이제는 딸을 놓아주어야 할 때입니다. 어머니의 능력이 허락하는 한에서 딸에게 필요한 모든 걸 해주었다는 사실을, 누구보다 어머니가 잘 알고 계실 거예요. 사라 씨도 일 년 뒤 건강한 모습으로 돌아올 수 있도록 노력할 테고요."

나는 잠시 말을 끊었다가 어머니를 향해 물었다.

"딸의 인생에 좋은 기반을 마련해주었다고 생각하시나요?"

그는 고개를 끄덕였다.

"딸을 신뢰할 수 있겠다는 생각도 드나요?"

그는 홀쩍이며 어깨를 으쓱했다.

"네, 그런 것 같아요."

"그러면 사라 씨가 무탈하게 여행을 마음껏 즐길 수 있으리라 믿고, 또 그러기를 기원해 주기 위해 무엇이 더 필요할까요?"

어머니는 어색하게 코를 풀더니 자세를 고쳐 앉으며 단호한 목소리로 말했다.

"사라, 엄마한테 전화 자주 해야 한다."

사라는 그제야 환히 웃으며 어머니를 향해 손을 내밀었다. 어머니는 딸의 손을 꼭 맞잡았다. 이후 두 사람은 '자주'라는 표현이 어느 정도의 간격을 의미하는가를 두고 옥신각신하며 남은 상담 시간을 보냈다. 그리고 어른 대 어른으로서 양쪽이 모두 만족할 만한 합의점을 찾았다.

서로를 향한 애정으로 가득한, 그럼에도 서로에게 현명한 선을 그을 줄 아는 모녀를 지켜보는 것은 참으로 선물 같은 순간이었다. 사라는 어머니가 처음에 자신의 계획을 응원해 주지 않았음에도 어머니의 입장을 이해하고 걱정하는 마음에도 공감해 주었다.

또한 어머니가 못마땅해하는 것을 알면서도 죄책감을 품지 않고 자신의 바람에 초점을 맞추며 계획한 바를 단호히 실행했다. 중심을 잃지 않은 덕분에 어머니의 감정에 휘말리지도 않았으며, 어머니와의 관계에 의문을 품는 일도 없었다. 이처럼 균형 잡힌 태도가 가능했던 것은 사라가 어머니로부터 충분히 분리되어 있었기 때문이다. 어머니의 행복이나 불행에 대한 책임을 떠맡지 않는 자녀는 이처럼 자신의 길을 가는 동시에 부모와의 관계를 적극적으로 가꿀 수 있다.

사라가 어머니의 찬성이나 반대에 흔들리지 않고 단호히 자기 인생을 선택했음에도 모녀의 관계는 여전히 깊고 단단하다. 갈등을 무릅쓰고, 혹은 갈등을 두려워하지 않기 때문에 스스로 변화와 성장과 진심 어린 관계를 허락할 수 있었던 것이다.

분리는 부모에게 애정이 없거나 부모와 친밀하지 않다는 증거가 아니다. 성숙하고도 애정 어린 관계 맺기는 오히려 분리를 통해 가능해진다.

부모의 권력에 반기를 드는 일

율리아, 에릭, 도비아스와는 달리 사라가 어머니의 동의를 필수조건으로 여기지 않았던 이유는 무엇일까? 아마도 전자의 부모들은 필요한 시기에 아이에게 긍정적인 피드백을 충분히 해주지 않은 반면, 사라는 중요한 시기에 부모의 공감을 충분히 받았기 때문일 것이다.

자신감과 높은 자존감을 갖춘 이들은 타인의 의견이나 동의에 좌우되지 않고 인생을 살아간다. 타인에게 공감할 줄 알고, 비판을 받아도 공격이나 모욕으로 받아들이지 않기 때문에 원만한 인간관계 또한 유지할 수 있다.

이처럼 탄탄한 기본기가 뒷받침되어 있으면 성인이 되어서까지 부모를 이상화하거나 그들에게 모든 권력을 넘겨줄 위험이 적다. 그러나 유년기에 사라만큼 행운을 누리지 못한 율리아, 에릭, 토비아스 같은 자녀들에게도 나이에 맞게 분리될 기회는 여전히 남아 있다.

그러기 위해서는 언젠가 부모가 자신이 꿈꾸던 모습으로 변할 것이라는 희망부터 버려야 한다. 그리고 이 그릇된 희망으로 채워 왔던 자리를 다른 무언가로 대체해야 한다. 있는 그대로의 현실, 실망, 과거에도 없었고 현재도 없으며 미래에도 영원히 얻지 못할 모든 것에 대한 애도가 그것이다.

누구에게도 썩 내키는 일은 아닐 터이다. 희망을 불편한 감정들과 맞바꾸라는 소린가? 그러나 그릇된 희망을 버리고 내면의 아이를 돌볼 수 있는 유일한 방법은 이것뿐이다. 그릇된 희망에 매달리는 것은 상처받은 내면 아이를 기만하고 방치하는 것과 다름없기 때문이다. 과거 부모가 한 것과 똑같은 방식으로 내면 아이를 다루는 셈이다.

자기감정을 있는 그대로 받아들이면 내면의 아이 역시 받아들일 수 있다. 그러면 오랜 상처의 근원을 정확히 파악하고 이를 아쉬워할 수도 있게 된다. 치유의 가능성이 싹트는 순간이다. 그릇된 희망을 단념할수록 사람은 자기 자신에 가까워진다.

그 뒤에는 치유를 향한 또 하나의 길이 열린다. 감정에 변화가 찾아오고, 실망감을 받아들임으로써 커다란 자유를 맛보게 되는 것이다. 부모가 나의 바람을 채워줄 수 없음을 받아들이는 것은 분리 과정에서 반드시 거쳐야 할 단계다. 부모를 향한 기대에 계속해서 매달리기보다는 현실을 직시하고 인정하며, 그것이 낳는 모든 감정까지 담담히 수용해야 한다.

희망이 사라진 공간에 우리는 현실을 채워 넣는다. 기존의 감정은 서서히 다른 감정들로 대체된다. 특정한 감정들을 놓아 보내는 일은 먼저 그것을 수용함으로써 가능해진다. 억압된 감정들은 쌓이고 농축되다가 뜻밖의 순간에 위력적으로 폭발하며 우리를 고통으로 몰아넣는다. 반면에 허용된 감정은 한결 견디기가 수월하다. 더 이상 낯설거나 위협적으로 느껴지지도 않고 그저 우리 일부로서 존재하기 때문에 이를 자각하고 빠르게 그에 대처할 수 있다. 사랑의 고뇌를 겪어 본 사람은 피할 수 없는 그 고통의 위력을 알고 있지만, 시간이 흐르면 그 또한 잦아든다는 사실도 익히 알고 있을 것이다. 오랜 세월이 흐른 뒤에 되돌아보면 잔잔하고 어렴풋한 잔상만이 남아 있다. 빌헬름 부쉬Wilhelm Busch는 '나는 내 지나간 아픔을 사랑한다.'라고 말했다. 지나간 아픔이란 한때 우리에게 영향을 미쳤지만, 경험으로 승화시키고 끝을 맺음으로써 이제는 담담히 뒤돌아볼 수 있게 된 아픔을 일컫는다.

어떤 이들은 부모가 자신의 필요를 충족해 준 적이 단 한 번도 없음에도 여전히 부모의 위로와 칭찬을 기대하고, 자신의 모든 선택을 부모가 무조건 지지해 주기를 기대한다. 그러나 실현될 수 없는 기대는 언젠가는 포기해야 한다. 이 성장단계를 성공적으로 마치지 못한 자녀는 부모에게 실망했던 경험을 배우자와의 관계에서 되풀이할 위험이 있다.

그릇된 희망을 포기하고 부모에 대한 실망감을 있는 그대로 받아들이는 데는 부모에게 쥐여주었던 일방적인 권력을 되돌려 받는다는 의미가 있다. 부모는 그저 있는 그대로의 부모일 뿐이다. 좋은 면이 있는가 하면 나쁜 면도 있고, 실수도 하며, 끔찍한 과오를 저지를 때도 있다. 부모가 다른 방법을 몰랐거나 능력이 부족했던 게 원인일 수도 있고, 그들 부모의 과오를 대물림한 것일 수도 있다. 부모도 인간이기에 자녀를 실망시킬 수밖에 없다. 그러나 실망을 통해 우리는 부모 및 우리 자신과 한층 성숙한 관계를 맺을 기회와 자유를 얻는다. 모든 실망의 순간은 환상과 작별하는 순간이다. 그로써 우리는 성인이라는 안경을 끼고 부모를 바라보게 된다.

내 부모는 과연 어떤 사람들일까? 그들은 어떤 과정을 거쳐 지금의 모습이 된 것일까? 무엇의 영향을 받았으며, 무엇에 상처받고 실망했을까? 이는 부모를 단순한 어머니와 아버지 이상의 존재로 볼 수 있게 해주는 중요한 질문들이다. 우리 부모도 한때는 부모에게 무언가를 기대하고 쓰디쓴 실망을 맛본 어린아이였다. 그 모든 과정을 거친 누군가의 딸과 아들이며, 우리와 마찬가지로 수많은 상처와 유약함을 지닌 유한한 존재일 뿐이다.

4장

어른의 눈으로
바라보는 부모

미국인 비구니 페마 초드론 Pema Chodron은 어느 강연[1]에서 자신의 어머니에 관해 언급한 적이 있다. 그의 어머니는 까다로운 성격에 건강염려증이 심했고 매사 타인을 평가하거나 비판했으며 걸핏하면 불평을 늘어놓았다고 한다. 페마가 스무 살이 되던 해의 어느 날, 낯선 여성이 어머니의 옛 친구라며 그를 찾아왔다. 과거 두 친구는 많은 일을 함께 했다고 한다. 페마에게는 처음으로 어머니를 전혀 다른 눈으로 보게 된 특별한 순간이었다. 어머니를 좋아했던 옛 친구의 눈을 통해 과거의 어머니를 엿본 셈이었다. 어린 시절 함께 장난을 치며 깔깔대던 친구는 페마의 어머니를 짓궂고 유쾌했던 멋진 친구로 기억하고 있었다. 페마는 불현듯, 자신이 지금까지 딸이라는 특수한 색안경을 통해 어머니를 보며 머릿속에 하나의 고정된 이미지를 만들어 냈음을 깨달았다.

"어머니에게는 그것 이상의, 훨씬 더 많은 무언가가 있었던 거죠."

어린 자녀의 색안경을 벗고 낯선 이의 관점에서 부모를 바라본다면 기존에 우리가 가지고 있던 부모의 이미지는 어떻게 달라질까? 아마도 부모에게 우리가 알던 것보다 훨씬 더 다양한 면면이 있음을 실감할 것이다. 부모도 언젠가는 어린아이였고, 갓 사랑에 빠진 풋풋한 연인이었으며, 자녀가 없는 신혼부부였다. 미래에 대한 꿈과 계획들로 한껏 부풀어 있는 젊은이들이었고, 그중 어떤 것은 이루었지만 어떤 것에는 실패했을 것이다. 이들은 또 누군가의 자매나 형제, 친구, 동료, 상사이기도 하다. 어머니 또는 아버지가 이들을 정의하는 유일한 명칭인 것은 아니다.

적지 않은 자녀들이 다채로움을 가리는 경직된 시선으로 부모를 바라보며, 좋은 부모 또는 나쁜 부모라는 흑백논리에 따라 평가한다. 혹자는 부모를 이상화하기도 하는데, 이것이 부모와의 관계를 유지할 수 있는 유일한 방법이기 때문이다. 특히 효심을 다른 모든 가치보다 앞세우는 가족에게는 자녀가 부모를 비판하는 것이 범죄에 가까운 행위이므로 부정적인 면을 포착하거나 의견을 피력하는 것 자체가 허락되지 않는다. 반대로 부모를 괴물이라 부르며 자기 일에 일절 간섭하지 못하게 드는 자녀들도 있다. 두 가지 극단적인 표본은 모두 분리가 잘 이루어지지 않았음을 보여주는 증거다. 부모의 이미지를 이상화하는 관점과 파괴하는 관점은 모두 부모의 어느 한 부분에만 초점을 맞추고 전체적인 모습을 보지 못하는 데서 비롯된다. 부모의 모순적인 면을 보지 못하는 이유 또한 여기에 있다.

부모가 강점과 결점을 모두 갖춘 인간임을 인지하면 신격화해 왔던 부모를 인간적이고 평범한 범주에서 바라보게 된다. 이때는 나이에 맞게 부모로부터 분리되는 것이 가능해지며, 의무감, 경직되고 의례적인 태도, 갈망과 실망의 반복으로 점철되었던 해묵은 관계에서도 벗어날 수 있다.

앞 장에서 우리는 부모와 자녀가 서로에게 품는 기대를 재검토하는 일이 얼마나 중요한지 살펴보았다. 독립하기 위해서는 특정한 단계를 밟는 일이 필수적임을 강조하고, 그렇게 하지 않았을 때 어떤 장애물을 만날 수 있는가에 대해서도 다루었다. 상처받은 내면 아이와 조우하고 그를 돌봄으로써 해묵은 상처를 치유하는 법도 배웠다.

이 장은 부모를 더 자세히 분석하기 위한 장이다. 부모는 어떤 면에서 돌봄을 제대로 수행하지 못했는가, 어떤 면에서 충분한 돌봄을 받지 못했는가, 어떤 노력을 했으며 무엇에 실패했는가를 살펴볼 것이다. 부모의 유년기 경험을 고려할 때 과연 우리를 더 잘 키우는 것이 가능했는지, 세월이 흐르며 부모에게 어떤 변화가 있었는지도 살펴보기로 한다. 다시 말해 그들이 더 좋은 부모로 거듭나는 데 성공했음에도 우리가 어린아이의 색안경을 끼고 본 탓에 이를 인지하지 못한 것은 아닌지 고민해 볼 것이다.

부모의 과거와 현재

 '의사소통 문제'로 상담실을 찾아온 알렉산더 Alexander 와 카타리나 Katharina 는 40대 초반이었다. 이들은 서로를 사랑하면서도 극단적이고 소모적인 다툼을 자주 벌였으며, 두 사람의 힘만으로는 갈등을 해결하지 못했다.

 상담에 앞서 나는 항상 내담자들에게 서른 가지 질문이 적힌 질문지를 보낸다. 카타리나는 이후 첫 상담에서, 질문지를 작성하는 동안 '수많은 감정이 되살아나는' 바람에 겨우 세 개의 질문에 답한 뒤에 이미 '너무나 피곤해졌다.'고 이야기했다. 질문지를 끝까지 작성하려면 시간이 더 필요한 모양이었다. 특히 완고한 어머니와의 관계가 지금까지도 큰 정신적 부담으로 작용해서 그 이야기를 하노라면 수많은 감정이 파도처럼 밀려온다고 했다. 그러나 알렉산더는 이미 완성한 질문지를 가져왔다. 나는 질문지를 대강 훑어보았다.

> 1. **어머니와의 관계는 어떤가?** 좋음. 아직 살아 계심.
> 2. **아버지와의 관계는 어떤가?** 좋음. 일찍 돌아가심.
> 3. **의뢰인의 유년기는 어땠는가?** 좋음. 즐거웠음.

 얼핏 보기에는 괜찮은 대답 같았다. 부모와의 화목한 관계는 우리 인생 전반에 도움이 된다. 유년기의 경험들이 관계 맺기

능력과 갈등에 대처하는 능력, 그리고 정신적 저항력을 뜻하는 회복탄력성을 쌓는 데 초석이 되기 때문이다.

이상적인 가정에서 자녀는 부모의 바람직한 양육 태도를 통해 탄탄한 자존감을 쌓고 타인들을 향한 신뢰를 형성한다. 스트레스 상황에 처했을 때 신속히 평정을 되찾고 대처할 수 있음을 물론이다. 갈등이 빚어졌을 때는 상대방의 입장에서 생각할 줄 알고, 어떤 부분에서 자신이 책임을 지는지 파악하고 인정하는 용기 또한 보여준다. 잘못을 저지르면 사과하고, 자신에게 상처를 준 타인을 용서하기도 한다. 고도의 자기 객관화 능력 또한 갖추고 있어 배우자에게 성숙하고 편안한 동반자가 되어 줄 수 있다.

그러나 바람직한 양육 책임자가 되어주는 부모를 만나는 행운 또한 아무나 누리는 것이 아니다. 그에 당첨되지 못한 이들은 성인이 되어서도 인간관계에 어려움을 겪는 경우가 많다. 알렉산더도 그 중 한 사람이었다. 그는 아내인 카타리나를 사랑하고 부부의 삶을 그런대로 행복하게 받아들였다. 그러나 분노 조절에 종종 어려움을 겪었다. 그런 순간에 그는 더 이상 '그 자신'이 아니었다. 때로는 카타리나의 특정한 말이나 행동에 갑자기 폭발하며 고함을 지르고 이후 며칠 동안이나 '동굴'로 들어가 버렸다. 대개는 사소한 이유였지만 자신이 쓸모없는 존재라는 느낌을 받기에는 충분했다. '좌회전'하라는 말에 카타리나가 깜빡 착각하고 우회전을 하는 것도 그에게는 존엄성을 짓밟는 행위였다. 숙성된 치즈를 사오라고 했는데 신선한 치즈를 사오면 자신을 무시하는 처사라느니, 자신을 무가치한 인간으로 취급한다느니 법석을 떨었다. 카타리나와 잠자리를 하고 싶은데 카타리나가 너무 피곤하다고 거절하면 자신을 사랑하지 않는다, 애초부터 사랑한 적도 없다며 그럴 거면 이혼하지 왜 함께 사느냐고 윽박질렀다.

이런 상황에서 두 사람은 서로에게 거부당한다는 느낌을 받았다. 그러면 알렉산더는 회피하거나 이혼을 들먹였고, 카타리나는 정말로 이혼하게 될까 두려워 점점 더 그에게 매달렸다. 문제가 근본적으로 해결되지도 않은 상태에서 다시금 서로에게 다가갈 수 있었던 것도 그 덕분이었다. 문제의 근본 원인이 점점 묻히고 있다는 사실을 처음에는 두 사람도 짐작하지 못했다. 그 원인은 다름 아닌 두 사람의 유년기, 정확히 말하면 부모와의 애착 경험에 있었다.

다음 상담에서 나는 알렉산더에게 그의 부모와 유년기에 관해 들려 달라고 청했다.

"아버지가 일찍 돌아가시는 바람에 어머니 혼자서 모든 것을 해결해야 했습니다. 그래도 모든 게 괜찮았어요."

그런데 곧 알렉산더에게 유년기의 기억이 별로 남아 있지 않다는 사실이 밝혀졌다. 아버지의 죽음과 그 이후의 시간에 대한 기억도, 재혼하지 않고 홀로 그를 키운 어머니와의 처음 몇 년간의 기억도 남아 있지 않았다. 그나마 사춘기 무렵부터의 기억은 조금이나마 뚜렷했다. 그는 어머니와의 몇 가지 일화를 떠올렸다. 6학년 때 수학에서 C를 받았다는 이유로 한 달 동안 용돈을 끊은 일, 열다섯 살 때는 저녁 식사 자리에 10분 늦었다고 내쫓으려 했던 일, 어머니의 마음에 들지 않는 여성과 사귄다며 비난을 퍼부은 일 등이었다.

알렉산더의 아버지는 그가 여섯 살이었을 때 세상을 떠났다. 그에게는 아버지가 어린 자신을 공중으로 던지고 받으며 놀아주는 사진이 남아 있었다. 그 사진을 아주 좋아했지만, 아버지에 대한 기억은 사실상 남아 있지 않았다.

"아버지에 대해 어떤 감정이 드는 것도 아닙니다. 아버지가 돌아가셨을 때 저는 너무 어렸거든요. 제 유년기를 평가하자면 전체적으로 괜찮았던 것 같습니다."

아버지를 일찍 여의고 사춘기 이후의 기억, 그것도 쓰디쓴 기억만이 남아 있는 중년의 남성이 앉아. 그럼에도 자신의 유년기나 부모와의 관계가 '좋았다.'고 말하고 있었다. 그런데 알렉산더 자신은 이것이 모순임을 자각하지 못하는 듯했다.

현재 겪고 있는 아내와의 갈등, 불같은 성미, 자기 비판 등이 유년기와 관련 있다는 생각도 못 하는 것 같았다. 분리에 실패한 수많은 사람처럼 그도 자신의 유년기를 보는 눈이 가려진 상태였다. 다른 누구보다도 배우자가 자신의 필요를 이해하지 못하고 자신을 무시한다고 굳게 확신하는 것도 무리는 아니었다.

4장

부모에 대한 기억이 왜곡되는 이유

애착을 연구하는 심리학자들에 의하면[2] 안정 애착을 경험한 사람일수록 어린 시절을 잘 기억하며, 좋은 일은 물론이고 나쁜 일에 관해서도 일관적이고 논리적으로 서술할 수 있다.

불안정 애착을 경험한 이들은 세 가지 유형으로 나뉜다. 첫째는 불안-회피형 애착 유형으로, 이 집단에 속한 이들은 유년기에 대해 소수의 산발적인 기억만 남아 있고 부모를 이상화하는 경향이 있다 알렉산더의 경우. 두 번째인 불안-양가형 애착유형 집단은 유년기의 부정적인 경험을 떠올릴 때면 마치 그 일이 현재까지 이어지는 것 같은 무력함과 분노를 느낀다 카타리나의 경우. 마지막으로 심각한 애착 외상을 경험한 집단이 있는데, 유년기에 관한 이들의 이야기를 들어보면 흔히 모순적이고 논리에 어긋나는 것이 특징이다.

이 세 가지 유형에는 어떤 차이가 있으며, 그것이 발생하는 원인은 무엇일까?

불안-회피형 애착 유형에 속하는 사람들은 자녀의 필요에 무심하고 자녀를 거부하는 부모의 손에 자란 경우가 많다. 당연히도 이 아이들은 부모가 싫어하는 감정을 억압하고 어떻게든 스스로 알아서 하는 법을 배운다. 이들의 생존 전략 중 하나는 매사를 감정보다는 인지적으로 평가하는 것이다. 결핍과 문제점들을 축소하는 것이 습관화된 탓에, 나이가 들어 과거를 회상할 때도 부모에게 충분한 뒷받침을 받지 못했다는 사실을 부정한다. 오히려 부모를 이상화하는 경향이 뚜렷하다. 돌봄을 제대로 받지 못한 데 대한 분노, 슬픔 같은 감정은 흔히 애초부터 차단되어 있다. 성인이 되어서도 이들은 예의 생존 전략에 맞게 독립에 큰 가치를 두고 타인을 그다지 신뢰하지 않는다. 애착 대상과 애착 자체를 평가 절하하는 경우도 있다.

불안-양가형 애착 유형의 사람들은 예측 불가능한 부모의 손에 양육된 경우가 많다. 이런 부모는 아이에게 과도하게 애정을 쏟고 귀여워하다가도 순식간에 거부하는 태도로 돌변한다. 이때 자녀는 원초적 신뢰감 대신 지속적인 불안정을 학습하고, 자신감을 키우며 주변 환경을 탐색하고 자율성을 획득하는 대신 부모에 대한 정서적 의존으로부터 벗어나지 못한다. 이런 아동들의 생존 전략은 부모의 기분과 필요에 민감하게 촉각을 곤두세우는 일이다. 그러나 부모의 필요를 자신의 필요에 앞세우는 아이는 정체성 형성 및 나이에 맞는 분리에 어려움을 겪게 된다.

불안-양가형 애착 유형의 사람은 과거와 부모에 관해 이야기할 때면 유년기의 기억이 홍수처럼 밀려드는 것을 느끼며 분노와 이상화 사이에서 갈피를 못 잡고 방황한다. 유년기에 불안정한 경험을 많이 한 만큼 배우자에게 집착하는 경우가 많고 헤어짐에 대한 두려움도 매우 큰 편이다. 어린 시절 부모가 자녀의 욕구를 충분히 파악하고 채워주지도, 감정 조절을 도와주지도 않은 탓에 근심거리나 두려운 일이 생겼을 때 좀처럼 마음을 다스리지 못한다. 그 결과 성인이 되어서도 자신에게 부족한 것을 과도하게 표출하고, 어린 시절에 충분히 받지 못한 관심을 얻어내기 위해 감정 상태를 드라마틱하게 부풀리는 경향이 강하다.

이제 알렉산더와 카타리나의 관계가 어떤 양상을 띠는지 살펴보자. 알렉산더는 친밀한 애착을 피하고 카타리나는 배우자에게 매달린다. 알렉산더는 기억을 거부하려는 방어기제로 인해 유년기에 대한 기억이 남아 있지 않은 반면, 카타리나는 어린 시절 겪었던 부모와의 갈등이 현재의 일인 것처럼 생생하다. 알렉산더는 이른 나이에 가짜 독립성을 강요당했으며, 카타리나는 지금까지도 어머니와 감정적으로 복잡하게 얽혀 있다.

얼핏 보면 알렉산더가 카타리나보다 분리가 잘 된 것처럼 보이지만 두 사람 모두에게 분리의 길은 요원하기만 했다. 부모를 이상화하든 평가 절하하든, 겉으로나마 냉정함을 유지하든 걸핏하면 폭발하든, 부모와 유년기를 속속들이 조명하고 다양한 면면을 파헤치지 않는 한 우리는 부모와 실망한 기억에 답답하게 얽매인 채 살아가게 된다. 그뿐만 아니라 무의식중에 부모를 본보기 삼아 배우자를 선택하거나 그에게 부모 역할을 덧씌움으로써 부부관계에서 유년기의 경험을 되풀이하게 될 위험도 커진다.

알렉산더와 카타리나가 겪는 '의사소통 문제'의 무시할 수 없는 원인은 실망스러운 부모의 모습과 배우자를 혼동하는 데 있다. 카타리나가 치즈를 잘못 사 오면 알렉산더는 자식을 거부하는 무심한 어머니의 모습을 그에 투영시킨다. 부부싸움을 할 때면 카타리나는 알렉산더에게서 기복이 심하고 예측 불가능이던 어머니를 떠올리며 그때처럼 상대방을 잃을지 모른다는 두려움에 휩싸인다.

부모와 어떤 애착을 경험했는가는 우리에게 어마어마한 영향을 미친다. 부모 및 그들과의 관계를 면밀히 고찰하는 일이 중요한 이유도 그 때문이다. 이 관계의 작동 원리를 이해하지 못하는 한 우리는 계속해서 해묵은 관계 표본에 갇힌 채 배우자와 이를 반복하게 된다. 또한 어린 시절에 우리가 어떤 '생존 전략'을 썼는지 파악하지 못할 경우, 이미 효용가치가 사라진 이 전략을 성인이 된 뒤에도 계속해서 활용하게 된다.

대상의 분열 이상화와 악마화의 굴레

'분열'은 생애 극초기부터 형성되는 생존 전략이자 많은 자녀에게서 관찰되는 특징이다. 생애 초기에 우리는 세상을 흑과 백으로 가른다. 모든 순간을 좋음과 나쁨, 배부름과 배고픔, 따뜻함과 추움 등으로 나누는 것이다. 젖먹이에게 세상은 이게 전부이며, 아기는 스스로 진정하는 법도, 욕구를 참고 미루는 법도 모른다. 그래서 신생아기에는 애착 대상이 아기의 욕구를 민감하게 포착하고 즉각 해소해 주는 것이 절대적으로 중요하다. 안전감과 신뢰감은 오로지 이를 통해 길러지기 때문이다. 이 시기에 어머니*와의 관계에서 불편한 경험을 많이 한 아기는 필연적으로 어머니의 이미지를 '나를 돌봐 주는 좋은 엄마'와 '실패한 나쁜 엄마'로 쪼개게 된다. '좋은 엄마'와의 관계를 보호하는 것이 그 목적이다. 어머니가 아이의 필요를 돌보지 않거나 학대해 아이가 욕구 충족에 실패할 경우, 그 내면에 유발된 공격성은 모두 '나쁜 엄마'를 향하게 된다. 다시 말해 아이가 애착 대상의 이미지를 '좋음'과 '나쁨'으로 분리하는 이유는 그 대상에게 의존하는 상태를 잘 견뎌내기 위해서다.

부모를 '희생자'와 '가해자'로 나누는 것도 이미지 분리의 증거이자 회색지대를 차단하려는 시도일 때가 많다. 나는 부모 중 한쪽을 악마로, 다른 한쪽을 천사로 묘사하는 아동들을 자주 접한다. 학대하는 아버지와 다정하고 연약한 어머니, 때리는 어머니와 온화하고 아이에게 잘해 주는 아버지가 그런 예다. 폭력과 학대로부터 아이를 보호하지 않은 쪽에게도 잘못이 있다는 진실은 가려진다.

부모의 모순적인 면을 통합시키고 '이것 아니면 저것'이라는 도식을 '이것과 저것'의 도식으로 대체하는 것도 성장 발달의

---

* 또는 다른 1순위 애착 대상이다.

중요한 단계 중 하나다. 아이들은 대략 만 2세가 되면 자신이 독립적인 존재임을 이해하기 시작한다. 만 4세가량부터는 관점을 전환하는 능력과 공감 능력, 자신과 타인의 관점으로부터 거리를 두고 세상을 보는 능력이 발달한다. 그리고 남들이 나와는 다르게 생각하고 느낀다는 사실을 깨닫는다. 이 모든 능력으로 인해 우리는 타인들로부터 선을 긋는 동시에 그들의 입장에서 생각할 수 있게 된다. 한 마디로 인간관계를 맺는 능력이 생기는 것이다.

그러면 분열은 만 4세 이하 유아만의 특징일까? 안타깝게도 그렇지 않다. 생애 초기의 결정적인 발달단계에서 분열을 정상적으로 극복하지 못한 사람은 성인기에도 애착 대상을 과도하게 이상화하거나 저주하며 양극단을 오가게 된다. 유아기에 부모가 그 대상이었다면 성인기에는 이것이 배우자로 대체된다.

예컨대 알렉산더는 아내 카타리나가 여러 모순점을 지니고 있음에도 그를 전반적으로 꽤 좋은 사람으로 인지한다. 그러나 어떤 트리거가 작용하는 즉시 아내의 행동이 유년기의 갈망을 건드려 갑작스레 내면 아이가 깨어나는 순간 그는 자동적으로 분열 전략을 꺼내 든다. 그리고 카타리나는 '항상' 이기적이고 자신을 '전혀' 배려하지 않으며 그를 사랑한 적이 '단 한 번도' 없는 게 분명하다고 공격한다.

크게 상처받거나 모욕당했을 때 순간적으로 상대방의 다양한 면면을 고려하지 못하고 흑백논리로 판단했던 경험은 누구에게나 있을 것이다. 특히 불화나 이혼 과정에서 분열의 함정에 빠지는 일이 많다. 배우자의 장점을 보는 눈이 가려지면서 대체 왜 그를 배우자로 선택했는지 도무지 납득하지 못하는 이들도 있다.

세상을 선과 악으로 이분하는 것은 어린아이에게서만 관찰되는 행동이 아니다. 성인들도 두려움을 떨치고 자아상과 세계상을 이해하기 쉽게 만드는 심리적 수단으로 흔히 분열 전략을 사용한다. 선악의 나눔은 복잡한 결정과 이중적인 갈등을 피하게 해주므로 처음에는 도움이 되는 것처럼 보인다. 그러나 여기에는 어마어마한 부작용이 따른다. 이런 사람들은 타협에 능하지 못하고 정서 조절에 어려움을 겪으며, 자신과 타인을 비하하는 경향이 있고 극단적인 이데올로기에도 쉽게 휩쓸린다. 장기적으로는 우리를 유아기 발달단계에 머물게 하고 건강한 인간관계를 해치는 극도로 해로운 전략이 바로 분열이다.

성숙한 사람은 이분법적인 관점을 배제한 채 자신의 감정과 행동을 성찰한다. 더 나아가 부모를 비롯한 주변인들의 다양한 면면을 꿰뚫어 보고 이를 하나의 인격으로 통합시킬 수도 있다.

자신이 부모를 경직되고 타협 불가능한 관점으로 보고 있다고 느껴지면 시야를 넓히기 위해 타인을 끌어들이는 것도 한 방법이다. 조부모와 부모의 형제자매에게 부모의 어린 시절에 관해 물어보라. 부모와 관련된 가족 일화는 수많은 단서를 제공해 준다. 우리는 부모가 무엇을 경험했고 어떻게 성장했는지, 무엇으로부터 영향을 받았고 어떤 역할을 했는지, 이들의 인생길에 주어졌던 가치관과 짐과 자원에는 어떤 것이 있었는지 파악할 수 있다.

형제자매들과 대화를 나누며 각자가 부모에 대해 가졌던 이미지를 보충하는 방법도 있다. 카타리나도 오빠에게서 이런 이야기를 들었다.

"오빠가 기억하는 어린 시절은 제 기억과는 완전히 달랐어요. 저보다 훨씬 큰 자유를 누렸고 저만큼 어머니에게 구속되지도 않았더군요. 어찌 보면 태어날 때부터 정해진 운명이었던 것 같아요. 어머니는 선천성 심장질환 때문에 수시로 병원을 들락거리던 저를 밤낮으로 걱정하며 제게서 한 시도 눈을 떼지 않았어요. 아버지도 늘 바빠서 집에 거의 안 계시니 어머니의 관심은 오롯이 제게만 집중되었지요. 오빠는 어머니의 관심을 독차지하는 저를 질투한 적도 많았대요. 제게는 그 끈끈한 애착이 좋기도 하고 나쁘기도 했죠. 끈끈하다 못해 마치 어머니와 제가 한 몸인 것처럼 느껴질 정도였으니까요. 제 병이 곧 엄마의 병이었고, 제 고통이 곧 엄마의 고통이었고, 제 두려움이 곧 엄마의 두려움이었어요. 어머니는 너무나 지친 나머지 무심한 아버지를 수없이 원망했을 거예요. 제게 종종 거부 반응을 보인 것도 그 때문이었겠죠. 저를 대하는 태도에 기복이 심했거든요. 지나칠 정도로 걱정하다가 별안간 제게 필요한 것들을 무시하고, 저를 위해 그토록 많은 걸 희생하니 고마운 줄 알라고 훈계도 하셨죠."

오빠는 카타리나의 머릿속에 각인되어 있던 어머니에 대한 이미지를 완성해 주는 동시에 동생이 인지한 바를 확인시켜 준 장본인이었다. 이처럼 형제자매와 증언을 나누는 일은 서로에게 매우 큰 힘과 위안이 된다. 제각각 자신만의 안경을 통해 부모를 바라보기는 해도, 형제자매가 유년기에 한 경험과 그로부터 받은 인상은 다른 누구의 것보다도 나의 것에 근접하기 때문이다.

카타리나는 운이 좋은 편이었다. 청산해야 할 어린 시절의 문제로 인해 분리에 성공하지 못한 이들은 형제자매와도 자주 갈등을 겪는다. 이런 '형제의 난'은 흔히 무의식적인 감정 떠밀기의 결과물이다. 부모에게서 분열된 '나쁜' 이미지를 형제자매에게 투영시킨다는 뜻이다. 사실상 부모를 향해야 할 공격적인 감정을 이들에게 품기도 하는데, 이는 부모와의 관계를 보호하기 위한 일종의 안전 확보 전략이다. 그렇게 하면 갑자기 모든 것이 쉬워진다. 형제자매에게 모든 잘못을 떠넘기면 그만이니 말이다. 그래서 그들에게 분노하고 실망하며, 그들에게 배신당했다고 느낀다. 부모가 신성불가침의 영역에 머무는 동안 형제자매는 희생양이 된다. 이들이 없었더라면 내 어린 시절은 행복했을 테고 부모와의 관계도 한없이 좋았을 거라 여기는 것이다.

수년 동안 누적된 적대감은 어느 시점부터 가시화되다가 이내 어마어마한 위력으로 폭발한다. 무의식적으로 감정을 전가한 대가는 크고도 크다. 그렇게 형제자매 간의 우애는 무너지고 만다.

미완성의 분리와 형제의 난

부모가 세상을 떠나고 자녀들은 부모를 애도한다. 그 뒤에 따라오는 감정은 분노다. 유산상속 문제 다섯 건 중 한 건은 분쟁으로 끝난다. 가령 두 형제가 부모의 거실 소파 위에 걸려 있던 그림의 소유권을 두고 다툰다. 이들은 변호사 비용으로 1만 5천 유로*를 들였지만 정작 그림의 값어치는 그에 한참 못 미친다. 아버지가 즐겨 앉던 안락의자, 어머니의 핸드백, 부모가 살던 집, 고가의 부동산에 이르기까지 분쟁의 원인은 많고도 많다. 부모가 생전에 상속 문제를 명확히 해 두지 않았다면 이들 사후에 그야말로 광풍이 몰아칠 수도 있다. 어떤 경우는 액수와 상관없이 돈이 문제인 것처럼 보인다. 그러나 공평한 유산 분배를 둘러싼 싸움의 이면에는 흔히 다른 무언가가 숨어

---

* 한화로 약 2천 4백만 원

있다. 정서적 유산, 즉 부모의 사랑과 인정이 그것이다. 상속 분쟁을 더 깊이 파헤쳐 보면 상처받은 감정, 즉 차별당했다는 느낌과 질투심이 진짜 원인인 경우가 허다하다. 많은 이들에게 유언장은 부모의 사랑을 증명하는 마지막 메시지로서의 의미를 갖는다.

여기 두 남매가 있다. 자녀가 셋인 누나는 육아에 필요한 모든 것을 부모로부터 넉넉히 지원받는다. 반면에 미혼인 남동생은 일하느라 바빠 결혼은커녕 연애할 여유도 없다. 딸은 대를 잇고, 아들은 성공하고 독립을 이룸으로써 각자 나름대로 부모의 기대를 충족시킨다. 그런데 유산을 상속받게 되자 아들은 자신이 차별당했다고 느낀다. 누나가 수년 동안 부모로부터 적잖은 금전적 지원을 받았음에도 이것이 상속분에 반영되지 않았기 때문이다. 또 다른 어떤 가족의 경우 관례대로 장남이 부모 집을 물려받고, 두 동생에게 돌아간 것은 낡아빠진 가재도구뿐이다.

어떤 부모는 생전에 아무런 통보도 없이 자녀의 상속권을 박탈한다. 또 어떤 부모는 유언장을 작성해 두지 않아 자녀들 간에 큰 혼란과 갈등이 빚어지기도 한다.

상속 분쟁의 원인은 주로 생전에 자녀들 간의 경쟁을 정상적인 범주로 한정시키지 못한 부모의 무능함에 있다. 형제자매가 서로 질투하는 것은 극히 정상이나, 이때 부모는 자녀가 몇 명이든 모두에게 보호와 안식처를 제공해 줄 것이라는 메시지를 전달해야 한다. 물론 이처럼 자녀들에게 안정감을 심어주는 일이 버거울 때가 있다. 제각기 다른 여러 아이의 필요를 채워준다는 게 말처럼 쉽지도 않을뿐더러, 부모가 불안정하고 마음이 궁핍한 경우 무의식적으로 자녀와 협상해 자신을 가족의 중심에 세우기 때문이다.

부모가 한 아이를 두드러지게 편애하거나 자녀들을 끊임없이 비교해 서로 경쟁하게 만들면 형제자매의 우애에는 금이 가고, 최악의 경우 자녀들은 평생 서로를 증오하며 부모의 사랑을 쟁취하려 다투게 된다. 이렇게 함으로써 부모는 건강한 분리 전략인 '동맹 맺기'의 가능성을 애초에 막아 버린다. 동맹 맺기란 형제자매가 뭉쳐서 부모에게 맞서고, 점점 성장하며 자율성을 확대하는 과정에서 서로를 지지하는 것을 일컫는다.

남편과 불화를 겪는 어머니가 첫째 딸을 붙들고 하소연하는 일이 늘어난다고 가정해 보자. 이로 인해 어린 두 아들에게 할애하는 시간이 줄어들고, 이들은 차별당했다고 느낀다. 어느 아버지는 자신이 운영하는 사업체를 언젠가 아들에게 물려 줄 요량으로 일찍부터 아들을 일에 끌어들이고 딸은 여자아이라는 이유로 배제한다. 어떤 부모는 자신들의 기대와 잘 맞아떨어지는 큰아들을 편애하고 둘째 아들은 뭘 해도 부족하다고 나무라며 형을 보고 배우라고 훈계한다. 홀로 두 아들을 양육하는 어느 어머니는 기분에 따라 두 아이를 번갈아 편애하며, 그

때마다 다른 한 명은 거부를 당하기 마련이다. 아이들은 어머니의 사랑을 쟁취하기 위해 경쟁에 돌입한다. 이 싸움은 어른이 된 뒤에도 이어져, 앞다투어 어머니에게 좋은 선물을 하거나 어머니가 누구 집에서 명절을 보내느냐를 두고 옥신각신하는 일도 생긴다. 어머니를 차지하려는 형제의 경쟁은 끝이 나지 않는다.

이 모든 사례에서 형제자매 관계를 망치는 주범은 다름 아닌 부모다. 자신의 목적을 위해 한 아이를 이용하고 다른 자녀들은 멀리하거나 방치하거나 깎아내리기 때문이다. 건강한 성장 발달을 위해 모든 자녀에게 필요한 안정감과 관심을 공평하게 나누어주는 게 아니라 서로 간의 시기심만 자극하는 것이다.

형제자매의 삐뚤어진 경쟁심은 부모의 잘못된 태도와 불안정한 정서가 아이에게 주는 상처의 결과물이다.

독일청소년연구소Deutsches Jugendinstitut e.V. 소장인 자비네 발퍼Sabine Walper는 '부모는 형제자매 관계를 짓는 건축가다.'[3]라고 말한다. 건축의 기초가 약하면 신뢰 역시 쌓이지 않고 이들의 관계는 결국 무너질 위험에 처한다. 서로 아끼고 지지해야 할 형제자매 관계에는 안타깝게도 서서히 균열이 생긴다. 이들의 관계는 경쟁과 질투로 점철되어 있다. 최악의 경우 아동기에서 청소년기까지의 중요한 시기를 한 지붕 아래 보낸 형제들이 서로 데면데면하거나 심지어 적대적인 관계가 되어 버린다.

쉰일곱 살의 마르티나Martina라는 여성이 상담실을 찾아와 두 살 어린 여동생과의 극심한 갈등에 대해 털어놓았다. 그 중심에는 아버지가 사망한 뒤 홀로 딸들을 키운 어머니가 있었다. 마르티나는 본가에서 불과 몇 킬로미터 떨어진 곳에 살았다. 그는 이틀에 한 번씩 어머니를 찾아가 장을 보고 병원 예약을 돕는 등 소소한 일들을 돌보았다. 동생인 클라우디아Claudia는 4백여 킬로미터 떨어진 곳에 살고 있어 4~6주에 한 번, 주말에 잠깐 찾아오는 게 다였다.

"아버지가 살아계실 때는 상황이 그런대로 괜찮았어요. 그런데 지금은 동생과의 관계가 최악이에요. 그 애는 자기가 테레사 수녀라도 되는 줄 알아요. 자기가 없으면 아무것도 안 될 것처럼 굴고, 무조건 자기 말이 옳다고 우기고, 제가 하는 건 죄다 불만이에요. 장 볼 때 이상한 것만 산다느니, 병원 예약을 엉터리로 한다느니. 심지어 매일 엄마한테 들러봐야 하는 것 아니냐고 저를 몰아세워요!"

이야기하면서도 화가 솟구쳤는지 마르티나는 언성을 높였다. 나는 그에게 질문을 던졌다.

"아버지 생전에는 어떤 점이 달랐나요?"

"모든 게 훨씬 쉽고 명확했어요. 부모님과의 사이도 원만하고 편했지요. 전 그냥 간혹 필요한 일이 있으면 들러보는 정도였어요. 아버지도 심근경색이 오기 전까지는 건강에 아무 문제도 없었거든요. 저는 아버지와 성격이 매우 잘 맞았고 어머니와는 그다지 친한 편이 아니었어요."

"동생은 어땠지요? 부모님 중 누구와 더 가까웠나요?"

"어머니요. 저는 아빠 딸, 동생은 엄마 딸이라고 다들 농담할 정도였어요."

이 말이 첫 번째 힌트였다. 부모님 중 마르티나와 가깝던 아버지가 사망하면서 정서적 균형이 무너진 것이 갈등의 원인이었다. 정서적인 구조가 무너지면 가족은 변화를 맞는다. 특히 한 가족구성원의 죽음은 뜻밖의 지각변동을 일으키며 새로운 가족구조를 만드는 주요한 요인이다. 나는 마르티나에게 요즘 어머니와의 교류를 어떻게 느끼는지, 그가 느끼는 감정은 무엇인지 물었다.

"딱히 변한 것은 없어요. 어머니는 여전히 제게 무뚝뚝한 편이에요. 저는 어떻게든 맞춰 드리려 노력하는데 어머니 눈에는 그게 안 보이는 모양이에요. 그에 반해 여동생은 뭐, 어머니에게는 영웅이죠. 클라우디아는 이렇다는 둥, 그 애라면 저렇게 할 거라는 둥, 시도 때도 없이 동생 이야기뿐이에요. 그 애는 거의 찾아뵙지도 않는데. 저한테는 쓸데없이 자주 와서 호들갑을 떤다고 나무라시기만 해요. 그럼 또 클라우디아가 쪼르르 달려와서는 어머니를 제대로 돌보지 않는다고 야단법석을 피워요. 원래 그렇게 교활한 아이였어요. 항상 맨 앞에 나서서 매사를 자기 입맛대로 하려 들었죠."

이 지점에서 그의 감정 전가가 극명히 드러났다. 마르티나는 어머니를 무뚝뚝한 성격으로 묘사하며, 자신의 노력은 인정해 주지 않고 클라우디아만 칭찬하는 데 실망감을 드러낸다. 다른 한편으로는 클라우디아가 잘난 체하고 나선다고 생각하며 오로지 그를 향해 분노를 발산한다. 그렇게 어머니는 성역이 된다. 그저 교활한 동생에게 휘둘리는 가여운 희생양일 뿐이다.

무언의 금기가 되어 버린 딸과 어머니의 갈등은 자매들 간의 지속적인 다툼으로 표출된다. 자매는 어머니를 위하는 서로의 노력을 칭찬하고 협력하기는커녕, 제대로 하지 않는다며 서로 비난할 뿐이다.

최선을 다해 어머니를 보살피려는 의도가 무색하게, 자매는 앙숙이 되어 서로를 헐뜯으며 앞다퉈 우위에 서려 든다. 언니가, 혹은 동생이 자신을 괴롭힌다고 하소연하며 어머니를 갈등에 끌어들이는 모습이 어린아이의 싸움처럼 유치하기만 하다.

그러나 자매는 어머니가 이미 오래전부터 갈등에 관여하고 있음을 알지 못한다. 각자 한 명의 딸을 편애함으로써 자매간 갈등의 초석을 다져 놓은 장본인은 바로 어머니와 세상을 떠난 아버지다. 어머니는 딸들의 노력을 각각 칭찬하고, 자신에게 어떤 도움이 필요하며, 어떤 것은 스스로 해결할 수 있는지 두 딸과 함께 모인 자리에서 의논해야 마땅하다. 그러나 '클라우디아가 어차피 몇 주일에 한 번 들러 모든 걸 완벽하게 챙겨 주고 가는데 마르티나가 괜히 야단법석을 떤다.'고 말하며 둘째 딸을 추켜세우고 큰딸은 깎아내렸다. 다른 어떤 부모들은 심지어 이중적인 태도를 보인다. 그때그때 자리에 없는 자녀를 칭찬하며 당장 눈앞에 있는 자녀를 자극하는 것이다. 이러한 행동은 아이가 부모의 사랑을 얻기 위해 더욱 절치부심하게 만든다.

"어머니를 원망하는 마음도 조금 있나요?"

나는 조심스레 물었다. 분리되지 못한 내담자와 상담할 때 나는 매우 신중하면서도 일관적인 태도로 이들이 억누르거나 묻어 둔 부모에 대한 감정을 파헤치려 노력한다. 마르티나는 그 감정을 여동생에게 전가하고 있었고, 이로 인해 여동생과의 대리 갈등이 점점 깊어지는 상황이었다. 엉킨 매듭을 풀기 위해서는 실마리를 찾아야 한다. 이 사례에서는 어머니와의 관계가 바로 실마리였다.

마르티나가 자신의 감정을 성찰할 수 있게 되기까지는 오랜 시간이 필요했다. 상담을 진행하며 그는 자신이 어머니를 모든 책임으로부터 자유롭게 만들어 주기 위해 여동생을 가해자로 삼아 왔음을 깨달았다. 동생을 향한 분노의 이면에는 어머니에게서 거부당하고 귀한 딸로 대접받지 못했다는 깊은 상처가 숨어 있었다.

"너무 억울했어요. 어머니에게 고맙다는 말 한마디 듣지 못한 게 정말 큰 상처였죠."

그토록 어머니를 보호하려던 이유가 무엇보다도 자신을 보호하기 위한 것이었음을 마르티나는 비로소 알게 되었다.

"어머니를 원망하는 것보다는 동생을 미워하는 편이 쉬우니까요."

동생과 다툴 때면 분노가 치솟으면서도 강하고 당당한 느낌이 든 반면, 어머니에게 거부당할 때는 자신이 한없이 초라하고 유약하게만 느껴졌다.

마르티나가 거쳐야 할 분리의 첫 단계는 어머니의 태도에 대한 분노와 실망을 받아들이는 것이었다. 두 번째 단계에서는 어머니에게 이러한 마음을 전하고자 노력했다. 어머니는 물론 듣지 않으려 했지만, 마르티나는 굽히지 않고 자신이 받은 상처에 관해 이야기하며 어째서 항상 자신을 차별했는지 물었다. 그러자 마침내 어머니는 이렇게 실토했다.

"너한테 부담이 될까 봐 그랬어. 네 아버지가 돌아가신 뒤로 너무 쓸쓸하기는 한데, 그렇다고 너희를 걱정시키고 싶지는 않았으니까."

어머니와 딸이 그처럼 진심 어린 대화를 나누며 자신의 유약함을 인정한 것은 참으로 오랜만이었다. 내게 그 이야기를 들려주는 마르티나의 말투에서는 어머니를 향한 애틋함과 누그러진 마음이 묻어났다.

"그럼 왜 항상 클라우디아만 칭찬하고 저한테는 칭찬 한 번 안 해주셨어요?"

딸의 물음에 어머니는 뜻밖의 대답을 했다.

"차별하려고 그런 게 아니야. 클라우디아를 칭찬하면 네 부담이 조금 덜어질까 싶었지. 너도 네 인생이 있는데 엄마 때문에 너무 고생하는 것 같아서."

나는 남편을 그리워하며 쓸쓸히 하루하루를 살아가는 노부인의 모습을 머릿속으로 그려 보았다. 딸들에게 의존하는 데 익숙지 않았던 그에게는 갑자기 바뀌어 버린 부모와 자녀의 역할이 불편하게만 느껴졌을 것이다. 그래서 마르티나에 대한 미안함을 덜어내려 그의 도움을 최대한 거절하며 도와주지 않아도 된다는 신호를 보낸 모양이었다. 자기감정을 부끄럽게 여겨 감추고 억누르는 행동이 얼마나 큰 오해를 빚는지 알 수 있게 하는 대목이다.

몇 주 뒤에 마르티나와 여동생 사이에 또다시 다툼이 벌어졌다. 늘 그랬듯 어머니에게 무엇이 최선인가를 두고 의견이 충돌한 것이다. 그러나 갈등의 양상은 평소와 달랐다. 마르티나는 자신을 공격하려는 게 아니라 어머니를 걱정하는 동생의 의도를 꿰뚫어 볼 수 있었다. 그가 먼저 이해심을 보이자 이번에도 뜻밖의 일이 벌어졌다. 양쪽 모두 비난을 멈추고 서로의 말을 경청하며 머리를 맞대고 해결책을 모색하게 된 것이다. 마르티나는 '팀워크란 이런 거구나, 싶었어요.'라고 말하며 대화가 긍정적으로 흘러간 데 대한 놀라움을 감추지 못했다. 자기

감정을 분명히 구분하는 법을 배우고 동생에 대한 적대감이 사라지자, 자매 사이는 눈에 띄게 좋아졌다. 한없는 무력감에 시달리며 좌절하던 과거와 달리 마르티나는 모녀 관계와 자매 관계를 적극적으로 가꾸어갈 수 있게 되었다.

누구나 이런 경험을 할 수 있다. 특정한 사람, 특정한 상황에 대한 자신의 감정을 명확히 구분하는 순간 갈등은 마법처럼 사라진다. 상황이 한층 명료하게 보이고 사람들을 대하는 일도 쉬워진다. 자기 자신을 잘 이해하는 사람일수록 타인에게도 너그러워지는 법이다.

그런데 상대방이 이에 '응하지' 않으면 어떻게 할 것인가? 마르티나의 어머니가 대답을 회피하고 계속해서 그를 소외시키며 둘째 딸을 편애했다면 그는 어떻게 해야 했을까?

선을 긋는 부모의 태도를 받아들이는 것 또한 분리에 필요한 과정이다. 자녀 또한 부모의 잘못된 행동으로부터 스스로 보호하기 위해 건강한 선을 그을 수 있어야 한다. 부모가 우리의 감정과 필요를 존중해 주지 않는다면 그들에게 내적·외적으로 선을 긋는 것이 좋다. 마르티나의 경우 인정을 바라지 않고 어머니를 돌보려면 얼마의 시간과 여유를 두는 것이 좋은지 고민해 볼 필요가 있었을 것이다. 혼란 속에서 마음을 가라앉히며 힘을 내고자 한다면 다음과 같은 말을 스스로 되뇌어 보아도 좋겠다.

"나는 어머니에게 이렇게 하는 것이 도리라고 생각한다. 나는 더 이상 어머니의 칭찬에 집착하지 않을 것이다. 나는 나 자신에게 부담이 되지 않는 선에서 할 수 있는 일을 할 것이다. 내가 상처받을 때, 상황이 부담스럽다고 느껴질 때는 건강한 선을 그어도 된다."

형제자매를 부모와 혼동하는 경우에도 선 긋기가 필요하다. 부모가 자녀들을 충분히 돌보지 않으면 흔히 형제자매 중 나이가 많은 쪽이 부모 역할에 뛰어들게 된다. 아이가 떠맡기에는 너무나 버거운 일임에도 이들은 부모를 대신해 동생들을 돌본다. 그런데 '대리 부모' 역할을 하는 형제 또는 자매의 자율성이 확대되면서 동생들이 상실에 대한 두려움과 실망감에 사로잡히는 일이 발생한다. 서로를 보살피는 일과 서로에게 부담이 되지 않으려는 노력 사이에서 균형을 잡는 데 실패하고 좌절에 빠져 상담실을 찾아오는 형제자매들도 많다.

"나한테 가족이라고는 언니밖에 남지 않았잖아! 그러면 나한테 더 신경을 써 줘야 하는 것 아니야?"

스물네 살의 이네스Ines가 다섯 살 많은 언니 카티아Katja에게 고함을 쳤다. 어머니가 어린 자매를 버리고 떠난 뒤 카티아는 정성을 다해 동생을 보살폈다. 그런데 열아홉 살이 된 카티아가 독립하면서부터 자매 사이에는 균열이 생겼다. 아버지는 이네스를 데리고 당시 사귀고 있던, 두 자녀가 있는 여성과 합가했다. 이네스는 새 가족 내에서 고립되고 소외당한다고 느끼고 언니에게 함께 살자고 졸랐다. 취업 준비로 바빠 동생을 돌볼 여유가 없었던 카티아는 고민에 빠졌지만, 동생에 대한 죄책감 때문에 결국 열여섯 살이던 이네스와 함께 사는 데 동의했다.

"더 이상은 나도 힘들어. 나한테서 뭘 더 바라는 거야?"

첫 상담에서 카티아는 동생에게 이렇게 물었다. 지친 기색이 역력했다. 이네스는 울음을 터뜨렸다.

"언니가 예전처럼 내 옆에 있어 주기를 바라는 거잖아."

카티아는 절망스러운 표정으로 나를 바라봤다.

"저는 1년 전에 결혼해서 지금은 6개월 된 아들을 키우고 있어요. 동생 곁에 있어 주고 싶지만 저도 제 인생이 있잖아요."

그러자 이네스가 끼어들었다.

"나 따위는 더 이상 중요치 않다는 거잖아. 결혼하더니 늘 시간이 없다는 핑계뿐이야."

"당연히 너도 중요하지. 그런데 아기는 내 손길이 더 필요하잖아."

두 사람은 어쩔 줄 모르고 울고만 있었다. 이네스에게 언니는 어머니와 아버지에 이어 세 번째 애착 대상이자 부모나 다름없는 존재였다. 그래서 카티아의 관심이 새로 꾸린 가족에게로 옮겨간 데 대해 크게 상심하고 있었다. 카티아는 마음이 찢어질 듯 죄책감을 느끼는 한편, 그토록 잘해 준 동생에게서 부당한 대우를 받는다고 생각했다. 나쁜 언니라는 이네스의 비난에 괴로워하면서도 정도가 지나치다는 생각이 들었다.

"이건 건강한 관계가 아니야. 네가 원하는 걸 내가 다 해줄 수는 없어."

카티아는 떨리는 목소리로 말했다. 그러자 이네스는 또다시 울음을 터뜨리더니 자신에게 무엇이 필요한지 고함치듯 이야기했다. 버려질지도 모른다는 두려움에 사로잡힌 채, 자신이 이를 막기 위해 할 수 있는 게 없음을 깨닫고 하늘이 무너진 듯 울고 있는 어린 소녀 같았다. 생물학적으로는 스물네 살이지만 절망에 빠진 순간의 이네스는 네 살배기 아이나 다름없었다. 그는 어머니에게 버림받은 뒤 자신이 신뢰하는 유일한 애착 대상인 언니에게 필사적으로 매달리고 있었다. 대리 엄마가 새 가족을 꾸리고 돌본다는 사실이 네 살배기 아이에게 견디기 힘든 일임은 당연했다. 그래서 버림받지 않으려 온갖 수단을 동원해 싸우고 있는 것이었다.

부모에게 버림받았거나 충분히 돌봄을 받지 못한 아이들은 흔히 보살핌을 향한 갈망과 공격성을 모두 형제자매에게 돌린다. 나이를 막론하고 그 대상이 된 사람에게 이는 큰 부담일 수밖에 없다. 형제자매는 부모가 될 수 없기 때문이다.

기능장애가 있는 가족의 특징 중 하나로 건강한 선 긋기의 부재를 꼽을 수 있다. 자녀가 부모나 형제자매에 대한 책임을 과도하게 떠맡는 현상, 즉 역할전이가 발생했을 때는 세대 간의 선이 불분명해진다. 어떤 가정에서는 폭력이나 학대 등, 선을 넘는 행위가 발생하기도 한다. 또 다른 가정에서는 선이 지나치게 경직되어 있어 가족구성원 간의 교류나 외부와의 교류가 저해된다. 건강하게 선을 그을 줄 모르는 사람은 인간관계에서 확신과 편안함을 얻지 못한다. 이는 카티아와 이네스뿐 아니라 가족에게 지나친 기대를 걸거나 가족의 기대에 선을 긋는 데 어려움을 겪는 모든 사람에게 해당하는 이야기다.

카티아와 이네스에게는 건강한 선 긋기가 시급히 필요했다. 카티아는 자신이 너무 큰 책임을 떠맡아야 했던 기존의 관계 구조를 더 이상 유지할 수 없으니 건강한 선을 새로 그어야 한다고 생각했다. 이네스의 대리 엄마 역할을 더 이상 원치 않았다. 아들에게는 좋은 엄마가, 이네스에게는 좋은 언니가 되고 싶어 했다. 자기 자신과 새로운 가족을 보호하기 위해 어쩔 수 없이 선을 그으면서 더 이상 죄책감에 시달리고 싶지 않았다. 이네스는 네 살배기 내면 아이를 의식적으로 돌보고, 한때 버림받고 두려워하던 자신을 위로하며, 어린 나이에 어머니를 잃어야 했던 과거를 애도할 필요가 있었다. 나는 이 중요한 과정에 전문적인 도움을 제공하고자 가족치료 외에 추가로 이네스의 개별 치료를 제안했다. 예상했듯이 이네스의 반응은 뜨뜻미지근했다. 계속해서 언니가 대리 엄마 역할을 하도록 내가 설득해 줄 것으로 기대했기 때문이다.

"이건 부당해요."

이네스가 하소연하듯 말했다. 어린 시절 부모에게서 필요한 것을 얻지 못했던 이의 전형적인 태도였다. 그의 말도 옳다. 소외된 아이가 자신을 직접 돌보는 일은 부당하다. 어린 나이에 한 번, 그리고 성인이 되고 나서 또 한 번. 그러나 더 나은 삶을 꾸려 나가기 위한 유일한 방법은 이것뿐이다. 부모가 우리를 돌봐 줄 수 없다면 그리고 형제자매와 건강한 관계를 정립하고자 한다면 언젠가는 우리의 행복을 스스로 책임질 수밖에 없다.

자기를 돌보는 일만큼 중요한 것은 없다. 그렇게 하지 않으면 보살핌을 받고자 하는 갈망을 무의식적으로 형제자매나 배우자, 상사, 친구 등 주변 사람들을 통해 채우려 들기 때문이다. 그러나 한때 부모에게 바랐던 것을 지금의 내게 채워줄 수 있는 사람은 아무도 없으므로, 이 기대는 흔히 상대방에 대한 실망과 커다란 분노와 원망으로 끝난다.

어른이 된다는 것은 자신을 직접 돌볼 수 있게 됨을 뜻한다. 부모가 지금보다 나은 부모가 될 거라는 기대, 형제자매가 언제까지나 대리 부모 역할을 해줄 것이라는 기대는 모두 버려야 한다. 모든 형제자매 간의 갈등이 부모와의 분리 실패에서 비롯되는 것은 아니다. 그러나 분리가 잘 이루어질수록 자기감정을 이해하고 구별하기 쉬워지며, 잘못된 상대방에게 부당한 기대를 품는 일도 멈출 수 있게 된다. 그러면 주변 사람들과의 갈등을 해소할 가능성 또한 커질 것이다.

모든 부모에게서 늘 뭔가를 기대할 수 있는 것은 아니다. 특히 정신질환을 앓는 부모는 아이에게 귀를 기울이거나 아이를 보아 주거나 아이의 필요에 부응하지 못할 때가 많다. 아이를 세상 누구보다 아끼고 사랑하지만 마음의 병 때문에 필요한 만큼 세심히 돌보지 못하는 것이다. 두려움, 슬픔, 강박, 낮은 자존감, 중독 등, 자신의 문제만으로도 버겁기 때문에 자녀의 문제를 인지할 마음의 여유는 더더욱 부족하다. 그래서 이런 부모를 둔 자녀는 일찍부터 홀로 많은 것을 해결해야 하며, 수많은 발달단계에서 반드시 필요한 부모의 도움도 얻지 못한다. 그러다 보면 갈망이 실망으로 변하는 일 역시 허다하며, 실패한 시도는 가짜 독립성이나 극단적인 결핍으로 끝나기 일쑤다. 이 모든 일들은 아이가 성인이 될 때까지 반복되고 쌓이며 그의 특징으로 고착된다.

그러나 정신질환을 앓는 부모의 자녀들은 자신이 짊어진 부담이나 불완전한 분리를 제대로 인지하지 못하고, 이는 결국 이들의 인간관계 전반에 어마어마한 영향을 미친다. 부모를 향해야 할 감정을 형제자매뿐 아니라 배우자에게 돌리는 일도 많다. 인간관계에서는 이처럼 감정을 전가하는 일이 쉽게 발생한다. 그 결과 우리는 무의식중에 배우자를 부모와 혼동하고 한때 부모로 인해 유발되었던 것과 비슷한 감정을 배우자에게서 느끼게 된다. 이렇듯 부모와의 관계를 제때 솔직하고 꼼꼼하게 재고해 보지 않으면 해결되지 못한 부모와의 갈등이 삶의 모든 인간관계에 악영향을 미치고 만다.

자기방어를 위한 분열과 침묵
정신질환이 있는 부모

> "성장하면서 우리는 아버지에게 그 무엇도 기대할 수 없음을 배웠다. 심각한 알코올중독자의 자녀들이 으레 그렇듯, 우리도 특수한 형태의 경계심을 품게 되었다. 우리는 신뢰가 아닌 경험을 통해 학습했고, 위기에 대처하는 법을 학습했다."

아일랜드 출신의 작가 에밀리 파인Emily Pine이 『내가 말하지 못한 모든 것 Notes to Self』[4]이라는 회고록에서 알코올중독자였던 아버지를 회상하며 쓴 글이다. 그에 따르면 에밀리 파인은 너무나 오랫동안 아버지와 얽힌 채 책임감에 짓눌렸다. 제발 술을 끊으라고 아버지에게 수없이 간청했으며, 그러지 않으면 부녀의 연을 끊겠다고 위협하기도 했다. 수단과 방법을 가리지 않고 아버지를 중독으로부터 구해주려 애썼다. 그럼에도 계속해서 스스로 망가뜨리는 그를 보며 한없는 무력감에 사로잡힌 어느 밤, 파인은 그를 향해 속으로 중얼거렸다. '그냥 빨리 죽어 버리세요.'

이는 그리 쉬운 문제가 아니다. '오늘부터 부모를 사랑하지 않겠다.'고 결심하고 곧바로 실천할 수 있는 자녀가 어디에 있겠는가. 심지어 부모가 사망한 뒤에도 우리가 목도한 부모의 인생과 사연을 무거운 짐처럼, 혹은 가슴에 얹힌 돌덩이처럼 지닌 채 살아가야 하는 것이 우리의 운명이다.

정신질환을 앓는 이들의 자녀는 아이가 부모를 걱정하고 돌보아야 하는 모순적인 세계에서 성장한다. 자신의 필요에 반응해 주는 사람도 없고, 부모가 더 힘들어 보이기 때문에 자신의 필요를 억누르는 법을 학습한다.

우울증을 앓는 어머니의 공허한 표정, 불안장애 때문에 실직하고 집 안에 틀어박힌 채 폐인처럼 지내는 아버지, 점심 무렵부터 술에 취해 아이들을 방치하는 알코올중독 어머니, 자녀들이 적과 짜고 자신을 해치려 한다고 믿고 아이들이 가까이 올 때마다 공포에 찬 비명을 내지르는 편집증적인 아버지. 이러한 부모를 보고 자라는 아이들이 독일에만 약 3백만 명에 이른다. 부모의 문제를 잘 이해할 수 없어 불안해하고 혼란스러워한다는 점이 이 아이들의 공통점이다. 부모의 정신적 문제가 자기 때문에 유발되었다고 믿고 죄책감에 사로잡히는 경우도 많다. 이들에게는 세상 어디에도 기댈 곳이 없다. 매우 일찍부터 침묵하는 법을 배우기 때문이다. 밖에 나가서는 부끄러운 마음과 부모를 욕보이고 싶지 않은 마음 때문에 침묵하고, 집에서, 특히 부모를 대할 때는 그들을 보호하기 위해 침묵한다. 그렇게 아이들은 완전히 고립된다.

이들 중 일부는 일찌감치 집에서 탈출하거나 완전히 연락을 끊는다. 반대로 평생 부모에게 철저히 얽매인 채 살아가는 이들도 있다.

이들은 오랜 시간이 지나도 유년기의 경험 때문에 고통받는다. 정신장애가 유전될 위험도 남보다 높거니와[5] 애착 트라우마로 인해 배우자와의 관계 및 향후 자녀와의 관계에서 어려움을 겪는 일도 흔하기 때문이다.

이런 문제로 찾아온 내담자 중에는 난생처음 침묵을 깨고 고통스러운 과거를 털어놓는 경우가 종종 있다. 일부는 부모가 정신질환을 앓았다는 사실조차 인지하지 못한다. 어떤 이는 지식이 부족해서, 어떤 이는 그걸 어찌 표현해야 할지 몰라서, 때로는 가족에게서 침묵하라는 압박을 받아서다. 이들은 전문가가 부모의 장애에 이름을 붙여주고 그것이 아이들에게 미치는 영향에 관해 설명해 주면 대부분 마음의 짐을 내려놓은 듯 홀가분해한다.

"어머니가 자녀들을 충분히 돌보지 못한 것은 우울증 때문입니다."

"아버지는 나르시시스트였을 겁니다. 그래서 자녀의 감정이나 필요에 공감하지 못한 것이지요. 이때 자녀는 자신이 원하는 게 무엇인지 잘 판단하지 못하게 됩니다. 아버지가 그랬듯이 다른 사람들도 내 말에 화를 낼지 모른다는 두려움이 작용하는 거지요. 나르시시스트는 자아를 과도하게 부풀리고, 타인들도 그 자아의 일부로 간주하며 압박하거나 악용합니다."

부모에게 정신질환이 있으면 자녀는 마냥 아이답기 어렵다.

제대로 보살핌을 받지 못하고 정서적으로 방치되는 일도 흔하며, 그 영향이 성인이 된 이후의 삶에까지 이어지기도 한다. 그래서 이들을 치료할 때는 깊이 묻어 둔 감정과 필요를 파헤치는 데 많은 시간을 할애하게 된다. 부모가 정신적으로 건강하지 못할 때 아이가 철저히 자기 기능을 수행하며 일상에서 많은 성과를 거두는 사례도 있다. 그러나 이 아이들의 내면은 그리 건강하지 못하다. 이른 나이에 방치되었던 경험이 보이지 않게 그의 내면에 투영되고 있을 것이다. 한계를 넘어선 고통을 감수하는 데 익숙해져 있는 사람은 원인을 알 수 없는 통증에 시달린다. 몸 전체가 일종의 정신적·신체적 응급상황에 빠지는 일이 반복되는 탓이다. 배우자나 친구와의 관계 또는 직장생활에서 설명하기 힘든 불화가 반복되어 발생하기도 한다. 애착 맺기를 두려워하거나 과도한 충성심으로 부모와 묶여 있는 사람들은 가족을 꾸린다는 것을 상상조차 할 수 없기 때문에 애초부터 연애나 다른 인간관계 맺기를 피하기도 한다. 이모든 사람은 현재 직면한 문제가 부모와의 과거 경험과 어떤 관련이 있는지 시급히 파악해야 한다. 자신을 더 잘 이해하고, 과거에 아픈 부모가 돌봐 주지 못한 자신을 지금이라도 잘 돌보기 위해서다.

안케Anke는 남자친구를 사랑하는 동시에 증오한다. 그가 약속에 5분 늦거나 식사하며 맥주 한 잔을 더 마시거나 친구들과 큰 소리로 입씨름을 벌이면 안케는 '도저히 견딜 수 없는' 기분이 든다. 그래서 이런 상황은 매번 심한 다툼으로 이어진다. 남자친구는 안케가 자신을 과도하게 비난하고 통제하고 지배하려 든다고 느낀다. 최근에는 헤어지자는 이야기까지 나와 안케는 몹시 불안한 상태다.

"남자친구가 언성을 높이거나 맥주를 마시거나 약속 시간에 늦으면 그에게서 다른 누군가가 연상되나요?"

나는 안케에게 물었다.

"아버지요."

안케는 기어들어 가는 목소리로 대답했다. 이상한 것은 이전까지 안케가 아버지에 대해 좋은 이야기만 했다는 점이다. 다정하고 창의력이 뛰어나고 딸과 잘 놀아주는 아버지였으며, 피아노도 가르쳐주었다고 한다. 안케가 학교를 중퇴하겠다고 나섰을 때도 그를 지지해 주었으며, 이후 다시금 학업을 이어가기로 마음먹고 검정고시를 치렀을 때도 마찬가지였다.

그런데 상담 치료를 시작한 지 석 달이 지난 지금, 별안간 그 완벽한 아버지의 이미지에 금이 가기 시작했다.

"선생님께 말씀드리지 않은 게 있는데, 사실 아버지는 술을 많이 드셨어요. 그리 자주는 아니고 한 달에 한 번 정도였지만, 마시기만 하면 폭음이 시작됐죠. 술을 입에 댈 때마다 며칠이고 멈추지 못하셨거든요. 그 며칠간은 완전히 다른 사람 같았어요. 솔직히 그땐 아버지가 무서웠죠. 저희에게 손을 대지는 않았지만 고래고래 소리를 지르거나 물건을 내던졌고, 언성도 높아지며 굉장히 화가 난 것처럼 보였거든요. 저는 동생들을 보호하려고 같이 놀러 나가거나 다른 데로 주의를 돌리려 애썼어요."

안케의 유년기에서 중요한 부분을 알게 된 것은 커다란 발전이었으나 그는 마치 범죄라도 저지른 듯 괴로워했다. 아버지의 알코올중독을 감추고 부정하기 위해 온 가족이 지켜 오던 침묵의 규율을 깼기 때문이다. 내담자 중에는 자발적으로 부모의 정신질환에 관해 이야기하는 이도 있지만, 오랫동안 상담하며 치료자와 신뢰를 쌓은 뒤에야 비로소 그 사실을 털어놓는 이도 있다. 그마저도 안케처럼 수치심과 죄책감 때문에 다시금 입을 다물어 버리기 일쑤다.

다음 상담 시간에 찾아온 안케는 불쑥 입을 열었다.

"선생님이 제 아버지를 나쁘게 생각하실까 봐 걱정이에요. 제가 지난번에 너무 부풀려서 이야기한 것 같은데 실제로 그렇게 심각하지는 않았어요."

아버지의 정신질환을 입에 올린 순간부터 그는 심한 죄책감에 시달렸다. 아버지를 욕보인 것 같아 이를 바로잡으려 무진 애를 쓰고 있었다. 그러나 부모의 결점에 관해 이야기하는 것은 배신이 아니라 분리의 필수요소이며, 우리가 어떤 부분에서 상처받았고 어떤 '사후 처치'가 필요한지 파악하게 해주는 요소이기도 하다.

나는 일단 안케가 언급했던 아버지의 장점을 하나하나 되짚으며 그를 안심시켰다. 다만 나는 부정하는 전략을 학습한 안케의 입장이 아니므로 아버지의 알코올중독과 폭음에 관해서도 거리낌 없이 이야기했다. 그의 중독 행동과 이에 대한 안케의 감정, 안케가 짊어진 부담, 혐오감, 두려움, 근심에 관해서도 이야기했다. 그리고 부모를 비판적 · 총체적인 관점에서 바라보는 것을 죄악시하는 자녀들이 적지 않다는 사실도 일깨워 주었다.

가족 내에 존재했던 불건전한 침묵의 서약을 깨는 것은 오히려 칭찬받을 일이다. 여기에는 얽히고설킨 과거의 가족관계로부터 크게 한 걸음 벗어난다는 의미가 있다. 건강한 분리 과정에 강한 두려움과 죄책감이 동반된다는 것은 부모를 향한 충성심이 과도함을 암시한다. 충성심이 지나치면 부모의 장단점을 있는 그대로 바라보는 것을 금기시하게 되므로 진심 어린 친밀함과 교류가 불가능해진다. 자녀가 부모를 사랑하면서도 비판하는 것이 허락되고, 부모의 가치관이 자신의 것과 상충할 때는 선을 그을 수 있으며, 그럼에도 부모와의 접촉을 유지할 수 있는 것이 바로 건강한 충성심이다.

부모를 이상화하는 아이들의 배경을 파헤쳐 보면 부모가 자신의 행동, 특히 결점이나 부적절한 행동에 충분히 책임지지 않는 경우가 많다. 부모가 마음의 병을 앓으면서도 자신의 문제를 인정하려 들지 않는다면 그야말로 비극이다. 그로써 이들은 자녀의 인지에 혼란을 초래하고, 자신의 병적이고 해로운 행동거지를 축소하거나 부정하도록 강요한다. 안케의 가족도 마찬가지였다. 어머니로부터 시작된 침묵에 모든 자녀가 동참하면서, 끝내는 아버지를 보호하기 위해 가족 전체를 압박하는 침묵의 공동 의존 구조가 형성된 것이었다.

중독질환 뿐 아니라 자기애성 인격 장애를 비롯한 각종 인격 장애, 우울증 등이 있는 부모도 자신의 문제를 부정함으로써 자녀들의 고통을 증폭시키는 일이 많다. 오히려 그에 관해 솔직하게 이야기하고 도움을 구하는 것이 여러 측면에서 자녀의 부담을 덜어주는 길이다. 그래야 아이들은 부모의 문제가 자기 탓이 아님을 알게 된다. 또 부모가 전문가의 도움을 받는 것을 보면 역할이 뒤바뀌는 일도 없이 그저 아이답게 지낼 수도 있다.

그토록 많은 이들이 자신의 정신질환을 쉽사리 인정하지 못하는 이유는 무엇일까?

흔한 이유 중 하나는 자신이 아프다는 사실을 자각하지 못하는 데 있다. 정신질환은 팔 골절이나 편두통과 달리 진단 자체가 어렵다. 예컨대 정신장애는 서서히 잠식해 들어오기 때문에 알아차리기가 어렵다. 자기애성 인격 장애는 주변 사람들에게 심각한 고통을 주지만 정작 당사자는 자신이 '정상'이라고 여기고 딱히 그로 인해 고통받지도 않는다. 비정상적인 불안은 개인을 넘어 가족 전체의 삶에도 큰 제약을 가하지만, 주변 사람들은 불안장애 특유의 회피행동이 정신장애가 아닌 신중한 성격 때문이라고 여기고는 한다. 즉, 병을 인지하지 못하는 원인이 병 자체에 있는 경우도 있고 수치심과 죄책감에 대한 거부 본능 때문인 경우도 많다. 후자의 경우에는 수치심과 죄책감이 자녀에게까지 전이된다.*

자녀들이 부모의 병에 얽혀들다 보면 성인이 되어서도 정상적인 분리가 어려워진다. 부모의 정신질환과 함구된 갈등은 자녀가 성인이 된 후에 맺는 인간관계에까지 해악을 미친다. 안케가 남자친구의 음주에 과민 반응을 보이는 이유도 그것이 은연중에 아버지의 폭음을 상기시키는 탓이었다. 아버지에게서 목격한 비행의 징후음주. 고성. 예측 불가능한 행동 등를 남자친구에게서 감지하는 즉시 안케의 머릿속에서는 비상경보가 울린다. '또 시작이다. 그가 또 흥분하고 있어. 곧 무섭게 돌변할 거야. 그러면 사랑하는 사람을 잃게 돼. 그러니 내가 책임지고 막아야 해.' 이때 눈앞의 남자친구는 순식간에 아버지가 되고 어른 안케는 무거운 짐을 짊어져야 했던 어린 안케가 된다.

안케의 아버지가 자신의 중독질환에 책임감 있게 대응했더

---

* 질병에 대한 인식 부족 외에 자녀를 잃게 될지 모른다는 두려움이나 타인에게 도움을 청하지 못하는 무능함으로 인해 정신질환에 책임감 있게 대응하지 못하는 부모들도 있다. 일부는 자신에게 양육 능력이 부족하다는 사실을 어느 정도는 인지하되. 지원체계를 믿지 못하거나 아이와 강제로 분리될지 모른다는 생각에 두려워한다. 소아·청소년 정신건강병원에서 치료받는 어린 환자 가운데 약 40~50퍼센트는 정신과 질환 또는 중독질환을 앓는 부모가 있다(Mattejat&Remschmidt, 2008). 또한 성인 정신건강병원의 환자 가운데 약 30퍼센트에게는 미성년 자녀가 있다(Östmann&Hansen, 2002, 그 외 기타 자료 참고).

라면 안케는 이 문제를 그것의 발원지인 과거, 그중에서도 아버지의 삶에 남겨둔 채 순조롭게 성장할 수 있었을 것이다.

건강한 분리를 위해서는 이렇듯 일정한 거리를 두고 부모를 바라보며 그들의 강점과 약점을 직시하고 그에 관해 이야기할 수 있어야 한다.

"아버지는 다정한 분이었지만 알코올중독을 앓았어요. 술에 취하면 책임져야 할 일에 소홀해지는 것이 저에게는 큰 상처였지요."

상담 치료를 마무리할 무렵 안케는 이렇게 말하고 숨을 크게 들이쉬었다. 이제 아버지의 병에 대해 소리 내어 이야기해도 죄책감이 느껴지지 않는다는 것을 스스로 느끼고 있었다. 마침내 금기에서 해방된 것이다. 그럼에도 아버지를 향한 그의 애정은 변함없었다. 아버지와 남자친구를 혼동하는 순간이 언제인지 정확히 알게 되자 남자친구와의 갈등도 완화되었다. 그가 과음하는 것은 여전히 좋아하지 않았지만 그런 일로 공황에 빠지는 일은 더 이상 일어나지 않았다. 그저 남자친구가 술을 마신 날에는 다른 방에서 자는 것으로 합의를 보았다.

건강한 분리는 부모뿐 아니라 다른 모든 사람과의 관계를 개선한다. 더 이상 내면 아이에게 휘둘리지도 않고 타인을 부모와 혼동하는 일 또한 줄어들며, 분리를 통해 한층 성숙해지기 때문이다. 이 모든 것이 진정한 교류를 가능하게 해준다

4장

내면의 침묵을 타파하라

정신 장애가 있는 이들의 자녀는 다양한 방식으로 침묵한다. 가족의 문제를 외부 사람들에게 비밀로 하거나 부정하기도 하고, 부모에게 느끼는 자신의 감정을 부정하는 경우도 있다. 가정의 권유로 상담 치료를 받으러 온 쉰여섯 살의 올라프Olaf도 그랬다. 그는 심리적 원인에 의한 것으로 추정되는 고질적인 요통을 앓고 있었다. 실제로 그는 사랑이 식었는데도 헤어지지 못하고 있는 애인 문제로 스트레스를 받는 상황이었다.

"저는 결혼하거나 아이를 가질 생각이 전혀 없어요. 애인이 그토록 끈질기게 매달리지 않았더라면 진작 헤어졌을 겁니다."

"애인이 올라프 씨를 그만큼 사랑하지 않았다면 말이지요?"

표현을 고쳐서 되묻자 그는 놀란 눈으로 나를 바라봤다.

"사랑이라……. 사실 저는 사랑이 뭔지 모릅니다. 제가 말씀드릴 수 있는 건 계속해서 함께 살 수 있을 만큼 애인을 좋아하지 않는다는 것뿐이에요."

심지어 그는 이런저런 불륜 웹 사이트에 가입해 몇 번씩 상대를 바꾸어 가며 몰래 바람을 피우고 있다고 털어놓았다. 애인에 대한 애정은 점점 식어가는 반면 다른 여성과의 관계에는 열성적이었다. 어쨌거나 상대 여성이 그에게서 더 많은 것을 기대하고 확실한 관계를 요구하기 전까지는 그랬다.

"정신 나간 소리 같지만, 공들이던 여자가 사귀겠다고 하면 저는 곧바로 마음이 식어 버립니다. 심지어 경멸스럽고 혐오감까지 들 정도예요. 그렇게 쫓아다닌 건 제 쪽이면서 결국은 저 스스로 차 버리는 겁니다. 저는 정상적인 관계를 맺을 수 없는 인간이에요. 늦었지만 그분들에게 미안한 마음뿐입니다."

그는 자신이 매몰차게 대했던 여성들에게 심한 죄책감을 느끼고 있었다. 초기 상담에서 그는 '정상적인 관계'가 어떤 것이며 사랑의 의미가 무엇인지, 진정한 사랑이 어떤 느낌을 주는지, 자신은 어째서 그토록 '엉망'인지 분석하는 데 많은 시간을 할애했다. 그러나 내가 어린 시절에 관해 질문하면 이런 말로 대답을 피했다.

"죄송하지만 진부한 심리테스트는 사양하겠습니다. 부모님은 그냥 그런 사람들이었고, 지금 와서 과거를 어찌할 수 있는 것도 아니잖습니까."

올라프가 마음을 열기까지는 오랜 시간이 걸렸다. 지금껏 스스로 보호하기 위해 과거를 내면 깊숙이 묻어 두고 외면해 온 것이다.

극도의 죄책감과 심한 요통이 아니었더라면 심리치료는 시작도 안 했을 것이 분명하다. 애써 부정해 왔던 과거가 들춰질 위험이 있기 때문이다. 올라프가 어린 시절에 관해 털어놓기 시작하자 그의 내면을 채우고 있던 수치심과 고통이 제 모습을 드러냈다. 안케와 달리 그는 부모를 감싸려 들지 않고 그들의 모든 과오를 낱낱이 이야기했다. 올라프의 아버지는 그에게 매질과 발길질을 가하고, 밀치고, 고함치고, 욕설을 퍼부었다. 어머니는 걸핏하면 선을 넘었다. 엄마의 사랑을 갈구하는 아들의 심리를 악용해 그를 성추행했고, 그는 무기력하게 그에 노출되었다. 어머니는 십 대 소년이 된 올라프의 성기 부근을 쓰다듬거나 그의 얼굴을 숨이 막힐 정도로 자신의 가슴에 파묻기도 했고, 마사지를 해 달라며 엉덩이를 주무르도록 유도했다.

때로 어머니는 갑자기 '굉장히 들뜬 모습으로' 아들과 온갖 재미있는 일을 함께하며 즐거운 시간을 보냈다. 또 때로는 몇 주일 동안 침대에 드러누운 채 그에게 말 한마디 건네지 않았다. 부모는 모두 음주가 잦았는데, 음주량이 많아질수록 아버지의 폭력과 어머니의 성추행도 심해졌다.

"애초에 자식을 낳으면 안 되는 인간들이었습니다. 제 기억 속 그들은 두 마리의 짐승에 지나지 않아요."

아버지는 이미 사망했고 어머니는 아직 살아 있다고 말하며 그는 이렇게 덧붙였다.

"제게 죄책감을 줘서 괴롭히려고 살아 있는 겁니다."

양로원에서 지내는 어머니는 아들이 뜸하게 찾아와 잠깐씩만 머물다 가는 것이 늘 불만이었다. 그는 외동으로서의 의무감 때문에 찾아가기는 했지만 최대한 면회를 피하려는 자신에게 심한 죄책감을 느꼈다. 요통일지를 작성해 보라는 내 말에 그는 문득, 어머니를 만나러 가기 전과 후에 요통이 특히 심해진다는 사실을 깨달았다.

"솔직히 저는 그냥 연을 끊고 싶습니다."

면회를 다녀온 직후의 상담 시간에 그는 이렇게 말했다. 그날따라 작별 인사를 하고 나서도 어머니가 자신을 붙잡고 놓아주지 않아 너무나 괴로웠다고 한다.

"말 그대로 저한테 찰싹 달라붙어 놓지를 않는 겁니다. 어머니는 연세에 비해 완력이 좋은 편이에요. 옛날처럼 제게 밀착해 오는 바람에 제 얼굴에 어머니의 머리카락이 닿았지요. 순간 그 피부와 체취를 그토록 가까이에서 느끼는 것이 얼마나 구역질 나는 일인지 깨달았습니다."

그럼에도 차마 어머니를 밀쳐낼 수 없던 그는 한 시간이나 그 신체 접촉을 견디다가 허둥지둥 자리를 떴다. 그리고 귀가하자마자 욕실로 뛰어 들어가 어머니와 밀착해 있던 시간만큼 오랫동안 물줄기를 맞으며 샤워기 아래 서 있었다.

당시에 느꼈던 숨 막히는 느낌과 구역질은 그가 만나는 여성들과의 관계에서 재현되고 있었다. 상대 여성을 아직 '정복'하지 못했을 때, 다시 말해 해당 여성이 자신과 사귀기로 결심하기 전까지만 상대방에게 매력을 느꼈다. 그러나 여성이 그와 더 가까워지고 싶어 하면 즉시 거부감이 솟구쳤다. 당연한 일이다. 자신이 편안하게 느끼는 친밀함의 정도, 타인과의 거리 조절 방법을 첫 애착 대상인 부모에게서 배우지 못했기 때문이다.

정신질환이 있는 사람들의 자녀가 흔히 그렇듯, 올리프도 어머니와 연을 끊는 상상을 하고는 했다.

"두 번 다시는 면회를 가지 말자. 다시는 마주치지 말자. 다시는 가까이 가지 말자고 몇 번이나 다짐했어요."

면회 횟수에 관해 어머니와 상의한다는 것은 그에게 상상조차 할 수 없는 일이었다. 내가 그렇게 해 볼 것을 권하자 한동안 고민에 빠졌던 그는 이렇게 대답했다.

"불가능합니다. 말을 꺼내는 즉시 어머니가 저를 꽉 껴안을 테니까요. 그러면 저는 숨이 막혀 말조차 나오지 않아요."

나는 다른 방법을 제안했다.

"그러면 연락을 끊거나 그 밖의 극단적인 방법을 쓰기 전에 이렇게 해 보는 건 어떨까요? 올라프 씨가 어린 시절에 느꼈던 감정과 현재 느끼는 감정을 어머니에게 편지로 쓰는 겁니다."

"어머니가 감당 못 할 거예요."

예상했던 대로 올라프는 과거부터 현재까지 어머니에게 느껴 온 불쾌한 감정을 어머니 앞에서 직접 표출한 적이 없었다. 오늘날까지도 그는 어머니를 마주하면 말문이 막히며 무기력한 어린아이의 자아로 되돌아간다. 그로 인해 어머니와의 사이에 건강한 선도 긋지 못하고 있었다.

"편지를 실제로 보내실 필요는 없어요. 일단은 써 보는 것이 중요합니다. 지금 선생님을 괴롭히는 것이 무엇이며 어린 시절에 무엇 때문에 고통받았는지를 언어로 표현해 보세요."

3주일 뒤 다시 상담실을 찾은 올라프는 겉옷 주머니에서 편지 한 장을 꺼내어 펼쳤다. 그리고 헛기침을 하더니 지난밤 잠을 설쳐 가며 작성한 글을 소리 내어 읽기 시작했다. 목소리가 떨리고 있었다.

친애하는 어머니께
이렇게 말하기는 죄송하지만, 제 어린 시절이 별로 좋지는 않았다는 이야기를 하고 싶었어요. 아마 어머니도 어린 시절에 끔찍한 경험을 많이 하셨겠지요. 어쩌면 저희 사이에 연결고리가 있는 셈이군요. 어머니가 저를 힘주어 껴안는 것이 불편할 때가 있습니다. 저도 이러기를 바란 것은 아닙니다. 어머니가 행동을 고쳤으면 합니다. 감사합니다.
올라프 드림

그가 고개를 들었다. 그러나 그의 시선은 나를 지나 아득히 먼 허공을 보고 있었다.

"어떤 기분이 드나요?"

"아무렇지도 않습니다."

예상했던 대답이었다. 그가 어머니에게 쓴 편지는 고통, 고뇌, 그 밖의 어떤 괴로운 감정도 묻어나지 않는 보호 서약에 불과했다. 엄밀히 따지면 침묵의 또 다른 형태였다. 양육에 책임을 다하지 않았다고 자책하던 부모도 이 편지를 읽고 나면 도리어 한시름 덜 것 같았다. 부모가 무슨 짓을 저질러도 아이는 어쩔 수 없는 일이었을 거라고 생각하며 이해하고, 비난하거나 책임을 묻지도 않을 것이라고 믿게 만드는 글이었다. 그러나 이는 완전한 착각이다. 부모를 보호하기 위해 자녀가 자신의 필요를 드러내거나 선을 긋거나 자기감정을 표현하지도 않는다면 그것은 진정한 부모-자녀 관계라 할 수 없다.

나는 올라프에게 물었다.

"어머니에 대해서는 어떤 감정이 느껴지나요?"

"아무 감정 없습니다."

이 역시 예상한 대답이었다. 그는 어떤 감정을 깨닫거나 표현하기 위해서가 아니라 더 억누르기 위한 수단으로 편지를 이용하고 있었다.

"마음에 어떤 변화가 느껴지나요?"

내 물음에 그는 고개를 가로저었다.

"헛된 시도였어요. 그래도 심리치료사에게는 이런 게 일일 테니까."

그 말에 나는 웃을 수밖에 없었다. 소심하게나마 누군가를 질타할 수 있다는 것은 좋은 신호였다.

"방금 심리치료사를 비판하는 순간에는 어떤 감정이 들었나요? 심리치료사들은 쓸데없는 짓을 한다, 이런 의견을 솔직히 표현할 때 말입니다."

"나쁘지 않네요. 그리고 선생님께서 웃으시니 저도 기분이 좋아집니다."

"제가 웃지 않았다면 어땠을까요?"

"아마 곧바로 사과드리고 나쁜 뜻으로 한 말이 아니었다고 해명했겠지요."

"그 해명은 거짓이었겠죠?"

"맞습니다. 편지 쓰기가 정말 쓸데없는 아이디어였다는 생각에는 변함이 없으니까요."

"상대방이 화를 낸다 싶으면 올라프 씨는 괜찮지 않아도 괜찮은 척하신다는 말로 들립니다. 이를테면 어머니를 생각할 때마다 분노가 치솟거나 거부감이 드는데도 편지에는 죄송하다고 쓰고, 나아가 어머니와의 친밀함을 강조하고 있어요. 실제로는 혐오스럽게 여기면서도 말입니다."

"그렇게 말씀하시니 제가 편지를 완전히 잘못 쓴 것 같은 느낌이 드는군요."

"제 말의 의도는 그게 아닙니다. 단지 올라프 씨의 내면에 있는 겁먹은 어린 소년이 편지를 쓴 거라고 말씀드리고 싶어요. 어린아이들은 부모에게 좋은 것은 물론이고 싫은 것까지도 거리낌 없이 이야기할 수 있어야 합니다. 그렇게 해도 부모가 자신을 버리지 않고 자신의 말에 귀 기울여주며, 아이 마음이 편해지도록 부모 스스로 행동을 고치려 노력한다는 것을 배워야해요. 올라프 씨는 이런 경험을 해 본 적이 없을 뿐이에요."

"제 어머니는 어차피 변하지 않을 거예요. 선생님도 어머니에게 병이 있다고 말씀하셨잖아요."

"어머니는 변하지 않으실지언정 올라프 씨 스스로 인생에 많은 것을 변화시킬 수는 있습니다. 자신의 감정을 솔직하게 받아들이고, 선을 긋고, 어머니와의 관계에서도 새 규칙을 정함으로써 편하다고 느끼는 방향으로 변화를 주는 것이지요."

다음 상담에서 그는 새로 쓴 편지를 낭독했다. 편지를 완성하기까지는 3주일이 걸렸다. 먼저 머릿속으로 내용을 정리한 뒤, 50년 동안 그를 괴롭혀 온 모든 것을 몇 시간에 걸쳐 종이에 옮겼다. 손으로 직접 쓴 넉 장 분량의 편지 곳곳에는 줄을 죽죽 그어 지운 부분도 있었고, 물에 번진 듯 글씨가 희미해진 부분도 있었다. 편지를 읽어 내려가던 그의 눈에서 눈물이 흐르기 시작했다. 어떤 대목에서는 고함치듯 언성을 높였고, 다른 대목에서는 잘 들리지도 않을 정도로 목소리가 나직해졌다. 낭독이 끝났을 때는 큰 소리로 오열하고 있었다. 나는 그가 진정될 때까지 잠시 기다렸다. 중년을 훌쩍 넘긴 남성이 자신의 영혼을 조각내고, 신뢰를 뿌리 뽑고, 인간관계를 맺는 능력까지 파괴해 버린 어머니의 과오를 똑바로 마주하고 고발하는 현장을 나는 생생히 목격했다. 부모를 비판하고, 자식을 악용하고 학대한 어머니를 질타하면서 그는 지금껏 느꼈던 고통과 분노, 혐오, 두려움을 거침없이 터뜨렸다.

잠시 후, 이윽고 그가 입을 열었다.

"힘든 일이었습니다."

나는 그에게 공감을 표했다.

"예, 그 마음 이해합니다. 하지만 편지에서 묻어나는 용기와 솔직함과 격한 감정은 정말 인상적이었습니다."

"그래도 어머니에게 직접 보내기는 힘들 것 같네요."

그는 고개를 끄덕이는 나를 보면서 안도의 한숨을 내쉬었다.

"중요한 것은 단 하나, 직접 편지를 썼다는 겁니다. 멀리서나 마, 마음으로나마 용기를 내어 어머니에게 올라프 씨의 생각과 감정을 털어놓았다는 게 중요해요."

일부 내담자들은 언젠가 꼭 부모에게 솔직한 편지를 보내고 싶어 한다. 그러나 절대다수는 편지를 작성하는 것만으로도 마음이 홀가분해지는 것을 경험하며, 편지는 너무 사적인 것이라 생각해 부모에게 보내기를 꺼린다. 올라프 역시 이 편지를 옷장 속 깊이 감추어 두었다. 앞으로도 이를 발송하는 일은 없을 테다. 그래도 그는 자신의 삶에 변화를 주고, 더 솔직한 태도로 주변 사람들에게 다가가기 시작했다. 마음을 정리하고 연인을 놓아줄 수도 있었다. 연인에게 자신의 마음을 솔직히 털어놓고, 진정한 사랑을 만나 행복할 수 있도록 놓아준 뒤 올라프의 죄책감도 비로소 사라졌다. 그는 주기적으로 상담실을 찾아와 내가 제시하는 과제를 수행하고 새로운 것을 시도하며 치료에 적극적으로 임했다. 내 제안이 자신에게 맞지 않는다고 느끼면 스스로 이를 수정하기도 했다.

부담스럽지 않게 어머니와의 교류를 이어가는 방법 또한 고민했다. 우선 인사할 때는 포옹하는 대신 악수를 하고, 어머니의 방에 들어가지 않고 사람들이 많은 양로원의 정원에서 만나기로 했다. 처음으로 이를 실천한 날을 그는 이렇게 회상했다.

"처음에는 어머니가 자꾸만 저를 가까이 끌어당기려 하셨어요. 그러다 문득 제가 어머니보다 머리 하나는 더 크고 힘도 훨씬 세다는 것을 깨달았지요. 제가 팔에 힘을 주고 어머니의 손을 뿌리치자 더는 도리가 없었던 모양입니다. 대신 제 옆에 바짝 붙어 앉으려 하기에 저는 그냥 자리에서 일어나 산책을 하자고 제안했어요."

비로소 올라프는 어머니의 욕구에 무력하게 노출되었던 어린아이가 아닌 성인의 관점에서 그를 바라볼 수 있게 되었다. 자신이 원하는 대로 어머니를 대할 수 있는 권력을 쥐게 된 것이다. 어머니에게 선을 그을 줄 알게 되자 다시 누군가를 만나 사랑할 수 있을 거라는 희망도 피어났다. 자신의 바람을 소리 내어 이야기하고 선을 그을 수 있게 된 그에게 사랑은 더 이상 두렵고 부담스러운 존재가 아니었다.

안케와 올라프의 사례에서 알 수 있듯이, 정신질환을 앓는 부모를 둔 자녀에게는 부모의 결점과 유년기의 결핍에 관해 소리 내어 이야기하는 것이 특히 중요하다. 상황을 비판적으로 분석하는 것은 부모의 과실을 추궁하기 위한 것이 아니라, 부모에게 전문가의 도움을 요하는 정신질환이 있었음을 받아들이기 위한 것이다. 그렇게 함으로써 일찍부터 과도한 책임을 짊어지고 부모를 돕기 위해 평생 고군분투해 온 자녀들은 스스로 가엾이 여기고 잃어버린 유년 시절을 애도할 기회를 얻는다. 그 과정에서 '미운 세 살'이나 사춘기에 느꼈던 분노와 실망감이 되살아날 가능성도 있다. 그러나 과거에 건너뛰어 버린 분리 단계를 뒤늦게나마 수행함으로써 자유로운 삶을 살 기회를 얻고, 부모를 향한 억압된 감정을 더 이상 타인들에게 발산하지 않게 된다.

부모가 물려받은 정서적 유산

부모를 총체적인 관점에서 바라보려면 그들의 인생이 시작된 지점으로 거슬러 올라가야 한다. 내 부모는 어느 시대, 어느 나라, 어느 사회, 어느 가정에서 태어났는가? 계획된 임신이었는가, 혹은 '사고'로 생긴 아이였는가? 자녀를 사랑으로 보살피는 부모 슬하에 자랐는가, 삶의 무게에 짓눌리던 미성숙한 부모의 손에 자랐는가? 안온한 어린 시절을 보냈는가, 일찍부터 불안정, 이혼, 상실 등으로 고통받았는가? 가정에 어떤 고난과 갈등이 있었으며, 가족에게 주어진 자원은 무엇이었는가? 부모 중 누군가 우울증, 인격 장애, 중독증과 같은 정신질환을 앓았는가? 부모는 어떤 가치관에 의해 어떻게 자녀를 양육했는가? 삶의 전환점은 무엇이었는가? 전쟁, 피난, 부모의 죽음 등 트라우마를 경험한 적이 있는가?

이 모든 질문에 대답하다 보면 우리 부모가 현재의 모습이 되기까지의 과정을 더 잘 이해할 수 있게 된다. 부모도 한때는 누군가의 딸, 아들이었으며 어린아이였다. 좋은 부모 또는 나쁜 부모를 가졌고, 성장하는 동안 충분한 지원을 받았거나 제약이 있었고, 보호받았거나 방치되었거나 폭력에 노출된 적이 있을지도 모른다. 부모의 모든 경험은 불가피하게 우리 삶에 영향을 미친다. 부모가 유년기의 경험을 무심코 자녀에게 대물림하는 일은 드물지 않게 일어난다.

올라프의 부모도 어린 시절의 상처와 폭력의 경험을 아들에게 대물림했다. 어머니 레기나Regina의 모친은 1930년대에 미성년의 나이로 아기를 낳고 키웠다. 그러던 중 양육 능력이 부족하다는 당국의 판단에 따라 어린 딸을 보육원에 맡겨야 했고, 레기나는 그렇게 어머니와 떨어져 성장했다. 아버지는 누구인지도 모르고 본 적도 없었다고 한다. 보육원에서 레기나는 여러 해에 걸쳐 보육 교사들의 학대와 성폭력에 노출되었다. 세상에는 그를 보호해 주는 사람도, 그가 신뢰할 수 있는 사람도 없었다. 열아홉 살에는 열 살 연상의 볼프강Wolfgang을 만났고, 사귄 지 얼마 되지 않아 올라프를 임신했다. 아이가 생겼다는 기쁨도 잠시, 올라프가 태어난 직후부터 레기나는 육아 스트레스에 시달렸다. 아기에게 애정을 쏟고 꼼꼼하게 보살피는 법도, 아기의 욕구와 감정을 파악하고 선을 그어주는 법도 몰랐다. 게다가 유년기의 트라우마 경험 때문에 그에게는 심각한 애착 장애와 조증 삽화·우울증 삽화가 반복되는 이른바 양극성 장애가 있었다. 이에 남편인 볼프강의 영향으로 일찍부터 습관적인 폭음까지 하게 되었다.

올라프의 아버지 볼프강은 8남매 중 첫째였다. 볼프강의 모친은 우울증으로 며칠, 몇 주일을 침대에 드러누워 보내기 일쑤였다. 볼프강의 부친은 장시간 노동을 하며 자주 술을 마셨고, 걸핏하면 아내와 자녀들을 폭행해서 가족들은 그를 피해 다녔다. 열여섯 살이 되자 볼프강은 폭력적인 부친을 피해 군대에 자진 입대했다. 그에게 아돌프 히틀러Adolf Hitler는 아버지를 대신해 줄 숭배의 대상이었고, 국가사회주의는 그에게 소속감을 주는 가족이었다. 정신적으로 미성숙하던 당대의 수많은 사람처럼 볼프강도 권위주의 체계를 피난처로 삼은 셈이었다. 전장에서 부상과 트라우마를 입은 채 귀향해 전범으로 옥살이를 하게 되었을 때 그의 나이는 고작 스물두 살이었다. 그는 불안과 우울증에 짓눌렸고, 예고도 없이 수시로 덮쳐오는 플래시백 Flashbacks, 트라우마 경험의 기억이 갑작스레 생생히 되살아나는 현상으로 괴로워했다.

정신적·신체적으로 피폐해져 있던 볼프강은 구직에도 실패했다. 어쩔 수 없이 부친이 운영하던 수공업 업체에서 일하게 되었지만 부친은 그를 '불구자'라 부르며 시도 때도 없이 모욕했다. 올라프가 기억하는 아버지 볼프강은 밤에도 마음 놓고 쉬지 못했다. 수시로 비명을 지르며 깨어나 미친 듯이 집 안과 정원을 돌아다니다가 독한 술 한 병을 비운 뒤에야 겨우 잠들고는 했다.

　나는 정신장애가 흔히 중복되어 발생한다는 것을 올라프에게 설명해 주었다. 그의 부모가 우울증과 중독증, 외상 후 스트레스 장애와 불안장애 또는 우울증을 동시에 앓은 게 그런 예였다. 부모 중 한 사람에게만 정신질환이 있어도 자녀가 방치되거나 학대받을 위험이 크게 증가한다는 설명도 덧붙였다. 이는 올라프가 겪은 고통의 본질을 말해 주는 것이었다. 부모의 고통은 자녀의 고통을 상쇄시키지 못하며, 그저 애착트라우마와 정서적 스트레스가 어떻게 대물림되는지 설명해 줄 뿐이다.

　"어쩌면 그분들이 더 좋은 부모가 되는 것은 애초에 불가능했을지도 모르겠군요."

　부모의 생애를 낱낱이 분석한 끝에 올라프는 이런 결론을 내렸다. 부모를 총체적으로 바라보기 시작했다는 징후였다. 그들은 파괴적인 어른이었지만, 한때는 극도의 상처를 받은 어린아이들이기도 했다. 부모와 충분한 애착을 경험하지 못했던 자녀들의 눈에는 부모의 유년기가 더더욱 낯설게 다가온다. 가장 큰 원인은 부모가 자신의 어린 시절이나 삶에 대해 언급한 일이 드물거나 극히 단편적으로만 이야기했기 때문이다. 그러나 부모의 어린 시절을 이해하는 것은 부모를 이해하고 그들의 분열된 이미지를 조금씩 통합해 나간다는 걸 의미한다. 어린아이였던 부모의 모습을 상상하면 그들을 악마화하는 일도 자동으로 멈추게 된다. 심지어 부모의 유년기에 연민이 생기기도 한다. 나아가 부모의 연대기는 가족 내에 존재하는 일정한 법칙과 표본을 파악할 수 있게 해준다.

부모의 입장에 서 볼 수 있도록 자녀를 돕는 방법 가운데 하나로, '나'를 화자로 설정해 부모의 일대기를 상세히 서술하게 하는 것이 있다.[6] 부모에 관해 서술하는 대신 자녀 스스로 어머니 또는 아버지가 되어 출생 이후의 모든 기억을 되짚어가며 자전적으로 서술하는 것이다.

한 예로 마흔두 살의 마르코Marco라는 내담자가 아버지에 관해 자전적으로 서술한 내용 중 일부를 소개한다. 마르코는 세상을 떠날 때까지 자신을 차갑게 대했던 아버지 클라우스Klaus에 대한 기억 때문에 스스로 아버지가 되기를 꺼렸다.

"제 이름 클라우스이고 1943년 12월 14일에 태어났습니다. 아버지 한스Hans는 제가 태어날 무렵 동부전선에 투입되어 있었고, 어머니는 세 아이를 데리고 서부로 피난 갈 준비를 하는 중이었지요. 제가 두 돌을 막 넘겼을 때 피난길에 오른 어머니는 3주간의 험난한 여정을 거쳐 브레멘Bremen에 도착했습니다. 우선은 먼 친척의 집 마당에 있던 가건물에서 지내게 되었는데, 그곳에는 저희 말고도 여러 피난민 가족이 머물고 있었어요. 공간이 좁고 사생활이 보장되지 않아 무척 고생한 기억 때문에 어머니는 평생 사람이 많은 장소에만 가면 극도로 긴장하고 소리에 매우 예민하게 반응했습니다.

아버지는 제가 다섯 살이었을 때 전장에서 돌아왔습니다. 그러나 거의 말을 하지 않았고, 전쟁에서 얻은 부상 때문에 다리를 절었어요. 저는 아버지에게 호기심이 들었지만, 낯설기만 한 모습이 무섭기도 했습니다. 그 감정은 이후에도 늘 그대로였어요. 아버지는 항상 차가웠고, 한 번도 내게 관심을 보인 적이 없었습니다."

이 부분에서 마르코는 말을 멈추고 흐느끼기 시작했다. 자신과 마찬가지로 부친 때문에 고통스러운 유년기를 보냈을 클라우스의 마음이 느껴진 것이다.

1인칭 서술법을 통해 마르코는 과거 어느 때보다도 아버지와 친밀함을 느끼게 되었다. 홀로 남겨진 적도 있고 사랑받지도 못했던 과거의 아버지를 새로운 눈으로 보고 그에 공감하게 된 덕분이다. 지금껏 아버지에게 가장 크게 느낀 감정은 경멸이었으나 이 역시 아버지에게 거부당했다는 고통을 외면하기 위한 전략이다 이제 그의 마음에는 아버지를 향한 연민이 싹트고 있었다. 자전적 서술법은 아버지의 이미지를 확대하고 완성시켜 주었으며, 비로소 마르코는 가해자인 동시에 희생자이기도 했던 아버지의 모습을 인지할 수 있었다.

부모의 생애를 1인칭 시점에서 서술하다 보면 그들을 다른 눈으로 보게 된다. 그들을 외부에서 관찰하는 것이 아니라 내적인 관점에서 자신의 이야기를 하기 때문이다. 우리는 스스로 부모가 되어 그들이 살면서 경험한 것을 잠시 동안이나마 온전히 느끼게 된다. '누군가를 이해하고 싶다면 그의 신발을 신고

백 걸음을 걸어 보라.'라는 독일의 속담처럼 말이다.

　부모가 현재의 모습이 되기까지의 과정을 이해하는 일은 그들의 책임을 덜어주거나 우리가 겪은 고통을 희석하는 데 목적이 있지 않다. 그보다는 부모의 파괴적인 행동이 어디에서 비롯된 것인지 더 명확히 이해하려는 것이다. 부모의 파괴적인 행동은 자녀의 행동에 대한 반응이 아니라 어린 시절의 고통스러운 경험을 극복하지 못한 데서 비롯된 결과물이다. 부모에 의해 결핍이나 갈등을 경험한 많은 자녀가 부모의 생애를 되짚어 본 뒤, 자신이 뭔가를 잘못한 게 아님을 깨닫고 마음의 짐을 내려놓기도 한다. 부모의 과오는 자녀가 뭔가를 잘못했거나 사랑받지 못할 아이임을 증명하는 것이 아니다. 이런 부모는 그저 유년기의 어떤 경험 때문에 정서적으로 성숙해질 기회를 놓쳤고, 그로 인해 자녀를 잘 돌보고 보호하고 교육시킬 자질을 충분히 갖추지 못한 것이다. 그 결과 지금도 수많은 가정에서 방치, 폭력, 인권침해 등의 파괴적인 유산이 대물림되고 있다.

　적절한 시점에, 다시 말해 자신의 상처가 치유된 후에 부모의 유년기를 되짚어 보는 것은 과거를 받아들이고 부모와 화해하는 데 도움이 된다. 부모의 어린아이 시절을 상상하며 그들이 무엇에 힘들어했고, 무엇을 갈망했으며, 어떤 결핍 때문에 더 좋은 부모가 되지 못했는지 이해하는 일만큼 자녀의 얼어붙은 마음을 부드럽게 녹여주는 것은 없다.

부모를 다각도로 조명하기

오스트리아의 작가 페터 한트케Peter Handke는 『소망 없는 불행 Wunschloses Unglück』[7]에서 쉰한 살에 스스로 생을 마감한 어머니를 다음과 같이 조명했다.

> "나는 문장을 써 내려가는 동안, 묘사하는 인물들의 내면으로부터 멀어지다가 마침내 그로부터 분리되어 껍데기에 갇힌 곤충을 보듯 거침없고 홀가분한 기분으로 그들을 외부에서 관찰하는 통상적인 방식을 취하지 않는다. 대신에 시종일관 경직된 엄격함으로 대상을 향해 접근해 들어가지만, 어떤 문장으로도 그를 완벽히 정의할 수 없기에 평소처럼 정리된 조감도를 완성하지 못하고 번번이 출발점으로 되돌아갈 수밖에 없다." [8]

어머니의 생애를 묘사할 때만큼은 거리를 두고 인물에게 접근하는 방식이 통하지 않은 것이다. 마치 한트케에게 어머니는 '껍데기에 가둘 수도 없고 잡힐 듯 잡히지 않았기에, 문장들은 심연으로 추락하고 종이 위에는 어지러운 흔적만이 남는' 존재가 아니었을까. [9]

이는 우리가 매우 흔히 경험하는 일이다. 우리는 부모를 온전히 객관적으로 보기 어렵다. 첫째는 그들과 극히 개인적인 경험을 했기 때문이며, 둘째는 우리가 부모의 일생을 속속들이 아는 것은 아니기 때문이다. 자녀들에게는 부모의 과거와 감정

세계가 비밀스러운 암호문처럼 느껴진다.

성인의 시선으로 부모를 관찰하기란 매우 어렵다. 자녀들은 부모를 지나치게 가깝거나 지나치게 먼 거리에서 바라보는 경향이 있다. 즉, 부모를 이상화하며 과도하게 그들에게 얽혀들거나, 아니면 부모에게 실망한 아이처럼 냉정하게 등을 돌리는 것이다.

자녀는 비단 자녀의 시선으로만 부모를 바라보지 않는다. 때로는 부모 중 한 사람의 시선으로 다른 쪽 부모를 보기도 한다. 앞선 사례에서 안케는 수십 년 동안 어머니의 공동 의존적인 관점에 동참하며 알코올중독 아버지를 옹호해 왔다 아버지는 이제 술을 거의 끊으셨어요. 당신도 어쩔 수 없는 거겠죠. 누구에게나 힘든 시기는 있잖아요. 곧 좋아질 거예요. 그러나 진실은 아버지가 수십 년간 심각한 알코올의존증을 앓으며 자신의 건강과 가족에 대한 책임을 유기했다는 것이다.

어떤 부모는 자녀들 앞에서 서로를 과도하게 추켜세우고, 또 어떤 부모는 서로를 끌어내린다. 이런 상황에서 자녀는 한쪽 부모와 끈끈한 동맹을 맺고 그에 맹목적으로 충성하며, 다른 쪽과는 나쁜 관계를 유지하게 된다. 동맹 관계를 끊으려 하면 필연적으로 죄책감이 뒤따르기 때문에, 자녀에게는 해당 부모와 함께 다른 쪽을 깎아내리는 것 외에는 선택의 여지가 없다. 필립Philip도 그런 경우였다. 그는 '무능하기 짝이 없었다.'

는 말로 어머니를 깎아내렸다. 네 아이를 낳아 키우면서도 직장에 다니며 반일 근무를 했고, 남편의 도움 없이 집안일을 도맡아 하며 아이들의 바람으로 키우게 된 온갖 반려동물들까지 돌보았음에도 말이다. 아이들이 독립한 뒤에는 심지어 봉사활동도 하러 다녔다.

"어머니께서 더 유능했더라면 그분의 삶은 지금과는 어떻게 달랐을까요?"

내 물음에 필립이 대답했다.

"커리어를 쌓는 데 성공했겠죠."

그는 앵무새처럼 아버지의 말을 따라 하고 있었다. 정작 그 아버지는 육아도 가사도 돌본 적 없이 늘 아이들 앞에서 아내의 흉을 보느라 바쁜 사람이었다.

자녀 계획을 앞두고 있던 필립과 그의 아내 니나Nina는 아이가 태어난 뒤의 역할 분담을 두고 심한 다툼을 벌인 끝에 상담실을 찾았다.

"제가 종일 근무를 하며 육아까지 책임지는 건 불가능해요. 어떻게든 직장 생활과 육아를 조율해야 해요!"

필립은 아버지가 쳐 놓은 덫에 걸려 있었다. '종일 근무를 하지 않는 사람은 무능한 사람'이라는 그의 가치관을 맹목적으로 물려받은 것이다. 근무 시간을 줄이고 육아에 더 집중하면 니나도 어머니와 동급이 되므로 그는 아내를 더 이상 존중할 수 없게 된다. 자신이 일을 줄여도 마찬가지로 어머니와 동급의

'무능하고 무가치한 인간'이 된다. 그래서 일단은 그의 부모가 각자 어떤 성과를 일구었는지 정확히 분석하고, 어머니를 폄훼하던 아버지의 태도가 어떤 배경에서 나온 것인지 일깨워 줄 필요가 있었다. 아버지의 행동은 아내가 집안에서 하는 일들을 평가 절하함으로써 자신의 부재에 대한 아내의 비난을 사전에 차단하고 자신의 가치를 부풀리려는 일종의 방어 전략이었다.

"사실 오후에 귀가했을 때 어머니가 집에 계신 게 좋기는 했어요. 아버지는 너무 자주 집을 비워서 아쉬웠죠. 주말에도 서류만 들여다보고 계실 때가 많았어요."

마침내 필립이 진심을 털어놓았다. 누구에게서 어떤 가치관을 물려받았는지 분명히 파악하면 이를 비판적으로 조명하고, 필요할 경우 수정하거나 무효화한 뒤 새로운 가치관을 정립할 수도 있게 된다.

크리스틴 Christine은 자녀가 부모 중 한쪽의 관점을 취하게 되는 최악의 사례를 겪었다. 오랫동안 그는 자신이 태어나기 전에 아버지가 어머니에게 임신중단을 강요했다고 믿었다. 그래서 부녀 사이에는 늘 팽팽한 긴장감이 감돌았다. 갈등이 불거질 때마다 크리스틴은 아버지가 자신을 원치 않았다는 사실을 상기했다. 그에 관해 직접 대화해 보는 것이 좋겠다는 내 의견에 크리스틴은 아버지를 찾았고, 딸의 이야기를 들은 아버지는 충격에 휩싸여 반문했다.

"내가 너를 낳고 싶어 하지 않았다니, 그게 무슨 소리냐? 어린 나이에 뜻밖의 임신이 된 것은 사실이야. 우리가 아이를 키울 수 있을지를 두고 네 엄마와 옥신각신하기는 했지만, 낳아보자는 쪽으로 밀고 나간 사람은 이 아빠였다. 네가 태어났을 때도 나는 세상을 다 얻은 것처럼 행복했어. 네가 없는 내 삶은 상상조차 할 수 없었지. 어떻게 네가 그런 생각을 하게 된 건지 도무지 모르겠구나."

크리스틴의 아버지는 오래전 이혼한 아내에게 이에 관해 캐물었다. 아내는 회피하는 태도로 자신은 기억이 안 난다며 틀림없이 크리스틴이 꾸며 낸 것이라고 둘러댔다. 크리스틴은 혼란스러웠다.

"맹세컨대 꾸며 낸 이야기가 아니에요. 그 말 한마디 때문에 부녀관계가 망가진 채 20년을 보냈는데 이제 와서 사실이 아니라니."

부모의 '진실'을 파헤치는 일은 자녀에게 평생의 과제인 동시에 영원히 도달할 수 없는 목표다. 우리 눈에 비친 부모의 이미지는 만화경을 들여다볼 때처럼 조금씩 수시로 변하거나 아예 무너지기도 한다. 부모에 관한 새로운 정보, 새로운 일화, 새로운 관점이 지금껏 감춰져 왔던 다양한 면면을 새로 들추어 내기 때문이다. 부모의 절대적 진실을 이해하고 묘사하는 것은 불가능하다는 결론에 도달한 이는 비단 한트케만이 아닐 것이다. 남는 것은 우리에게 삶을 부여해 준 사람들에게 접근하고자 하는 평생에 걸친 시도뿐이다.

이를 시도할 때 잊지 말아야 할 한 가지는 부모도 때로 내면 아이에게 휘둘릴 수 있다는 점이다. 사실 불같이 화를 내는 아버지의 이면에 무력감으로 인해 어쩔 줄 모르는 세 살배기 내면 아이가 있다고 상상해 보라. 자녀를 차갑게 외면하는 어머니를 조종하는 것이 부모에게서 버려질지 모른다는 불안감에 시달리는 내면 아이라고 생각해 보라.

이런 상상만으로도 부모가 작아지는 것이 느껴지며, 한층 누그러진 시선으로 이들을 바라보게 될지도 모른다. 부모가 위력적으로 느껴지는 것은 우리가 아이의 시선으로 그들을 보기 때문이다. 아이의 눈으로 본 그들은 한없이 두려움을 일으키는 존재다. 그러나 내면 아이에게서 벗어나 어른의 눈으로 부모의 내면 아이를 보는 데 성공하는 순간, 불현듯 과거가 연극처럼 눈앞에 펼쳐질 것이다. 그리고 부모가 우리만큼이나 내면 아이에게 조종되었음을 깨닫는다. 부모의 내면 아이는 우리에게 아무런 위력도 발휘하지 못하는 종이호랑이에 불과하다. 무력감과 절망감, 불행에 짓눌린 아이의 모습에 심지어 연민이 생길지도 모른다. 오로지 성인의 관점에서 부모를 바라볼 수 있을 때 우리는 그들로부터 건강한 거리를 두고 자신이 더 이상 부모에게 의존하는 존재가 아님을 자각하게 된다. 성인 자아는 내면의 아이 자시가 저락퍼락하는 해로운 게임에 휘말리는 것을 단호히 거부할 수 있다. 나아가 스스로 새 게임의 규칙을 정하고 선을 그을 수도 있다.

오랜 세월 동안 얼어붙어 있던 부모의 이미지를 다시금 녹이는 데 성공하는 자녀에게는 삶을 변화시킬 기회가 주어진다. 자신을 비롯해 주위의 모든 사람과 더 진솔한 관계를 맺을 수도 있게 된다. 부모와의 관계에도 생기가 돌기 시작한다. 대체로 다정했으나 이따금 정서적 거리감이 느껴졌던 어머니, 자녀에게 지나치게 비판적이기는 했으나 재치와 기발함이 넘치던 아버지의 모습을 발견하면서 이들과의 관계가 개선되는 것이다. 부모를 같은 눈높이에서 마주 보면 그들의 다채로운 면면이 보인다. 옛 친구와 장난치며 깔깔대는 어린 어머니의 모습을 상상하며 비로소 어머니를 어머니 이상의 존재로 볼 수 있게 된 페마 초드론처럼 말이다. 편협한 시각을 버리고 약간의 거리를 둔 채 부모를 다각도로 바라보면 그들의 전체적인 모습을 훨씬 명확하게 파악할 수 있을 것이다.

물론 자녀에게 애정을 쏟아주지 않은 부모들도 있다는 사실을 부인할 수는 없다. 어떤 부모는 과거에 아이를 완전히 방치하거나 정신적·신체적으로 학대하거나, 심지어 성적으로 학대하고도 개선의 여지를 전혀 보이지 않는다. 이때는 부모의 좋은 면을 찾으려는 어떤 노력도 결실을 맺지 못한다. 반면에 부모가 자녀와의 사이에 나 있던 균열을 메우려 노력하고, 자기 잘못에 책임지고 늦게나마 더 나은 부모가 되기 위해 애쓰며, 과오를 인정하고 자녀에게 용서를 구한다면 상처받았던 자녀와 다시금 애정 어린 관계를 맺을 수 있다.

1960년대 애착 연구 분야에 혁신을 일으킨 저명한 소아정신과 의사 도널드 위니캇Donald Winnicott은 '충분히 좋은 부모가 완벽한 부모보다 낫다.'라고 말했다. 완벽한 부모는 부모를 이상화할 수밖에 없는 분리되지 못한 자녀의 환상 속에만 존재한다.

부모의 이미지를 이상화하거나 파괴하는 습관을 버리고 성인의 관점을 취하면 부모가 매번 다른 모습을 보였는지 점검해 볼 수 있다. 여러분이 어릴 적에는 다정했던 부모가 사춘기 무렵부터 지나치게 엄격해졌는가? 어린 자녀를 키우던 때보다 감정적 · 시간적 · 경제적으로 여유로워진 노년에야 비로소 부모가 느긋하고 든든한 부모 역할을 하게 되었는가? 여러분이 성인이 되어 독립한 뒤로 부모와의 관계가 한층 개선되었는가?

이를 면밀히 분석해 보면 모든 부모 – 자녀 관계는 변한다는 결론에 도달한다. 변화의 원인은 다양하다. 부모와 자녀 모두 꾸준히 발전하고 성장했기 때문일 수도 있고, 유명한 아동연구학자 앨리스 밀러Alice Miller가 말했듯이 '과거의 아이도, 과거의 부모도 더 이상 존재하지 않는' 것[10]이 그 이유일 수도 있다.

부모를 바라보는 시각을 강화하면 이전까지 이상화나 악마화에 가려 보이지 않던 새로운 사실을 깨닫게 될지도 모른다. 자녀 교육에 힘쓰고 재능을 키워주기는 했으나 좀처럼 만족할 줄 모르던 부모, 자신의 것보다 나은 삶을 자녀에게 물려주기 위해 바쁘게 일하느라 자녀와 많은 시간을 보내지 못한 부모, 타고난 성품은 다정하지만 정신질환이 있어 자녀를 일관성 있게 돌볼 수 없었던 부모, 부모에게 사랑받아 본 적이 없는 탓에 자녀에게도 사랑을 충분히 표현하지 못한 부모, 전쟁 등의 트라우마로 인해 한없이 냉담해 보였으나 사실은 모든 수단을 동원해 자신의 끔찍한 경험으로부터 자녀를 보호하려 노력했던 부모도 있을 것이다.

세상에 완벽한 사람은 없다. 부모도 잘못을 저지른다. 개중에는 용서할 수 없는 잘못도 있고, 분리가 이루어진 뒤 성인의 관점에서 보면 불가피한 실수였던 잘못도 있다. 대부분의 자녀는 부모가 생각했던 것만큼 훌륭하지도, 또 그만큼 악하지도 않다는 깨달음에 이르게 된다.

성인의 관점으로 부모를 바라본다는 건 그들의 과오를 부정하는 것이 아니라 당시 부모가 처해 있던 상황을 함께 고려하는 것을 뜻한다. 나아가 부모도 한때는 어린아이였으며, 그들의 부모 또한 양육 과정에서 잘못을 저질렀음을 이해해야 한다. 항상 충분히 좋은 부모가 되어주지는 못했을지라도, 최소한 그들의 부모가 저질렀던 과오를 되풀이하지 않고 우리를 더 잘 키우려 노력했다면 이 또한 인정해 주는 것이 도리다.

5장

마음의 평화를
찾아서

어떤 자녀들은 부모의 사후에야 비로소 마음의 평화를 찾는다. 그러나 부모가 세상을 뜬 뒤에도 분리되지 못한 채 짓눌린 마음으로 살아가는 자녀도 있다. 또 어떤 이는 원망과 증오심을 쉽게 내려놓지 못하고 화해의 여지를 완전히 닫고서 살아가며, 또다시 실망하는 일이 생길까 봐 부모와 아예 연락을 끊고 지내기도 한다.

반면에 부모에게 받은 상처를 억지로 외면하거나 부정하지 않고 차분히 놓아 보내는 자녀들도 있다. 부모, 과거와 화해하고 마음의 평화를 얻는 것이다. 이것이 어떻게 가능할까?

불평과 한탄을 멈추고 과거를 놓아 보내려면 무엇을 해야 할까? 자녀가 반드시 부모를 용서해야 할까? 혹은 용서가 불가능한 경우도 있을까?

생각의 초점을 약간 옮겨 보는 것도 도움이 될 수 있다. 용서하거나 화해해야 한다는 압박감은 한쪽으로 밀어두고 과거와 관련해 마음의 평화를 찾는 시도에 초점을 맞추는 것이다. 과거가 너무나 고통스러워도, 혹은 고통스럽기 때문에 더더욱 시도해 볼 필요가 있다. 핵심은 과거를 그저 하나의 일어난 일로 바라보는 것이다. 그 무엇도 미화하거나 부정해서는 안 된다. 우리를 고통스럽게 했던 것, 부족했던 것, 부담을 주었던 것을 있는 그대로 받아들여 보라.

과거를 근본적으로 수용하는 태도는 우리에게 명료한 시각을 제공해 과거를 매듭지을 수 있게 해준다. 우리는 과거의 부모와 어린 시절을 있는 그대로 받아들여야 한다. 모든 것은 말 그대로 이제 지나간 일이 되었다.

과거를 바꿀 수 있다는 헛된 기대를 내려놓는 데 성공하면 자유로운 에너지가 생기고, 능동적이고 의식적으로 현재를 가꾸는 데 이를 투입할 수 있게 된다. 과거의 모든 것으로부터 점차 분리되어 성인으로서의 삶을 살아가는 것도 가능해진다. 분리는 과거와 현재의 모든 것과 화해함을 뜻하기 때문이다.

부모를 꼭 용서해야 할까?

　용서는 기적을 일으킨다. 용서하는 데 성공한 이는 더 이상 희생자가 아닌, 강한 생명력을 지닌 생존자다. 용서하는 이는 원망을 비롯한 불편한 감정을 모두 내려놓을 수 있다. 각종 연구에 의하면 용서는 우리의 정신·신체 건강에 유익하며, 스트레스를 경감시키고 더 만족스러운 삶을 살아갈 수 있게 해준다.[1] 노벨평화상 수상자였던 데스몬드 투투 Desmond Tutu 대주교는 『용서의 서 The Book of Forgiving』에서 '용서는 건강한 일'이라고 말했다. 더 나아가 '용서는 우리를 과거로부터, 가해자로부터, 그리고 희생양이라는 역할에 얽매이는 것에서 해방시킨다. 우리는 억눌린 분노와 한의 결과물로 몸과 마음을 괴롭히지 않기 위해 용서한다. 용서는 우리가 스스로에게 주는 선물'[2]이라고 말했다.

　그러나 부모로 인해 받았던 고통이 너무나 커서 도저히 용서할 수 없을 때는 어떻게 해야 할까? 부모가 마지못해 미안하다고 하거나 아예 사과조차 하지 않는다면 어떻게 할까? 자신의 행동에 책임지기는커녕 우리를 탓하며 계속해서 상처를 준다면? 그때도 무조건 부모를 용서하는 것이 진정 마음의 평화를 얻는 길일까?

　일부 심리치료사들은 부모를 용서하고 나아가 그들과 화해하는 일을 개인적 성장의 최종 단계로 간주하며 자녀들에게 무조건적인 용서를 종용한다. 부모를 공경하는 의미에서 그들이 준 상처까지 받아들여야 한다는 극단적인 주장을 내세우기도 한다. 예를 들어 수많은 논란을 빚었던 가톨릭 신학자 베르트 헬링거Bert Hellinger는 이른바 가족배열법*을 적용한 치료 과정에서, 아버지에게 성적으로 학대당한 딸에게 아버지 앞에서 허리 숙여 절하며 '기꺼이 용서한다.'라고 말하도록 강요했다.[3]

미국인 심리치료사 마크 울린Mark Wollyn은 '자신과의 화해는 부모와의 화해에서 시작된다.'라고 이야기했다.[4] 그리고 이 주장을 뒷받침하기 위해 불교 승려 틱낫한Thích Nhất Hạnh의 전체적인 맥락이 고려되지 않고 극히 축소된 글을 인용했다.

"부모에게 분노하는 이는 자기 자신에게 분노하는 것과 다름없다. 어느 옥수숫대가 옥수수 알에게 분노를 품겠는가."[5]

나는 이처럼 독단적인 용서의 계율에 동의하지 않는다. 지속적으로 해악을 끼친 부모를 용서하라는 것은 자녀에게 폭력일 수도 있다. 세상에는 과거에 자녀를 학대하거나 폭행하고도 여전히 잘못을 인정하지 않고 도리어 '예민'하게 군다거나 거짓

---

* 베르트 헬링거는 유명한 미국인 가족치료사 버지니아 사티어의 가족재구조화 치료법에 바탕을 둔 가족 배열 기법을 고안했다. 가족 배열 기법에서는 선별된 외부 인물들이 각 가족구성원의 관계도에 따라 배치된다. 헬링거의 가족 배열 기법은 대규모 행사의 형태로 실행되며, 보수적이고 경직된 가치관을 기준 삼아 의뢰인들에게 속전속결로 해결책을 제시하려 든다는 점에서 논란의 대상이 되었다. 이런 방식은 심리치료의 기본원칙에 크게 위배되는 것이다.

말을 한다며 자녀를 몰아붙이는 부모들도 있다. 함부로 선을 넘으며 장성한 자녀에게까지 절대적인 복종을 요구하는 부모, 이를 거역할 경우 호적에서 파 버린다는 위협을 서슴지 않는 부모도 있다. 어린 자녀를 방치하고 자존감을 짓밟은 것으로도 모자라, 이들이 성장한 뒤에도 폄훼를 일삼고 자신의 과오를 아이 탓으로 떠넘기며 혼란을 주는 부모도 있다.

스스로 마음의 준비가 되지 않은 상태에서 주변의 강요 또는 의무감 때문에 용서나 화해를 시도할 경우 자아가 분열될 위험이 있다. 그 결과 자신의 진짜 자아로부터 멀어지는 것은 물론, 최악의 경우 정신질환이나 자살 등의 비극적인 결과가 초래되기도 한다.

부모를 용서하지 않기로 하는 것은 지속적인 자기 보호를 위한 중대한 선택이자 삶의 행복을 위한 선택이 될 수도 있다. 앨리스 밀러 역시 '부모의 잔혹함까지 용서하라고 강요하는 것은 불가피하게 치료 자기감정을 느끼고 부모의 행위와 의견에 의문을 품는 과정를 막는 종교적 강요와도 같다.'[6]라는 말로 이에 경종을 울렸다.

다시 한번 강조하건대, 부모를 용서해야 할 의무는 누구에게도 없다. 화해할 의무도 없다. 용서받을 권리라는 것 또한 존재하지 않는다.

그렇다면 부모를 용서하지 않는 편이 나은가? 그렇지 않다. 용서는 깊은 내면의 평화를 가져다준다. 용서하겠다는 결심이 삶을 변화시기기도 한다. 다만 용서는 외부의 지시가 아니라 내적인 자발성에 의해 이루어져야 한다. 이 과정은 때로 인생 전반에 걸쳐 진행되기도 한다. 강요한다고 더 빨리 되는 것도 아니고, 용서에 전제되는 중요한 감정 및 여러 단계를 건너뛸 수 있는 것도 아니다.

수십 년 동안 용서라는 주제를 연구해 온 미국인 심리학자 로버트 엔라이트Robert Enright는 용서하는 과정이 여러 단계에 따라 진행된다는 사실을 간파하고 이를 네 단계로 간추려 정리했다.

1단계는 내면의 고통을 찾아내 받아들이고 증오, 슬픔, 분노 같은 감정이 들어설 공간을 마련한 뒤 의식적으로 이를 느끼는 단계다. 이 단계를 거치지 않으면 진정한 용서는 불가능해진다. 고통을 의식적으로 소화한 뒤에는 이를 놓아 보내고 다음 단계로 들어설 수 있게 된다. 이와 관련한 내용은 다음 장에서 '자신에게 연민 품기'라는 주제를 통해 자세히 다룰 것이다.

2단계는 의식적으로 용서를 결심하는 단계다. 이 단계의 핵심은 가해자 여기에서는 부모의 행동을 변호하거나 잊는 것이 아닌, 용서를 통해 우리가 얻게 되는 이익을 조명하는 데 있다. 용서하는 사람은 자신을 얽어매고 있던 고통스러운 과거와 부모로부터 해방되어 지금껏 불만, 불화, 분노, 증오, 쓰라린 한에 소모되고 있던 에너지를 긍정적인 방향으로 유도할 수 있다. 용서하기로 결심하면 마음이 한결 가벼워지고 자존감이 높아지며, 내적인 강인함과 확신을 얻고 삶의 의미와 목표를 되찾을 수 있게 된다.

3단계는 부모를 이해하는 단계다. 이들을 다른 행동 및 삶의 맥락에 대입함으로써 새로운 관점으로 바라보고 공감대를 형성하는 것이다. 이때 중요한 것은 앞 장에서도 언급했듯이 부모의 다양한 면면을 인지하고 일정한 거리를 둔 채 보다 너그러운 성인의 관점으로 이를 조명하는 일이다.

4단계는 일어난 일들을 있는 그대로 받아들이는 단계다. 우리가 겪었던 부당한 일들을 변명하거나 축소하는 대신 이를 대하는 마음가짐에 변화를 주고, 기존의 회피행동과 공격성, 복수심을 버리는 것이다. 이 단계에서는 과거에 겪었던 부당한 일들에 더 이상 골몰하지 않기로 결심하고 공감과 너그러움과 선의를 품을 수 있게 된다.

다음에서도 설명하겠지만 이 네 단계가 서로 분명히 구분되는 것은 아니다. 모든 종류의 발전이 그렇듯 용서의 과정도 반복에 반복을 거듭하며 진행되기 때문이다. 그래서 로버트 엔라이트가 수없이 강조한 '용서는 고된 노동이다.'[7]라는 말에도 공감할 수밖에 없다.

상담실을 찾는 이들은 대부분 부모와의 관계를 개선하고 싶어 한다. 그들 중 다수는 부모와 해결되지 않은 문제를 안고 있거나 해묵은 앙금 또는 풀리지 않는 갈등에 고통받는다. 누군가는 침묵하고 누군가는 끝없는 다툼을 이어 가는 것으로 그에 대응한다. 부모에게 무언의 저항조차 할 엄두가 나지 않아 혼자서 책임을 짊어지고 모든 것을 자기 탓으로 돌리는 이도 있다. 또 어떤 이는 언젠가 부모 스스로 잘못을 깨닫고 모든 것을 되돌려주기를 은근히 바라기도 한다. 실망을 거듭한 끝에 이미 부모와 연을 끊은 이들도 적지 않다.

로버트 엔라이트는 부모가 사과하거나 변하는 모습을 보이지 않더라도 그들을 의식적으로 용서하는 것이 가능하다고 주장한다. 용서의 목적은 정의가 아니라 내면의 평화를 되찾는 것이기 때문이다. 용서는 잊는 것이 아니라 기억하면서도 놓아보내는 것을 의미한다. 우리가 용서하고자 하는 것은 부모의 행동이 아니라 부모다. 그들의 행동을 변호하거나 도덕적으로 면죄부를 주는 것이 아니라 부모를 향한 마음가짐을 달리한다는 뜻이다. 사상가 한나 아렌트Hannah Arendt는 '용서의 객체가 되는 것은 오로지 사람일 뿐, 사건은 결코 그 대상이 될 수 없다. (중략) 불의를 용서함에 있어 용서받는 대상은 그것을 범한 사람이며, 불의가 불의라는 사실은 조금도 변하지 않는다.'[8] 라고 말했다.

물론 상대방이 뉘우치는 모습을 보이면 용서가 수월해지는 것도 사실이다. 그러나 외적 조건이 이상적이지 못해도 내면의 평화를 얻는 것은 가능하다. 단, 상대방의 반응에 끊임없이 좌지우지되면 자주적인 결정과 내면의 치유 과정이 저해될 수밖에 없다. '용서는 우리가 스스로 주는 선물이다.'라는 데스몬드 투투의 말을 다시금 상기해 보라. 용서가 우리에게 선물인 이유는 부모의 태도와 상관없이 그들을 용서함으로써 과거와 엮여 있던 마음의 짐을 의식적으로 내려놓을 수 있기 때문이다.

이때 염두에 두어야 할 또 한 가지는 용서가 곧 화해를 뜻하지는 않는다는 점이다. 용서한 뒤에 좋은 마음으로 교류하며 좋은 관계를 유지할 수도 있지만 꼭 그렇게 해야 하는 것은 아니다. 용서와 더불어 완전히 분리되고 각자의 길을 가는 것도 한 방법이다. 유년기에 성적으로 학대당했던 소녀들을 대상으로 한 어느 장기 연구[9]에 의하면 분노와 복수심을 내려놓는 일은 희생자의 마음을 치유하고 자존감을 다지는 데 도움이 되며, 일종의 용서라 할 수 있는 이 과정을 통해 두려움, 우울감, 트라우마 증상도 경감되었다. 그러나 가해자 주로 아버지와의 화해가 화두로 등장하면 소녀들의 두려움과 트라우마 증상이 심해지고 어머니와의 관계까지 악화되는 것을 볼 수 있었다.[10]

바로 이 지점에서 용서와 화해의 차이가 명확히 드러난다. 과거를 놓아 보내고 내면의 평화를 찾는 과정은 당사자의 마음을 편하게 해주고 치유 효과를 내지만, 가해자와 물리적으로 가까워지는 것은 위험할 수 있다. 피해자가 무기력 및 일종의 마비 상태에 빠질 수 있을 뿐 아니라, 최악의 경우 학대가 반복될 가능성도 있기 때문이다.[11]

화해의 전제 조건은 부모가 자신의 행동에 책임지고 자녀가 이를 용서하는 것이다 이는 상술한 것만큼 위중하지 않은 사안에도 적용된다. 화해는 부모와 자녀의 공동 행위이다. 양쪽 모두 서로에게 다가가고, 서로의 말을 경청하며, 서로를 이해할 마음의 준비가 되어 있어야 한다는 의미다. 스스로 책임지고 이해하려는 자세가 되어 있지 않으면 화해는커녕 서로에게 다가가는 것도 불가능하다.

강조하건대 이는 자녀 쪽에게도 적용된다. 세상에는 용납되지 않는 행동을 하고 부모에게 상처를 주는 자녀들도 당연히 넘쳐난다. 어떤 자녀들은 부모의 잘못과는 전혀 상관없는 이유로 불화를 빚기도 한다. 대개는 부모를 향한 어린아이의 복수심이 그 원인이다. 어린 시절 자신을 괴롭게 만든 부모를 벌주고 무력하게 만드는 것이 지속적인 불화의 목적일 때 분리는 난관에 봉착할 수밖에 없다. 고집스러운 태도는 부모뿐 아니라 자신의 인생까지 힘들게 만든다. 불만과 복수심을 품고 살아가다 보면 나이에 맞게 분리될 수도, 자신의 인생 및 부모와의 관계를 자신에게 맞게 주체적으로 가꾸어갈 수도 없으며 부모와의 얽힘을 끊어내기도 힘들기 때문이다.

이 주제를 마무리하며 다시 한번 강조하고 싶은 것은, 용서하는 것과 용서하지 않는 것은 모두 개개인이 결정해야 할 문제이며 타인들도 이 결정을 존중해야 한다는 점이다. 이런 까닭에 나는 용서라는 말 대신 '내면의 평화 찾기'라는 더 보편적인 표현을 선호한다. 부모가 잘못을 인정하거나 변하지 않아도 우리는 마음의 평화를 찾을 수 있다. 부모와 아직 교류하고 있는가, 아니면 부모가 오래전에 이미 세상을 떠났는가는 별개의 문제다. 중요한 것은 현실의 부모와 화해하는 일이 아니라 무엇보다도 자신의 과거와 화해하는 일이기 때문이다.

우리의 과거, 우리의 삶을 있는 그대로 받아들일 때 진정한 마음의 평화를 얻을 수 있다. 에릭 H. 에릭슨은 1장에서 서술된 발달단계이론 중 마지막 단계인 자아 통합 vs 절망 단계의 맥락에서 이 능력을 언급했다. 이 단계에서 우리는 실패와 행운을 포함한 인생 전반을 되돌아보며 절망하는 대신 이를 수용하게 된다. 삶을 끝맺는 순간에 이르러서가 아니라 인생 전반에 걸쳐 수용하는 태도를 유지할 수 있다면 그야말로 이상적이다. 덧붙이자면 수용이란 자신의 필요나 감정을 억누르거나 현실에 맞서 싸우지 않고 현실을 있는 그대로 받아들이는 것을 뜻한다.

고난에 신음하거나 절망하지 않고 이를 받아들이는 사람은 놓아 보내기에도 성공할 가능성이 크다. 다른 과거에 대한 갈망을 벗어버리는 순간이 곧 과거와 화해하는 순간이다.

말로는 쉬워 보일지 몰라도 이는 매우 힘든 감정노동이다. 마음의 평화를 찾는 데는 용기와 인내심이 요구된다. 이에 지름길이란 없다. 그러나 목표를 향해 가는 매 발걸음은 우리를 우리 자신과 부모에 대한 깊은 연민으로 이끌어 주는 보람된 발걸음이 될 것이다.

두 가지 연민

마음의 평화를 찾는 과정에서 수행해야 할 첫 번째 기본 과제는 불편한 감정에 맞서 싸우거나 이를 억누르는 태도를 버림으로써 자기 자신과 화해하는 일이다.

그 뒤에는 부모의 한계를 받아들이고 그들의 입장에 서 보며 이해하는 과정이 필요하다. 자기 자신과 화해하기, 부모의 관점에서 생각하기는 모두 마음의 평화를 찾는 데 반드시 필요한 일들이며 상술한 순서에 따라 진행되어야 한다. 자신의 유년기와 과거에 경험한 결핍에 연민을 품는 사람만이 한결 누그러진 마음으로 부모를 바라볼 수 있기 때문이다. 자신의 고통을 부정하지 않고 상처를 치료하는 일이 선행되어야 부모의 상처 또한 인지할 수 있다. 부모의 파괴적인 행동이 우리에게 미친 영향을 인정하기에 앞서 섣불리 용서부터 할 경우, 꼭 필요한 자기연민을 거부하고 상처를 축소하게 될 위험이 있다. 그 결과물은 가짜 화해와 가짜 용서다.

많은 사람이 자기감정을 간과하는 이유는 어릴 적에 부모를 통해 그렇게 하도록 학습했기 때문이다. 부모와의 관계에서 발생하는 분노와 절망, 짜증과 실망을 오랜 세월에 걸쳐 억누르다 보면 정신건강과 다른 모든 인간관계를 그 대가로 치르게 된다. 돌보지 않은 상처와 억눌린 감정들은 뜻밖의 순간에 불쑥 덮쳐온다. 그러면 타인들과의 관계에서 무의식적으로 그에 상응하는 반응을 보이게 된다. 배우자나 자녀의 행동에 지나치게 민감하게 반응하고 동료나 상사와의 권력다툼에 휘말리기도 하며, 과거의 결핍에 대한 보상 심리로 타인들에게 지나치게 많은 것을 기대하기도 한다.

"울어서 죄송해요. 별것도 아닌 일 가지고."

린다Linda는 당혹스러운 표정으로 나를 향해 말했다. 아버지와 만났던 이야기를 막 마친 참이었다. 아버지가 이른 새벽부터 전화해 급히 필요한 몇 가지 일들을 처리해달라고 했다는 이야기였다.

막 외출하려던 참이었다고 말하자 아버지는 나무라듯 물었다.

"또 어디를 가야 한다는 게냐?"

"오늘 제 생일이잖아요. 손님들을 초대해 놔서 준비할 게 많아요."

"그랬구나."

아버지는 딸의 생일을 잊고 있었다는 것쯤은 신경 쓰지 않는 듯 무심히 대답했다. 축하의 말도 없었다.

연민의 눈빛을 보내는 내게 린다는 변명하듯 말했다.

"그렇게 나쁜 분은 아니에요. 아버지가 원체 덜렁거리는 성격이라, 저도 그런 걸로 마음이 상하지는 않아요."

나는 몇 주 진의 상담에서 분노와 실망감을 마구 표출하던

린다의 모습을 떠올렸다. 어버이날에 자녀들이 꽃을 선물해 주지 않았다는 게 이유였다. 이 일 때문에 남편과 이틀 동안 말도 하지 않았다고 했다. 그는 '남편은 한 번도 제게 마음을 쏟아준 적이 없어요.'라며 분개했다. 린다는 마음속에 남편의 애정을 기록하는 수첩을 품고 살았다. 그의 눈에는 남편이 쏟는 정성이 늘 부족해 보였고, 자신의 존재를 '당연하게 여기는' 아이들의 태도도 실망스럽기만 했다.

그러나 정작 자신에게 그런 감정을 유발하는 아버지는 신성한 존재라도 되는 양 감싸기 바빴다. 신성모독을 저지르면 즉각 저주받고 배척당하기라도 할 것처럼 조심스러운 태도였다. 실제로도 아버지는 딸이 태어나는 순간부터 그를 거부해 왔으며, 이후에도 줄곧 린다가 원치 않는 자식이었음을 상기시켜 주었다. 린다의 생존 전략은 자신의 가치를 깎아내리는 아버지의 메시지를 애써 외면하며 어머니와 더불어 그 의미를 왜곡하는 것이었다.

"마음에도 없는 말을 하는 거예요. 그게 아버지가 사랑을 표현하는 방식이죠."

그러나 아버지는 지금껏 딸에게 관심을 보인 적이 없었다. 린다는 아버지의 거부하는 태도에 눈과 귀를 닫고 애써 부정하면서도 남편과 자녀들의 태도에는 과민 반응을 보였다. 분리되지 못한 수많은 자녀의 특징이었다. 린다는 엉뚱한 전장에서 엉뚱한 승리를 위해 고군분투하며, 자신이 받은 상처의 책임을 엉뚱한 사람에게 전가하고 있었다. 그러나 오늘날까지 그를 괴롭히는 깊은 상처는 생긴 지 이미 오래였다. 고통의 근원을 스스로 깨닫지 못하는 한 그 상처를 치유하는 것은 불가능하다. 린다에게 무수한 상처를 낸 이는 다름 아닌 무정한 아버지였다.

상처를 직시하고 모든 감정을 허용하는 데는 적잖은 용기가 필요하다. 그러나 이는 무거운 마음의 짐으로부터 벗어날 수 있는 유일한 방법이기도 하다.

어떤 이들은 이 과정의 초기에 밀려드는 분노의 감정에 압도당한다. 사람들은 흔히 분노와 화를 파괴적인 것으로 간주하며 두려워하지만, 일차적으로 이것은 자신을 보호하고 선을 그을 수 있도록 도와주는 귀중한 내면의 신호다. 공격적인 감정을 억제하면 그 창끝이 자기 자신을 겨누게 되거나 타인들에게 과민 반응을 보이며 사소한 일로 폭발할 위험이 있다. 건강한 감정 조절이란 감정을 평가하지 않고 있는 그대로 인지하는 것, 불쾌하고 달갑잖은 감정까지 스스럼없이 받아들이는 것을 뜻한다. 틱낫한은 이렇게 이야기한다.

"우리는 먼저 분노를 인정하고 포용하고 받아들이며 그와 화합되어야 한다. 당신의 분노에 맞서 싸운다는 것은 가당찮은 일이다. 그 분노는 당신의 내면에 있는 상처받은 아이다. 그러니 싸워서 없앨 이유가 무엇이란 말인가?" [12]

분노를 받아들이고 나면 그것이 눈 녹듯 사라지는 모습을 보게 될 것이다. 분노가 휩쓸고 간 자리에는 흔히 슬픈 감정이 뒤따른다. 이제 갖지 못했던 것을 애도할 차례. 무조건적인 사랑을 쏟아주는 부모, 우리의 필요와 선을 중요하게 생각하고 존중해 주는 부모가 그것이다. 슬픈 감정도 많은 이들에게 두려움의 대상이다. '두 번 다시 즐거움을 느끼지 못하게 되는 게 아닐까? 두 번 다시 일어설 수 없게 되지는 않을까? 영원히 울음을 그치지 못하는 것은 아닐까?' 그러나 지금껏 생기를 앗아가던 깊은 슬픔을 받아들이고 나면 두려워했던 것과는 정반대의 일이 벌어진다. 슬픔과 분노를 헤치고 뚜벅뚜벅 걸어갈 수 있게 되는 것이다. 지치도록 한탄하고 울부짖다 보면 어느덧 슬픔은 썰물처럼 빠져나가고 태풍은 잦아들며 파도도 잠잠해진다.

감정을 허락하고 다정한 마음으로 이를 보듬다 보면 삶과 인간관계에도 변화가 찾아온다. 자기 자신에게 가까워지고 나면 비로소 타인들에게도 다가갈 수 있기 때문이다. 부모와 화해하고자 할 때는 이 법칙이 특히 유효하다. 틱낫한은 '타인들과 화해하기에 앞서 자신과의 소통로를 다시금 열어두어야 한다.'[13]라고 말했다. 고통은 거부하거나 부정하지 않고 보살피는 순간 경감되기 시작한다.

자신을 향한 연민을 키우고 스스로 돌보며 해묵은 상처를 치유하는 동안 우리는 부모로부터 서서히 독립한다. 더 이상 부모에게 감정을 투영시키거나 확인받을 필요가 없기 때문이다.

부모의 동의도, 위로도 이제는 필요치 않다. 이렇게 우리는 한 걸음 더 분리에 가까워진다.

　이제 우리는 부모에게 다가갈 수 있게 된다. 그리고 과오와 노력, 약점과 강점을 포함한 부모의 모든 것을 있는 그대로 받아들인다. 부모가 살아오며 어떤 고난을 겪었는지, 우리에게 더 좋은 부모가 되어주지 못한 까닭은 무엇인지도 깨닫는다. 경험은 그들을 현재의 모습으로 빚어냈고, 때로는 망가뜨리기도 했다. 그들도 한때는 부모에 의해 짓눌리거나 방치된 어린 아이였으며, 그들의 부모가 그렇게 할 수밖에 없었던 연유 또한 받은 것보다 더 많은 것을 자녀에게 주어야 했기 때문이리라. 누군가는 전쟁이나 피난, 자연재해의 참상을 겪었고, 누군가는 폭력의 희생양이었을지도 모른다. 가족 또는 사회로부터 고립되고 외상 후 스트레스 장애나 정신질환을 얻은 탓에 사람을 믿고 관계를 맺는 일에 어려움을 겪게 된 이도 있을 것이다.
　세대를 거슬러 올라가 이전 세대 및 가족 내에 전해져 온 정서적 유산을 파악하는 일은 마음의 평화를 얻는 데 특히 큰 도움이 된다.[14] 다세대적 관점에서 분석해 보면 앞서 부모에게 고통을 유발했던 일정한 표본과 유사성, 반복되는 특징이 포착될 것이다.
　걸핏하면 자녀에게 손을 대던 아버지는 아마 자신 역시 아버지에게 학대받은 경험이 있을지 모른다. 자녀를 방치한 어머니도 마찬가지로 부모에게서 사랑과 보살핌을 받아 본 적이 없을 것이다. 모든 경험이 다 걸러지지 않고 대물림되는 것은 아니지만, 치유되지 못한 유산은 우리를 거쳐 후대에까지 지속적인 영향을 미칠 가능성이 크다.

이처럼 여러 세대로 관점을 확대하면 책임 여부를 새로이 점검하는 것이 가능해진다. 조부모와 증조부모의 관계까지 거슬러 올라가다 보면 구성원 하나하나가 가족이라는 긴 사슬을 잇는 연결 고리임이 명확히 드러난다. 우리는 모두 가족과 사회의 영향을 받고, 대대로 이어져 온 마음의 짐을 넘겨받는다.

마음의 평화를 얻는 이상적인 방법은 가족사를 재구성하며 유해한 표본을 파악하고 비밀을 파헤치는 것, 그리고 트라우마를 판별해 가족에게 지워져 있던 굴레를 하나씩 벗어 던지는 것이다. 이때 우리는 선대에게 공감하되 그들과 나의 삶 사이에 선을 그을 수 있어야 한다. 책임 소재를 분명히 하는 동시에 부적절한 죄책감으로부터 벗어나는 일도 필요하다. 고통과 기쁨, 좋은 일과 나쁜 일을 일어난 그대로 이야기할 수도 있어야 한다.

불행한 가족사에도 밝은 지점은 있기 마련이다. 어딘가에는 부모의 과오를 반복하지 않으려 노력한 이, 잘해보려고 최선을 다한 이가 있을 것이다. 상황을 비판적으로 바라보고 자신만의 길을 개척한 뒤, 자녀들도 그렇게 할 수 있도록 독려한 영리하고 강인하고 꿋꿋한 이들도 있었을지 모른다. 행운을 거머쥔

이, 행운을 타인들과 나눈 이, 타인들의 행복을 위해 다양한 방식으로 노력한 이도 있었을 것이다.

긍정적인 측면을 파헤치는 일은 우리 마음의 짐을 덜어주고 삶에 의미를 부여하며 희망을 싹틔워 준다. 그렇게 우리는 내면의 평화에 한 걸음 가까워진다.

내 내담자였던 서른한 살의 비프케Wiebke도 이와 같은 경험을 했다. 그는 첫아이를 임신한 뒤 좋은 엄마가 될 수 없을지도 모른다는 두려움에 시달리다 상담실을 찾았다.

"저희 집안은 엄마가 아이를 버리는 일이 비일비재했어요."

비프케의 어머니는 그가 여섯 살이 되던 해에 집을 나갔다. 부모가 이혼하면 자녀들은 어머니와 함께 사는 것이 일반적이지만 비프케는 아버지 손에 자랐다. 가족에게 들은 바에 의하면 비프케의 외조모도 아이가 태어날 때마다 집을 나갔다가 몇 달이 지나서야 돌아왔다고 한다.

그런데 비프케의 가족사를 들을수록 '자식을 버리는 어머니'라는 서사가 어딘지 석연찮게 다가왔다. 비프케의 어머니는 딸을 버린 게 아니라 남편과 이혼한 것뿐이었고, 이후 정기적으로 딸을 만나 시간을 보냈기 때문이다. 외조모는 세 자녀를 낳았는데, 매 출산 직후 두어 달간 언니 손에 아기를 맡기기는 했으나 이후에는 자녀를 되찾아와 사랑과 정성으로 키웠다. 딸들이 고등교육을 받도록 힘썼으며, 아들이 일곱 살 되던 해 중병으로 수술을 받게 되었을 때는 무서워하는 아이를 위해 당시의 관례를 깨고 병원까지 동행해 주었다. 이후에는 하루 30분이 전부인 면회 시간을 아들과 함께 보내며 외로움을 달래주기 위해 몇 주일 동안 날마다 버스를 타고 먼 거리를 달려갔다.

"그런데 왜 출산 직후에는 아이들을 남의 손에 맡겼을까요? 아이에게 너무 잔인한 일 같은데, 그리고 나서는 또 그토록 정성 들여 키웠다니 앞뒤가 안 맞는 행동이 아닌가요?"

비프케가 물었다. 나는 어머니와 친척 어른들에게 자세한 이야기를 들어보라고 권했다. 그가 알아낸 바에 의하면 외조모는 출산하고 나면 한동안 '상태가 좋지 않아'서 사람들과 대화조차 제대로 할 수 없었다고 한다. 또 나이가 들면서는 딱히 건강상의 문제가 없는데도 앓아눕는 일이 많았다. 가족들은 이를 '예민한 탓'으로 치부했다. 짐작건대 비프케의 외조모는 출산 후 모든 산모의 10~15퍼센트가 겪는 산후우울증을 앓았으며 나중에도 주기적인 우울감에 시달린 것 같았다. 그러나 당시는 정신질환을 언급하는 것 자체가 금기시되었고 그 당사자들에게도 낙인이 찍히기 일쑤였다. 전문적으로 도움을 받을 곳은 찾기도 어려웠을 뿐 아니라, 있다 한들 수치심 때문에 당사자 스스로 기피하는 일이 많았다.

"비프케 씨의 외할머니는 우울증을 앓은 것으로 추측됩니다. 그래서 스스로 아이를 돌보지 않고 더 잘 보살필 수 있는 언니에게 맡긴 것 같아요. 그러다 상태가 어느 정도 괜찮아지면 바로 아기를 데려와 최선을 다해 키운 것이지요."

가족에게 들던 것과는 달리 외조모의 행동에 긍정적인 의미가 있었음을 알게 된 비프케는 눈물을 흘렸다.

"외할머니는 나쁜 엄마가 아니었군요."

어머니와는 부모의 이혼 후 그다지 살가운 사이로 지내지 못했지만, 이후 대화를 통해 어머니의 과거도 재평가할 수 있었다.

"어머니는 제가 아버지와 함께 사는 편이 저에게 더 좋을 거라고 판단했대요. 한창 직업 교육을 받던 중이라 시간적으로나 금전적으로 여유가 없었거든요. 제가 어머니와 함께 살았더라면 저녁 늦게까지 남의 손에 맡겨졌을 텐데, 그게 제 정서에 매우 좋지 않을 거라고 생각하셨나 봐요. 그에 반해 아버지는 근무 시간을 조절해서 저를 보살피는 게 가능했고요. 사실 어머니는 제가 태어난 직후에 이미 이혼할 생각이었지만, 제가 초등학교에 들어가고 상황을 더 잘 받아들일 수 있는 나이가 될 때까지 기다렸다고 해요."

정리하면 비프케의 외조모와 어머니가 자녀를 다른 사람에게 맡긴 것은 오로지 아이를 위한 결정이었다. 새로운 정보를 얻고 그런 사연이 있었음을 알고 나자 비프케는 한결 홀가분해졌다.

"무거운 짐을 내려놓은 느낌이에요. 저희 집안에는 대대로 나쁜 엄마들만 있는 줄 알았는데 그게 아니었네요. 오히려 어려운 상황에서도 아이에게 가장 좋은 해결책을 찾으며 나름대로 최선을 다한 것 같아요."

어떤 가족에게든 나름의 과거사가 있고, 가족구성원 각자에게도 나름의 사연이 있다. 다만 이런 사연들은 시간이 흐르며 각색되기 마련이라 어떤 이야기도 온전하지는 못하다. 이런저런 모순점 역시 흑백논리에 의해 부당하게 축소된 경우가 많다. 가족사 곳곳에는 함구되거나 과장된 이야기, 거짓과 신화와 비밀이 녹아들어 있다. 그리하여 실제 있었던 일들을 완전히 다른 모습으로 둔갑시키기도 한다. 그래서 특히 선대에 관해 부정적인 이야기를 들었다면 가족사를 구체적으로 파헤치며 다양한 관점에서 이를 바라보고 더 많은 정보를 수집해보는 것이 좋다. 가족사를 재구성하는 작업에서 중요한 것은 '진실'을 가려내는 일이 아니라 최대한 많은 퍼즐조각을 찾아내는 것이다. 이 과정에서 어두운 비밀을 알게 되는 등 충격적인 순간도 없지는 않을 것이다. 그러나 첫 충격이 가시고 나면 명확한 사고와 더불어 마음이 홀가분해진다. 더 많은 것을 납득하게 되면서 부모의 행동 방식과 우리 자신의 감정도 잘 이해할 수 있기 때문이다.

가족의 과거를 의식적으로 고찰하는 일은 지금껏 우리를 짓누르던 마음의 짐을 내려놓는 데 도움이 된다. 그 뒤에는 마음의 평화가 따른다. 무의식중에 선대로부터 물려받은 괴로운 화두에 얽매여 있다가 뒤늦게 그로부터 벗어난 사람들은 '이게 나와는 상관없는 일이었군요.'라고 말하며 안도의 한숨을 내쉰다.

어머니와 외조모를 보는 새로운 관점은 비프케의 삶에 전환점이 되었다. 과거와 화해하는 순간 비프케는 미래에 대한 희망을 되찾고 기쁜 마음으로 아이의 탄생을 기다릴 수 있게 되었다. 엄마가 되는 것도 더 이상 두렵지 않았다. 오히려 평온하고 희망찬 마음으로 새로운 삶의 단계를 맞이할 수 있었다. 가족사를 이전과는 다르게 해석함과 더불어, 선대 어머니들의 다양한 면면과 자신의 삶 사이에 선을 그을 수 있게 된 덕분이었다.

'내 삶의 상황이 어머니, 할머니의 것과 어떻게 다른가? 나는 어떤 점에서 어머니, 할머니와 다르게 행동하고자 하는가? 어머니가 아이를 키우며 한 일들 중 나는 절대로 하지 않겠다고 다짐한 것이 있는가? 그러기 위해 내게 필요한 것이 무엇인가?' 비프케와 같은 상황에 처했을 때는 나름의 방향을 찾고 선대와 자신의 차이를 분명히 파악하는 데 이런 질문들이 도움이 된다. 비프케는 자신이 어머니나 외조모와는 전혀 다른 삶의 질을 누리고 있으며, 덕분에 정서적·경제적으로 훨씬 더 많은 자원을 활용할 수도 있다는 데 주목했다. 출산을 앞두고 그는 좋은 어머니가 된다는 것이 자신에게 어떤 의미인지 깊이 고민했다.

"저는 아이에게 최선을 다하는 좋은 엄마가 되고 싶어요. 필요하다면 적극적으로 도움을 구할 거예요. 완벽해지기 위해 스스로 망가뜨리지는 않을 것입니다. 실수했을 때는 아이에게 솔직히 사과하고 제 행동 방식을 고칠 거예요."

아이가 태어난 후에는 상담 치료의 초점도 바뀌었다. 그는 어린 딸에게 무한대의 모정을 품고, 부모가 주는 안전감과 포근함 속에 무럭무럭 자라는 딸을 보며 자신이 한때 느꼈던 결핍이 무엇인지 깨닫게 되었다. 그리고 이후 어머니가 자신을 두고 떠났다는 분노와 슬픔을 받아들이고 소화하는 단계를 거쳤다.

내면의 평화를 찾는 일은 한 방향으로 이루어지지 않는다. 비프케는 어린 시절 어머니와 헤어진 경험을 애도한 뒤, 시간을 거슬러 올라가 어린 어머니의 입장에 서 보았다. 그리고 생애 첫 여러 달을 엄마 없이 보내고 성장 과정에서도 외조모의 정신질환 때문에 홀로 많은 것을 극복해야 했던 어머니의 불우한 유년기를 대신 애도해 주었다. 이 모든 감정들을 허용함으로써 비프케는 자신의 과거와 가족사를 소화할 수 있었으며, 평온하고 굳건한 마음으로 감정을 인지하게 되었다.

"많은 것이 훨씬 명확해지고 정리된 느낌이에요. 제 감정을 분명히하고 놓아 보내는 것도 예전보다 훨씬 쉬워졌어요."

과거를 놓아 보내는 과정을 거치고 나자 어머니와의 관계는 이전의 어느 때보다도 여유로워졌다. 비프케는 여전히 어머니에게 더 큰 애정과 더 강한 신뢰감과 더 깊은 친밀함을 갈망했으나, 상담 치료를 마칠 즈음에는 내게 이렇게 이야기했다.

"어쩌면 어머니에게는 그게 불가능한 일인지도 몰라요. 제게 진심으로 가까이 다가서는 방법을 전혀 모르는 것일 수도 있고요. 슬픈 일이지만 그게 현실이에요. 적어도 저는 이제 그러한 일들에 현명하게 대처할 수 있게 되었어요. 어머니, 정확히 말하자면 '제가 갈망하던 어머니'를 향한 미련이 되살아날 때면 저는 오랜 친구에게 전화를 걸어요. 제 사연을 잘 알고 있고, 항상 엄마처럼 온화하게 저를 받아주는 친구죠. 아니면 남편에게 안아달라고 하거나 욕조에 몸을 담그고 좋은 책을 읽어요. 가능한 편안한 환경을 조성하고 스스로 위로하려 애쓴답니다."

자신과 어머니 모두에게 연민을 품는 법을 배운 뒤로 비프케는 이처럼 마음의 평화를 얻게 되었다.

부모에게 연민을 품는다는 것은 그들의 모든 과오를 용서하거나 맹목적으로 변호한다는 의미가 아니다. 그보다는 과거에 부모에게 주어졌던 가능성과 한계를 인지하고, 우리가 꿈꾸던 부모가 되어줄 수 없었음을 받아들이는 것이다. 작가 되르테 한젠Dörte Hansen은 소설 『알테스 란트Altes Land』에서, 여러 세대를 아우르는 관점을 통해 부모의 부족한 면만 보는 편협한 관점이 해소되고 부모–자녀 간에 커다란 이해가 탄생하는 과정을 묘사했다. 소설 속 안네Anne와 어머니 말레네Malene의 이야기는 자녀가 부모의 전 생애를 조명함으로써 지금껏 알지 못했던 그들의 고통을 이해하고, 쓰디쓴 실망감 대신 가벼운 감사의 마음을 품게 되는 과정을 보여준다.

수십 년 동안 서로에게 불신과 적대감을 품고 살아 온 안네와 말레네는 어느 날 선대의 고향인 폴란드의 마주리아Masuria 지역으로 함께 여행을 떠난다. 이는 안네에게 어머니를 재발견하는 계기가 된다. 전쟁과 피난으로 짓밟힌 가족의 과거를 알게 된 안네의 마음에는 어머니를 향한 연민이 싹트기 시작한다. 당시 그곳에서는 수많은 사람이 목숨을 잃었고, 고향과 가족을 잃은 이들은 낯선 곳으로 이주해 낯선 사람들 틈에서 모든 것을 처음부터 다시 시작해야 했다. 감동적인 여행의 끝에 안네는 어머니가 나쁜 의도로 자신에게 소홀했던 게 아니라 그저 자녀를 더 잘 보살필 마음의 여유가 없었을 뿐임을 깨닫는다.

"안네가 받고자 했던 것이 말레네에게는 처음부터 없었던 것이다. 어머니를 몰아붙이고, 가방을 샅샅이 뒤지고, 마약밀매상을 수색하듯 어머니의 모든 것을 털어 봐도 안네가 그토록 갈구하던 것은 나오지 않았을 터이다. 없는 것을 어디에서 얻어낸단 말인가. 안네는 비로소 찾기를 멈추었다. 없으면 없는 대로 살아야 한다. 그대로도 살아질 것이었다." [15]

우리가 그토록 갈망하던 것을 부모가 해줄 수 없음을 인정하는 것은 내면의 평화로 가는 지름길이다.

미국인 심리치료사 수잔 포워드 Susan Forward는 부모에게 걸었던 비현실적인 환상과 희망, 기대를 놓아 보낼 준비가 된 내담자들에게 다음과 같은 애도문을 되뇌도록 권유한다.

"여기 행복한 가족이라는 나의 환상을 묻습니다. 부모님에게 걸었던 희망과 기대를 묻습니다. 부모님을 변화시킬 수 있다고 여긴 내 헛된 믿음을 묻습니다. 내가 꿈꾸던 부모님을 가질 수 없음을 나는 잘 알고 있으며, 갖지 못한 것을 슬퍼합니다. 그러나 이제는 이를 받아들일 수 있습니다. 나의 꿈이 편안히 잠들기를." [16]

받아들인다는 것은 곧 놓아준다는 것이다. 놓아주기에 성공하고 나면 불만과 고군분투에 소모하던 에너지를 현실을 가꾸는데, 무엇보다도 부모와 한층 만족스러운 관계를 쌓아 가는데 투입할 수 있게 된다.

현재를 가꾸는 일
새로운 규칙과 경계와 역할

　부모를 선택하는 것은 불가능하다. 지나간 어린 시절과 과거를 다른 모습으로 바꾸는 것도 불가능하다. 그러나 성인으로서 사람들과 어울리는 방식은 스스로 선택할 수 있다. 미국의 정신과 의사 해롤드 블룸필드 Harold Bloomfield도 그랬다. 부모와 소원해진 채 오랜 세월을 보내며 괴로워하던 그는 아버지가 중병에 걸려 살날이 얼마 남지 않았다는 소식을 듣고서야 비로소 결단을 내린다. 불편한 관계를 부모 탓으로 돌리는 대신 부모와의 만남에 스스로 책임을 지기로 한 것이다. 그가 가장 먼저 한 일은 아버지에게 자신의 감정을 전하는 것이었다. 아버지를 걱정하고 사랑하는 마음, 그리고 안아주고자 하는 마음을 전달했다. 감정을 표현하고 다정한 태도를 보이는 데 익숙지 않던 아버지는 아들의 첫 포옹에 뻣뻣하게 반응했고, 이를 감지한 아들의 마음속에서는 다시금 분노와 불쾌한 감정이 솟구쳤다.

그러나 해롤드 블룸필드는 예전처럼 아버지의 무심함을 비난하며 돌아서지 않고 자신이 원하는 바에 집중했다. '아버지는 내 친밀한 태도를 무척이나 부담스러워했으나, 나는 아버지를 좋아하는 내 마음을 표현하고 싶었다.'라고 생각하며 끈질기게 다가간 그는 마침내는 아버지에게 '제대로' 포옹하는 방법을 가르쳐주는 데 성공했다. 뒤이어 그는 '아버지의 태도가 한결 누그러지고 나를 껴안은 팔을 통해 그의 감정이 전달되기까지는 수개월이 걸렸다.'[17]고 말했다. 참으로 찬탄할 만한 자세다. 해롤드 블룸필드는 대범하고 성숙한 태도로 자신이 원하는 바를 고수했으며, 자신의 태도를 배우면서 점차 친밀함에 익숙해져 가는 아버지의 모습에서 기쁨을 느낄 수 있었다.

모든 부모와 자녀의 관계가 이처럼 감동적인 해피엔드로 끝나는 것은 아니지만, 블룸필드의 이야기는 우리에게 매우 귀한 메시지를 전해준다. 자신이 더 이상 무력한 어린아이나 부모의 희생자가 아님을 인정할 때, 자신의 감정을 존중하고 그에 따라 행동할 때, 과거의 역할과 제약으로부터 벗어날 준비가 되어 있을 때 우리는 비로소 부모와의 관계 전체를 영구적으로 변화시킬 수도 있다.

쉰다섯 살의 슈테판Stefan은 '어머니만 보면 심한 알레르기가 일어난다.'는 이유로 상담실을 찾아왔다. 그는 내게 이렇게 호소했다.

"어머니와는 멀리 떨어져 살기 때문에 만나는 일은 매우 드물고, 대신에 제가 일요일마다 전화를 걸어요. 그런데 그날만 되면 기분이 바닥을 치다가 이틀쯤 지난 뒤에야 겨우 회복됩니다. 그러다가 통화하는 날이 이틀 앞으로 다가오면 또다시 어머니를 향해 슬슬 화가 치밀어요. 어머니에게서 감정적으로 자유로운 날이 고작 일주일에 하루, 이틀 정도인 셈이지요."

"어머니와 통화하는 일이 그렇게 힘든 이유가 뭔가요?"

"어머니가 지나치게 엄격하거든요. 매사 이래라저래라 할 뿐 칭찬 한마디 하는 법이 없어요. 사사건건 나무라는 건 물론이고요. 예를 들어 어머니는 전화를 걸면 첫 마디가 '그래, 네 엄마.'입니다."

남들이 듣기에는 다를 것 없는 그 한마디가 슈테판에게는 선전포고나 다름없었다.

"'그래, 네 엄마.'라는 말에는 수많은 의미가 담겨 있어요. '어쩌면 그렇게 오랫동안 전화 한 통 하지 않고 찾아오지도 않는 거냐? 꼭 내가 먼저 전화를 걸어서 내 존재를 상기해 줘야 한다니. 내가 그새 죽기라도 했으면 어쩌려고! 엄마한테 눈곱만큼도 관심이 없구나. 제 어미를 그렇게 홀대하는 불효자식은 세상천지에 너뿐일 게다.'"

평범한 인사말 한마디가 슈테판의 내면에 태풍을 일으켰다. 비난으로 점철된 과거의 수많은 대화로 인해 마음속으로 쉬지 않고 어머니와 이야기를 주고받게 된 것이었다. 유년기 내

내 그는 비난과 비판을 감수해야 했다. '성적이 왜 그리 형편없니? 어째서 방이 늘 엉망이니? 제대로 된 친구들과 어울릴 수 없니?' 어쩌다 수학에서 B를 받으면 어머니는 어째서 A를 받지 못했냐고 캐물었다. 축구를 배우고 싶었지만 테니스를 하도록 강요당했으며, 음악은 듣는 것이 더 좋았으나 억지로 악기를 배워야 했다. 그나마도 드럼처럼 시끄러운 악기는 안 되고 반드시 피아노여야 했다. 슈테판의 말에 따르면 '한 걸음 진전할 때마다 부정적인 평가'가 덧붙었다. 그가 선택한 생존전략은 최대한 눈에 띄지 않게 행동하고 가능한 어머니를 피하며 아무것도 이야기하지 않는 것이었다. 아무런 방어막 없이 어머니의 비판에 노출되어 있다는 분노와 무력감이 늘 그를 괴롭혔다.

"그러면 이게 다른 어머니와 아들의 대화라고 상상해 봅시다. 이 어머니 역시 아들에게 전화를 걸어 '그래, 네 엄마다.'라고 말합니다. 이 모자에게는 그 말이 어떤 의미일까요?"

슈테판은 내키지 않는 표정으로 고민하다가 대답했다.

"그냥 별 뜻 없이 하는 인사말로 들리는군요. 제가 '여보세요, 슈테판이에요.'라고 말하는 것과 마찬가지로."

또 다른 대답을 떠올려 보도록 조금 더 시간을 주었으나 그는 고개를 흔들며 내게 물었다.

"선생님 생각은 어떤가요?"

"애정 어린 표현일 수도 있지요. 두 사람 사이의 애착을 강조하는 표현 말입니다. 제 친구는 어린 자녀들에게 입버릇처럼

'내가 너희들 엄마인 게 너무 좋구나.'라고 말하거든요."

그는 잠시 미소를 띠는가 싶다가 이내 침울한 표정으로 되돌아갔다.

"제 어머니는 다릅니다. 저도 어릴 적에는 그런 말이 듣고 싶었지요. 그러나 장담하건대 어머니는 그럴 분이 아니에요."

그 말이 핵심이었다. 어머니는 어린 슈테판이 바라고 필요로 하던 모습과는 거리가 멀었다. 문제는 현재의 그가 어린 시절보다 어머니와 만족스러운 관계를 맺는 게 가능한가였다. 양쪽이 과거나 미래의 모자 관계를 잠시 덮어두고 잠깐이나마 현재의 만남에 집중할 수 있는가도 중요했다. 해롤드 블룸필드[18]의 표현을 빌리면 부모 중 한 사람과 대화할 때는 언제나 네 명의 화자가 존재하기 때문이다.

1. 내가 상상하는 부모
2. 현실의 부모
3. 부모가 상상하는 나
4. 현실의 나

나는 여기에 두 명의 화자를 추가로 덧붙이고자 한다.

5. 과거에 나를 실망시켰던 부모
6. 과거에 부모를 실망시켰던 나

너무 복잡히게 들리는가? 실제 당사자들보다 그들이 서로에 대해 품고 있는 이상적인 버전과 실망스러운 버전이 현재의 대화를 지배하는 경우가 많다는 의미다. 슈테판과 그의 어머니가 그 예다. 어머니의 짧은 인사말 한마디도 슈테판에게는 트리거가 되어 퇴행을 유발하고 기분을 망친다.

"이 악순환에서 벗어나려면 어떻게 해야 할까요? 어머니와 아주 연락을 끊고 싶지는 않은데, 상황이 나아질 기미가 보이지 않아 너무 힘듭니다."

슈테판이 물었다. 부모와 이런 문제를 겪고 있다면 다음 몇 가지 해결책을 고려해 볼 수 있다.

> 1. 세팅. 즉 외적인 상황 및 그와 맞물린 무언의 규칙에 변화를 줄 것
> 2. 마음가짐을 변화시킬 것
> 3. 행동을 변화시킬 것

부모와의 관계에 어른답게 책임을 지고, 관계를 가꾸는 방식을 더이상 부모또는 내면 아이의 결정에만 내맡기지 않게 되면 우리는 자연히 아이 역할에서 벗어날 수 있다. 넘어지고 비틀거리면서도 멈추지 않던 오래된 춤도 비로소 끝이 난다.

이쯤에서 슈테판이 처해 있던 외적인 상황을 살펴보자. 그는 매주 일요일 오전에 어머니와 통화를 한다. 그러나 스스로 좋아서 하는 것인지는 생각해 본 적이 없다.

"사실 통화 내용은 늘 똑같습니다. 제가 먼저 어머니에게 어떻게 지내시는지 묻고, 어머니는 중요치도 않은 이야기를 끝없이 늘어놓지요. 음식은 뭘 드셨고, 앞집 사람에 관해 옆집 사람과 무슨 뒷소리를 했다는 이야기 따위요. 날씨나 텔레비전 프로그램에 대해 불평하실 때도 있고요. 거의 30분쯤 세상만사이야기를 늘어놓다가 끝내는 제게로 화살을 돌립니다. 어머니에게 너무 신경을 안 쓴다면서요."

생각만 해도 피로가 몰려오는 듯, 슈테판은 한숨을 푹 쉬었다.

"통화하는 동안 어떤 충동이 느껴지나요?"

내 질문에 그는 어리둥절한 표정으로 나를 바라봤다.

"충동이라뇨? 그냥 그러려니 하는데요. 통화가 빨리 끝나기만을 바라면서 말입니다. 그러다 어머니가 저를 나무라기 시작하면 피곤함이 절정에 달하죠."

"통화를 끝낼 때는 어떻게 하시죠?"

"삼십 분을 훌쩍 넘긴 뒤에야 간신히 작별 인사를 꺼냅니다."

"그 전에 통화를 끝내지 않는 이유는 무엇인가요?"

그는 잠깐 생각에 잠겼다.

"그래야 죄책감이 상쇄되는 것 같거든요."

나는 대화를 끝내고 싶어지는 시점이 언제인지 다음번 통화에서 정확히 파악하라는 숙제를 내주었다. 다만 끊고 싶은 충동을 실행할 필요는 없고 그저 자각하는 것으로 충분하다고 일러 주었다. 그가 더 심한 스트레스를 받게 되는 상황을 방지하기 위해서였다.

다음 상담 시간에 그는 다음과 같은 대답을 내놓았다.

"3분 만에 끊고 싶어졌어요. 정확히 3분이 지나자 도망치고 싶다는 생각이 고개를 들었지요. 통화하는 내내 그런 생각이 끊이지 않았어요. 그걸 정확히 자각하면서도 참고 있으려니 정말 끔찍하더군요."

"그런데 참고 있으라고 누가 강요한 것은 아니잖아요?"

"선생님이 그러라고 하셨잖아요! 충동을 실행에 옮길 필요는 없다고."

"그러면 그 이전의 수년간은 누구 때문에 내키지 않는 통화를 참고 계셨나요?"

그가 자신의 불편한 감정을 쉽게 남 탓으로 돌리고, 타인이 자신에게 거는 억측에 불과한 기대에 휘둘리고 있음을 일깨워 주는 것이 내 질문의 목적이었다.

"듣고 보니 그러네요. 정확히 30분 동안 통화해야 한다고 어머니가 요구한 것도 아닌데. 30분 정도 참으면 더 긴 잔소리를 피할 수 있을 거라고 은연중에 생각하고 있었나 봅니다."

"실제로도 30분으로 충분하던가요?"

그는 경계하는 시선으로 나를 바라봤다. 통화 시간을 두 시간으로 늘리라는 거냐고 묻는 눈빛이었다.

"아니요. 다섯 시간을 통화해도 어차피 비난으로 끝나겠죠."

슈테판과 어머니는 모두에게 좌절감만 초래하는 의식에 얽매인 채 빠져나오지 못하고 있었다. 어머니는 허공에 대고 끝없는 독백을 늘어놓다가 마지막 몇 분에 이르면 무의식적으로 아들을 나무라며 대화를 끝맺는다. 자녀가 마지못해 연락한다는 것을 감지하는 부모는 만약에 대비해 자녀에게 죄책감을 심어주며 주기적으로 연락할 것을 강요한다.

이제는 이 난국을 타개할 때였다. 그 첫 단계는 자기감정을 의식하는 것이며, 두 번째 단계는 감정에 따라 행동하는 것이다.

나는 슈테판에게 물었다.

"다음번 통화할 때는 불편한 기분이 드는 즉시 전화를 끊어보는 게 어떨까요?"

"그냥 끊으라고요? 그건 어렵습니다. 어머니가 이해하지 못할 거예요. 상황만 더 악화될 겁니다."

그는 잠시 고민하더니 덧붙였다.

"어디가 아파서 통화하기 힘들다고 하면 또 모를까. 편두통이 심해졌다든가 병원에 가야 한다는 핑계로 말이죠."

분리되지 못한 내면 아이에게서 나오는 대답이었다. 내면 아이는 통제 불가능한 상황에 처했거나 실제로 행동에 제약이 있을 때, 다시 말해 자신의 의지로는 어찌할 수 없는 예외적인 상황에서만 낡고 해로운 규칙과 의식에서 벗어날 수 있다. '아프다.'는 말은 만병통치약이다. 사람들은 내키지 않는 통화를 피할 수만 있다면 차라리 어두컴컴한 방에 열두 시간을 웅크린 채 편두통에 시달리는 쪽을 택한다. 매우 비합리적인 행동처럼 보이지만 분리되지 못한 어린아이는 이렇게 행동하는 일이 매우 흔하다. 부모와 맺은 불합리한 계약을 어기는 것이 오직 극단적인 조건에서만 허용되기 때문이다.

슈테판처럼 부모의 필요를 자신의 것보다 우선시하며 자란 자녀들은 스스로 부모와의 관계에 영향력을 행사할 수 없다고 생각해 기존에 학습된 아이 역할에 따라 행동한다.

슈테판은 분리되지 못한 자녀 가운데도 이른바 복종 모드나 순응 모드에 따라 행동하는 경우다. 반대로 반항 모드에 맞추어진 이들은 부모가 자신에게 기대하는 모든 것을 근본적으로 거부한다. 그러나 미성숙한 행동 방식이라는 점, 부모와 기쁘거나 진심 어린 관계를 맺지 못하고 자주적인 의사 결정에 어려움을 겪는다는 점은 양쪽이 공통적이다.

분리가 잘 된 성인들은 애정 어린 태도로 부모를 대하는 동시에 현명하게 선을 그을 줄 알고 행동력과 협상 능력 또한 갖추고 있다. 부모-자녀 관계를 가꾸는 일에도 능동적으로 임하며, 부모에게 죄책감을 품지 않고 책임감 있게 자기 안위를 돌볼 줄도 안다.

부모와의 관계를 개선하고 싶다면 자신의 필요와 경계를 명확히 표현할 수 있어야 한다. 슈테판은 이후 몇 주일 동안 통화 시간을 15분으로 제한하는 연습을 했다. 또한 지루함과 짜증을 참으며 지난 일주일간 어머니의 일과를 듣고 있기보다는, 어머니와 상의하고 싶었던 문제나 자신의 일상에 관한 화제를 미리 생각해 두었다가 적극적으로 이야기하기로 했다. 그러자 불과 몇 주일 만에 대화의 양상이 변하기 시작했다.

"친한 친구와 통화하는 것처럼 유쾌하다고는 할 수 없지만, 적어도 예전처럼 힘들고 지겹게 느껴지는 않습니다."

더불어 어머니에 대한 그의 마음가짐에도 변화가 생겼다.

"아버지가 돌아가신 뒤로 무척 외로우신 모양입니다. 저와 통화하는 것이 어머니에게 유일한 낙인 것 같아요."

어머니의 유년기에 관한 이야기가 나오자 어머니를 향한 연민도 생겼다. 어머니 역시 부모의 기대를 충족시키지 못해 늘 야단맞으며 자랐다는 데 생각이 미친 것이다.

"어린 시절의 어머니도 저와 같은 마음이었겠지요. 그런데 어머니도 외조부모님과 똑같이 행동하고 있다니, 슬프기 그지없는 일입니다."

나는 슈테판과 함께 어린 소녀였던 어머니의 모습을 상상해 보았다. 부모의 기대에 미치지 못했다는 소녀의 강한 열등감은 그로부터 수십 년이 지나 아들을 압박하는 것으로 표출되었다. 슈테판은 어머니가 가진 확장된 자기애의 일부가 되어 그가 이루지 못한 것을 대신 채우고 성취하도록 강요당했다. 아들은 어머니의 희망이었다. 아들이 가족의 기대를 충족시키는 데 성공하면 자신의 삶도 가치 있고 좋은 삶이 될 것이라 믿었다.

이를 이해하고 나자 슈테판은 어머니의 비판이 여전히 짜증스럽게 느껴시기는 해도 이건처럼 그로 인해 상처받거나 압박감에 시달리지는 않게 되었다.

"열등감에 시달리던 어린 소녀의 모습을 상상하면 화살처럼 날아오던 비난의 말들이 도로 튕겨 나가는 느낌이에요. 그 배경을 더 잘 이해할 수 있게 된 덕분이지요. 아직까지도 자신의 가치를 증명해야 한다는 강박관념에 시달리는 어머니가 조금은 안쓰럽기도 합니다. 당신의 열등감을 상쇄하기 위해 저를 이용한다 해도 말이지요."

이로써 슈테판은 중대한 단계를 거치는 데 성공했다. 어머니의 내면 아이를 발견함으로써 성숙한 어른의 태도로 어머니의 행동에 대응할 수 있게 된 것이다. 이제 그는 어머니의 기대로부터 거리를 두는 한편, 연민을 품고 어머니의 내면 아이를 바라보게 되었다. 양쪽 모두의 내면 아이가 주도하던 관계에서 벗어났으니 그를 이 관계로 다시금 끌어들이려는 어머니의 시도에도 더 이상 휘말리지 않을 터이다. 그런 관계는 부모와 자녀를 서로에게 얽어매고, 어른 대 어른으로서의 만남을 불가능하게 만들며 모두를 절망으로 몰아넣을 뿐이다.

부모와의 관계를 개선시키고 싶다면 과거의 부모를 너그러운 마음으로 용서하는 것만으로는 부족하며, 서로를 대하는 마음가짐과 태도에도 변화를 주어야 한다. 해롤드 블룸필드와 슈테판의 사례가 증명하듯, 아이 역할에서 벗어나 성인답게 책임감을 가지고 능동적으로 행동하기 시작하면 부모와의 관계도 눈에 띄게 좋아질 것이다.

이때 가장 어려운 것은 부모와 진솔한 교류를 이어가면서도 자기 자신을 지키는 일이다. 이 아슬아슬한 줄타기에서는 건강한 선 긋기가 절대적으로 필요하다.

건강한 선 긋기

미국의 시인 로버트 프로스트Robert Frost가 1914년에 쓴 「담장을 고치며Mending Wall」라는 시에는 '좋은 담장은 좋은 이웃을 만든다.'라는 구절이 있다. 이러한 비유는 모든 인간관계, 그 중에서도 부모와의 관계에 완벽히 적용된다. 어른이 된다는 것은 자신의 길을 가고, 부모 및 부모의 바람과 기대로부터 선을 긋는 것을 뜻하기 때문이다.

배우자 · 직업 · 거주지 선택이나 자녀 양육 같은 중대한 개인사를 결정하는 데 부모로부터 적절히 선을 그을 수 있는가는 분리의 정도를 알 수 있게 해주는 명확한 척도다.

건강한 선은 방어나 반항, 복수, 처벌과는 거리가 멀다. 자신의 필요를 차분하고 명확하게 표현하고, 부모의 평가에 연연하지 않으며 이를 옹호하는 자세를 보여주는 것이 건강한 선 긋기다.

선을 긋는 데 익숙지 않은 사람은 이를 매우 어려워한다. 나아가 매사에 소심하게 움츠러들거나 자신을 잃거나 타인에게 과잉 반응을 보일 위험이 있다.

"차라리 부모님이 일찍 돌아가셨으면 좋겠어요."

내 내담자였던 마틴Martin은 아내 헬레나Helena와 심한 부부 싸움을 한 뒤에 상담에서 이렇게 말했다. 헬레나는 아내와 아이들보다 부모가 원하는 것을 우선시하는 마틴을 향해 부모의 꼭두각시라고 비난을 퍼부었다. 마틴의 부모는 마요르카Mallorca에 새로 장만한 별장에서 함께 열흘 동안 휴가를 보내고 싶어 했다. 문제는 부모의 부부관계가 나쁘고 헬레네를 탐탁지 않게 여기며, 손주들은 버릇이 없다고 못마땅하게 여긴다는 점이었다.

마틴과 헬레네의 다툼은 대략 이랬다.

"성인 네 명에 사춘기 아이들 두 명까지 있는데 좁은 집에서 어떻게 열흘을 같이 지내? 틀림없이 싸움이 날 거라고!"

"하지만 부모님이 벌써 팔순을 넘기셨잖아. 이번이 부모님과 휴가를 보낼 마지막 기회일지도 몰라."

"하지만 우리 가족끼리 휴가를 보낼 마지막 기회일 수도 있어. 레오Leo는 열일곱 살이고 미아Mia는 열다섯 살이야. 내년부터는 가족여행에 따라가지 않겠다고 할지도 몰라."

마틴은 헬레나를 설득하려 애썼다.

"마요르카는 날씨가 좋으니 우리끼리 놀러 나가면 돼. 부모님과 따로 다니면 괜찮을 거야."

"어차피 따로 다닐 거면 애초에 가족여행을 가야 할 이유도 없잖아?"

그러자 마틴은 태도를 바꾸어 아내를 비난하기 시작했다.

"가족 따위는 당신에게 중요하지도 않지? 당신이 부모님과 함께 여행하는 데 관심이 없으니 남들도 못 하게 막는 거잖아."

헬레나는 지지 않고 맞섰다.

"어떤 가족이냐가 중요하지. 나한테 가족은 나와 가장 가까운 당신과 아이들이야. 그렇다고 내 부모님을 사랑하지 않는다거나 가족으로 취급하지 않는 건 아니잖아. 단지 부모님을 당신과 아이들보다 우선시하지 않는 것뿐이지. 그게 내가 생각하는 가족이야."

마틴은 화가 나면서도 막막했다. 그러나 부모의 요구를 차마 거스를 수는 없었다.

"최악인 건 헬레나의 말이 전적으로 옳다는 점이에요. 제가 부모님에게 받는 압박감을 견디지 못하고 고스란히 아내와 아이들에게까지 뒤집어씌우거든요. 억지로 가는 가족 휴가가 즐거울 리 없다는 것도 압니다. 부모님은 행복한 대가족의 모습을 상상하고 있지만 그게 현실이 될 가능성은 극히 낮아요."

"마틴 씨가 상상하는 이상적인 여름휴가는 어떤 건가요?"

내 물음에 그는 어깨를 으쓱했다.

"한편으로는 무슨 수를 써서라도 부모님의 요구를 들어드리고 싶어요. 아내와 아이들의 반대를 무릅쓰고라도 말입니다. 다른 한편으로는 아내처럼 스스럼없이 부모님에게 '마음은 고맙지만 안 될 것 같아요.'라고 말하지 못하는 게 아쉬워요."

"부모님을 걱정하는 마음과 아내와 아이들을 위하는 마음이 반반이군요. 그러면 마틴 씨 자신이 원하는 바를 지키고자 하는 마음도 있나요?"

마틴은 고개를 가로저었다.

"그게 항상 제 약점이었습니다. 대신에 다른 사람들이 원하는 게 무엇인지는 잘 이해했어요. 그 시작이 부모님이었고요."

"그래서 차라리 부모님이 돌아가시고 안 계시면 모든 게 쉬울 거라고 생각하는군요. 그 뒤에야 비로소 자신의 필요를 보살필 여유가 생길 거라 믿는 듯합니다."

마틴은 고개를 끄덕이며 두 손으로 얼굴을 감쌌다.

"그런 생각을 한다는 게 수치스럽기 짝이 없습니다. 부모님이 돌아가시기를 원한다니. 전 그저 벗어나고 싶을 뿐이에요. 끝없이 배려하는 데 지쳤습니다. 비난받는 데도 지쳤고, 실망감과 죄책감에서도 벗어나고 싶어요."

마틴은 마흔여섯 살이었고 24년 전부터 부모와는 다른 지역에서 거주하고 있었다. 직업적으로도 성공했고 사랑하는 여성과 결혼해 슬하에 두 자녀도 두었다. 표면적으로는 누가 봐도 독립적인 인생을 살고 있었다. 그러나 안으로는 부모의 죽음 이외에는 탈출구가 없다고 여길 정도로 부모와 복잡하게 얽혀 있었다. '부모님이 일찍 돌아가셨으면 좋겠다.'는 상징적인 말 속에는 실제로 부모의 죽음을 원한다는 의미가 아닌, 부모의 구속과 지배로부터 해방되고 싶다는 소망이 깃들어 있었다.

분리되지 못한 자녀들은 자신의 필요를 인지하고 선을 긋는 일에 익숙지 않다. 그리하여 마틴처럼 절대적인 복종과 경직된 반항이라는 양극단을 시계추처럼 오가며, 후자의 경우 심하면 연을 끊기도 한다 그러지도 못하는 경우 유일한 탈출구는 부모의 사망뿐이다.

"선택의 여지가 없어요. 부모님에게 휴가를 함께 가지 않겠다고 하면 난리가 날 겁니다. 연을 끊게 될지도 몰라요."

그는 자신의 필요를 앞세우고 선을 긋는 일이 필연적으로 돌이킬 수 없는 갈등이나 관계 단절을 유발할 것이라는 두려움을 품고 있었다. 이 역시 분리되지 못한 자녀의 특징이다. 신이나 다름없는 부모의 분노를 두려워하는 것이다. 부모와의 애착이 불안정해 부모가 조건 없는 사랑을 줄 거라는 신뢰가 없으니 그러는 것도 당연하다. 그 결과 이들은 자율성을 발달시키지 못하고, 부모의 특징이나 생애의 중요한 부분에 대해 함구하게 된다. 이처럼 순응하는 태도는 부모와 동등한 관계를 맺고 갈등을 해결할 기회를 자기 자신과 부모 모두로부터 앗아가 버린다. 다르게 표현하면 성인이 되지 못하고 아이 역할에 갇혀 있는 셈인데, 그러다 보면 갈등의 양상도 제대로 파악하지 못하고 어색한 가짜 관계를 유지하게 된다. 그러나 실제로는 관계가 단절되기에 앞서 서로를 잘 이해하고 더 성숙한 관계를 쌓게 될 큰 기회가 숨어 있다. 강요와 의무감과 죄책감으로 점철된 관계에서 벗어나 상호 이해와 존중에 바탕을 둔 부모-자녀

관계를 시작할 기회가 말이다.

미완성의 분리는 개인의 발전을 가로막고 부모와의 관계를 해치는 데서 그치지 않고 다른 모든 인간관계에까지 영향을 미친다. 헬레나는 부모에 대한 충성심을 아내와 자녀 쪽으로 옮기지 못하는 마틴의 태도 때문에 오래전부터 힘들어하고 있었다. '당신은 부모님이 부르면 물불 안 가리고 뛰어가는 사람이야.'라고 비난하며 이제부터 그를 빼고 가족 휴가를 계획하겠다고 선언했다. 시부모와 휴가를 보낼 일도 없을 거라고 못 박았다. 궁지에 몰린 마틴은 그제야 심리상담을 통해 선 긋는 연습을 하기로 결심했다.

"부모님 이야기가 나오는 것도 꺼려지지만 아내를 잃을지도 모른다는 두려움이 더 큽니다. 부부 사이가 나쁘니 아이들도 힘들어하고요. 부모님 문제 때문에 좋은 남편, 좋은 아빠 역할을 제대로 할 수 없어요. 가족에게까지 제 부모님 뜻에 따르라고 강요하거든요. 얼마 전에는 아들이, 모두가 납득할 만한 해결책을 찾지 못하면 자신은 휴가에서 아예 빠지겠다고 선언하더군요. 그러고는 자신의 희망 사항을 적은 목록을 들고 왔습니다. 저는 아들이 무례하게 구는 것 같아 화가 나면서도 내심 그 당찬 태도에 감탄했습니다. 열일곱 살짜리 아이도 아버지 앞에서 저리 당당한데 저라고 못 할 게 있나 싶어서, 이제라도 배워야겠다고 결심했어요."

우리는 먼저 그의 필요를 탐색하는 데 많은 시간을 할애했다. 마틴에게는 쉽지 않은 일이었다. 자기 자신을 들여다본다는 것은 그에게 신세계를 탐색하는 일이나 다름없었다. 그러나 마틴은 자신에 관해 잘 알지 않고서는 목표를 이룰 수 없음을 이해하고 성실히 그에 임했다. 선을 그을 수 있으려면 먼저 자신이 원하는 것과 더 이상 원하지 않는 것을 정확히 인지해야 한다.

"저도 부모님과 휴가를 보내고 싶지 않습니다. 애초에 마요르카에 가고 싶지도 않았어요!"

마침내 그가 말했다. 대신에 아내, 자녀들과 상의해 모두가 바라던 노르웨이 여행을 가기로 결정했다. 이후 직접 부모를 찾아간 마틴은 떨리는 가슴을 억누르며 여름휴가를 함께 보낼 수 없다고 전했다. 예상했던 대로 부모는 실망한 기색이 역력했다.

"부모님은 그게 헬레나 탓이라고 굳게 믿었습니다. 저는 부모님 뜻에 따르지 않은 적이 한 번도 없었거든요."

아버지는 불같이 화를 냈고, 어머니는 다시 생각해 보라고 애원했다. 일주일 뒤에는 연락도 없이 불쑥 찾아와 또다시 그를 설득하려 들었다. 그래도 마틴이 뜻을 굽히지 않자 아버지는 은혜도 모르는 불효자라며 화를 냈다. 예전 같았으면 죄책감에 사로잡혔을 마틴이지만 이쯤 되자 부모가 자신을 통제하려 든다는 생각에 분노가 치밀었다.

"제가 휴가 비용을 대 달라고 한 것도 아니잖아요. 마음은 감사히 받겠다고 몇 번을 말씀드렸고요. 어머니, 아버지는 제 말을 아예 안 들으시는 것 같아요. 제 바람을 흘려들으시는 게 이번이 처음도 아니에요. 전 어린아이가 아니에요. 심지어 몇 년 후면 제 자식들이 성인이 된다고요. 가족과 상의해서 이번 휴가는 저희끼리 보내기로 결정했습니다. 부탁이니 그 이야기는 이쯤에서 그만하고, 저녁 식사하고 가실래요?"

"안 하겠다면? 우리를 쫓아내기라도 할 셈이냐?"

아버지가 고함을 쳤다.

마틴은 분노와 두려움이 동시에 엄습하는 것을 느꼈다. 다툼은 원치 않았지만 이제 회피하지 않고 갈등을 똑바로 마주해야 할 때임을 알고 있었다.

"제 결정을 존중해 주세요."

그는 먼저 어머니를, 다음으로는 아버지를 바라보며 말했다.

"저와 좋은 관계로 지내고 싶으신가요, 아니면 제가 부모님에게 억지로 순종해야만 유지되는 관계를 원하시나요? 저는 부모님이 저를 전혀 존중하지 않는다는 느낌 때문에 늘 괴로웠어요."

잠시 침묵과 함께 긴장감이 감돌았다. 그때 어머니가 불현듯 입을 열었다.

"네가 그렇게 말하니 예전에 일요일 오후마다 네 조부모님 댁에 갔던 일이 생각나는구나. 난 그게 얼마나 싫었던지. 너한테는 그런 이야기를 한 적이 없지, 아마? 나는 늘 네 아버지와

너, 셋이서만 시간을 보내고 싶었어."

마틴은 깜짝 놀랐다. 그걸 싫어한 사람이 자신뿐이라고 생각했던 것이다. 조부모의 집에서 나설 때면 늘 홀가분하기 짝이 없었다.

"그래도 그러려니 하고 넘어갔지. 나한테는 그게 그냥 삶의 일부였으니까."

어머니가 나직이 덧붙였다. 당시의 일요일 가족 모임은 이처럼 솔직한 대화로 끝나지 않았다. 마틴의 가족은 조부모님이 돌아가신 뒤에야 그로부터 벗어날 수 있었다.

가족치료를 하다 보면 특정한 일들이 여러 세대에 걸쳐 반복되고 있음을 발견하는 일이 흔하다. 분리 문제도 그중 하나다. 수 세대에 걸쳐 이어져 온 가족의 계약이 분리의 방해 요인임을 포착했다면 이를 즉시 검토하고 수정해야 한다. 가족 시스템의 오류를 발견하고 수정하는 일은 가족 모두의 발전에 도움이 된다.

마틴의 가족도 마찬가지였다. 어머니는 마침내 아들을 가족 휴가 의무로부터 놓아주었다. 아버지는 이후에도 한동안 완고한 태도를 보였지만 시간이 흐르며 달라진 상황에 익숙해졌다. 마틴과 부모 사이에는 종종 갈등과 실망이 불거졌지만 마틴은 포기하지 않고 자신의 필요와 선을 옹호했다. 그의 명확한 태도 덕분에 부부관계도 눈에 띄게 좋아졌다. 아내는 그에게 이렇게 말했다.

"요즘 들어 당신과 가까워진 것 같아. 예전보다 훨씬 더 당신을 신뢰할 수 있다는 느낌이 들어."

둘 사이에 감돌던 긴장감이 완화되자 두 사람 사이도 한층 다정해졌다. 시간이 더 지나자 부모와의 관계에도 변화가 생겼다. 부모는 아들을 존중하는 태도로 대했다. 뭔가를 청할 때면 아들의 이해를 구했으며, 무턱대고 나무라는 일은 줄어들었다.

이 모든 긍정적인 변화는 마틴의 적극적인 태도에서 비롯된 것이다. 무엇보다도 그가 용기를 내어 부모에게 선을 그었기 때문에 가능했던 일이다.

모든 문제에서 명확히 선을 긋는 태도는 부모 – 자녀 관계의 질을 결정짓는다. 주말마다 부모를 만나러 가는 일을 그만두거나 가족여행을 함께 가지 않겠다고 선언할 때, 특정한 요구를 더 이상 들어주지 않기로 결심했을 때, 내 인생에 간섭하지 말아 달라고 할 때도 마찬가지다. 부모에 대한 애정을 잃지 않되 조금씩 선을 긋는 태도는 자녀의 삶 전체에 긍정적인 영향을 미친다. 자신과 타인을 존중하는 법을 배우고, 누구에게나 선을 그을 권리가 있으며 이것이 우리에게 안전망을 제공해 준다는 사실도 알게 된다.

그러나 이처럼 긍정적인 경험을 하지 못하는 자녀들이 더 많은 게 현실이다. 이들은 성인이 되어서도 자기 입지를 관철하고 선을 긋는 데 어려움을 겪는다. 부모가 자녀의 선을 존중하지 않거나 걸핏하면 침범하는 경우, 자녀는 분노와 체념 사이에서 방황하게 될 수 있다.

부모가 자녀의 선을 존중하지 않을 때는 어떻게 해야 할까?

미국의 심리치료사 네드라 타와브 Nedra Tawwab는[19] 선 긋기의 두 가지 핵심 요소로 소통과 행동을 꼽는다. 타인의 이해를 구하려면 먼저 자신의 필요를 명확한 언어로 표현해야 한다. 어느 누구도 심지어 부모조차도 우리의 생각을 읽을 수 없기 때문이다. 때로는 행동을 통해 내 선을 명확히 보여주어야 할 때도 있다.

불같은 성미의 아버지 때문에 고통받던 하요 Hajo의 사례를 예로 들어보겠다. 그의 아버지는 걸핏하면 아들에게 고함을 질렀다. 나는 아버지에게 이렇게 말해 보라고 권했다. '더 이상 제게 고함치지 말아 주세요. 저한테는 중요한 문제예요. 부탁이니 아무리 화가 나더라도 조용히 이야기해 주세요. 그래야 저도 아버지의 말을 경청할 수 있어요.'

물론 상대방이 곧바로 선을 지켜 줄 거라고 기대해서는 안 된다. 요청했던 것을 그가 깜빡 잊을 수도 있고, 습관이 그리 쉽게 고쳐지지도 않기 때문이다. 이럴 때는 선 긋기를 행동으로 보여주어야 한다. 나는 아버지가 또다시 그의 요청을 무시하고 선을 넘으면 명확한 행동으로 이를 지적하도록 당부했다. 즉시 대화를 중단하고 '고함치는 건 듣고 싶지 않으니 잠깐 바람을 쐬고 올게요. 마음이 가라앉은 뒤에 다시 이야기해요.'라고 말하는 것이다.

또 다른 내담자 파트리시아Patricia는 어머니에게 손녀의 사진을 페이스북에 올리는 것은 사생활 침해이니 그만두라고 부탁했다. 어머니는 대수롭지 않게 '두 살배기 어린아이가 뭘 안다고 그래. 이렇게라도 해야 친구들이 내 귀여운 손녀딸 사진을 볼 수 있잖아.'라고 대꾸했다. 파트리시아는 계속 완곡하게 요청했지만 어머니가 아랑곳하지 않고 계속해서 딸의 사진을 인터넷에 올리자 그는 어머니에게 더 이상 딸의 사진을 보내지 않았다.

부모가 반복해서 자녀의 선을 침범한다면 자녀는 확실한 말과 행동을 통해 의사를 표명해야 한다. 이상적인 결말은 이후 공동의 배움을 통해 명확하고 존중하는 태도를 이끌어내는 것이다.

건강한 인간관계에서는 규칙을 협상하는 것이 언제든 가능하다. 모든 것은 쉼 없이 변하기 때문이다. 우리는 계속해서 발전하고, 인생의 한 단계에서 다음 단계로 넘어가며, 기존의 역할에서 벗어나 새로운 역할을 부여받기도 한다. 특히 부모가 되는 시기에는 많은 변화가 생기고 역할의 이동이 이루어진다. 자녀는 부모가 되고, 부모에게는 조부모 역할이 추가로 주어지며, 모든 관계가 새롭게 정의된다. 자신의 필요와 선을 잘 파악하고 표현할 줄 아는 사람은 부모와 함께 이 시기를 순조롭게 보낼 수 있다.

새로운 역할 나쁜 부모와 좋은 조부모

어떤 자녀들은 아이가 생기면 부모를 조금 더 누그러진 시선으로 바라보게 된다. 부모가 되면 막중한 책임과 더불어 고된 육아가 시작된다. 자신의 필요와 아이의 필요 사이에서 갈팡질팡하기 일쑤고, 좋은 부모가 되겠다던 다짐은 진부한 일상에 묻혀 퇴색되어 간다. 좋은 부모가 된다는 게 얼마나 어려운 일인지 그제야 우리는 뼈저리게 깨닫는다. 모든 것을 부모가 했던 그대로 하겠다고 마음먹은 사람도, 절대 부모처럼 하지 않겠다고 다짐한 사람도 마찬가지다. 자신의 기대를 충족시키는 것은 결코 쉬운 일이 아니다. 이런 깨달음을 얻고 나면 부모를 조금 더 잘 이해하게 된다. 아이를 키우며 때때로 엄습하는 감당할 수 없는 부담감을, 부모 역시 우리를 키우며 똑같이 느꼈을 것이다.

아이가 생기고 역할의 변화를 경험하는 이는 우리뿐만이 아니다. 우리의 부모에게도 조부모라는 새로운 역할이 주어진다. 여기에는 기회와 위험이 동시에 도사리고 있다. 자녀를 지원하고 손주들에게 부모 외의 중요한 애착 대상이 될 기회와 함께, 또다시 서로에게 실망할 위험도 생기는 것이다.

파울Paul이라는 남성은 어린 시절을 이렇게 회상했다.

"부모님은 번번이 저를 실망시켰어요. 저를 위해 시간을 내는 일이 드물었거든요. 요즘은 아이들을 돌봐 주겠다며 제게 자주 연락하시죠. 아이가 아프기라도 하면 아무 때고 곧장 도와주러 와요. 가끔은 저희가 쉴 수 있도록 주말 동안 아이들을 맡아주기도 하고요. 그저 감사할 따름이지요. 부모님이 아이들을 대하는 방식도 좋습니다. 아이들도 할아버지, 할머니를 무척이나 좋아해요. 서로를 스스럼없이 대하더군요. 제가 어린 시절 경험한 것과는 너무 다르지요."

실제로도 조부모와 손주들은 원만한 관계를 유지하는 경우가 많다. 조부모는 양육 책임이나 주위의 기대로부터도 자유롭기 때문이다.

"제게는 나쁜 부모였지만 제 아이들에게는 좋은 조부모예요. 표현이 다소 과격하지만 저는 과거를 미화하고 싶지도 않고 현재를 과소평가하고 싶지도 않습니다. 제가 부모님을 칭찬할 날이 오리라고는 꿈에도 생각지 못했는데, 두 분은 정말이지 조부모 역할을 훌륭하게 해내고 있어요."

과거에 자신을 수없이 실망시킨 부모였음에도 파울은 선입견 없이 그들에게 조부모라는 새 역할을 맡겨주었고, 덕분에 분리에 한 걸음 다가갈 수 있었다. 부모를 과거의 '나쁜' 부모 역할에 매어두지 않고 가족들의 관계를 새로이 정립할 기회를 열어놓은 것이다.

"제게는 일종의 보상이라고 할 수 있습니다. 부모님과 제 아이들이 서로에게 커다란 애정을 품고 함께 있는 시간을 즐기는 것을 보면 제 마음도 편안해집니다."

세대를 뛰어넘은 가족 사랑 덕분에 그 역시 부모와의 관계를 다시금 단단히 다질 수 있었다.

이렇듯 부모들은 조부모가 됨으로써 자녀와의 관계를 회복할 큰 기회를 얻는다. 그러려면 자녀를 지원하는 한편, 이들이 이제 성인이자 부모임을 인정해 주어야 한다. 아이가 생겼다는 소식에 부모가 부정적인 반응을 보여 크게 상심했던 토비아스를 기억하는가? 나는 상담 치료가 끝나고 몇 년이 지난 뒤에 그의 아버지로부터 이메일을 받았다.

"아들은 아빠 역할을 아주 잘 해내고 있습니다. 새로운 역할을 통해 한결 성숙해진 아들의 모습을 지켜보고 있자면 흐뭇하기 그지없습니다. 아들의 책임감 있는 모습을 보며 저희도 조금 더 놓아주고 믿어주는 법을 배웠습니다. 손주와 놀아주는 일도 물론 큰 행복입니다. 저희 모두 손주가 태어나기 전에 있었던 일을 잊지 않고 있습니다. 그로부터 서로를 존중하는 태도로 대해야 한다는 교훈을 얻었으니까요."

물론 새로운 역할을 받아들이는 과정이 파울이나 토비아스 가족의 경우처럼 늘 순조롭게 이루어지지는 않는다. 역할에 대해 기대하는 바가 세대마다 다를 때, 다시 말해 부모와 조부모가 서로의 기대에 어긋난 모습을 보일 때는 다양한 문제가 발생할 수 있다. 오랜 상처가 치유되지 않았을 때도 마찬가지다. 유년기의 일로 여전히 부모를 원망하고 있는 자녀들은 부모의 긍정적인 변화에 기뻐하기는커녕 이를 쉽사리 받아들이지도 못한다.

서른여덟 살의 야스민Jasmin도 부모의 변화를 미심쩍은 시선으로 바라보고 있었다.

"어린 시절에는 부모님이 저를 위해 시간을 내어주신 적이 전혀 없었어요. 제가 공부를 잘하고 할 일을 척척 잘 해내는지가 부모님의 유일한 관심사였지요. 제 감정이나 고민거리는 중요하지 않았어요. 그런데 제게 아이가 생기자 갑자기 자주 연락하기를 바라면서 어떻게 지내느냐고 수시로 묻기 시작했어요."

두 아이를 키우는 야스민에게는 부모의 지원이 큰 도움이 될 터였지만, 그는 별안간 친밀하게 구는 부모의 태도에 혼란을 느꼈다. '너무 갑작스러워서 부담스럽다.'는 것이었다.

한번은 만나기로 한 약속을 취소하자 어머니가 이렇게 제안했다.

"너는 같이 오지 않아도 돼. 어차피 아이들만 데리고 놀이터에 갈 생각이었거든."

그 말에 야스민은 억눌렀던 감정이 터져 버렸다.

"엄마, 아빠 머릿속에는 제 아이들뿐이죠. 저는 예전이나 지금이나 관심 밖이고."

누구도 인정하고 싶지 않겠지만, 부모 역할보다 조부모 역할을 더 잘하는 부모를 보면 자녀들은 질투심을 느낀다. 행복하지 못했던 부모와의 관계 때문에 상처받았던 내면의 아이는 조부모와 손주의 다정한 모습을 좀처럼 받아들이지 못한다.

"저는 부모님과 놀이터에 가 본 기억도 없어요."

야스민은 이렇게 괴로움을 토로했다.

"지금이라도 부모님과 놀이터에 가고 싶나요?"

내 물음에 야스민은 웃음과 눈물을 동시에 터뜨렸다.

"그건 물론 아니죠. 하지만 부모님이 저는 누리지 못했던 행복을 제 아이들에게 주는 게 마냥 달갑지만은 않아요."

야스민은 무의식적으로 내면 아이의 입을 통해 이야기하고 있었다. 그래서 나는 치유되지 않은 상처와 내면 아이의 필요에 의식적으로 화제를 집중시켰다.

"어린 야스민의 소망은 무엇인가요? 어떻게 해야 이 어린 소녀가 커다란 행복을 느끼고, 누군가 자신을 봐주고 사랑해 준다고 생각하게 될까요?"

야스민은 한참을 고민했다.

"처음에는 부모님이 저한테 뭔가를 해야 한다고 생각했어요. 그런데 그게 도대체 뭘까요? 저는 이제 어린아이가 아닌데. 지금의 제게 필요한 건 자유시간이거든요. 육아에서 벗어나 책을 읽거나 혼자서 수영하러 갈 시간 말이에요."

야스민이 아이 자아에서 벗어나 성인의 자아로 되돌아왔다는 신호였다. 그제야 야스민은 부모의 지원이 자신에게 매우 큰 도움이 된다는 것을 깨달았다.

"그러면 부모님의 지원을 감사히 여겨야 하는 건가요?"

야스민이 내키지 않는 투로 물었다. 새로운 역할들을 받아들이는 데 강한 거부감을 품고 있었다. 새 역할을 받아들이려면 과거의 역할 및 그와 맞물린 감정들을 놓아 보내야 하기 때문이다. 불평하기를 멈추어야 한다는 뜻이기도 하다.

"오랜 세월 동안 저를 혼자 내버려 두었던 부모님을 원망하는 마음도 버려야겠네요."

"그래야 한다고 누가 그러던가요? 원망하는 동시에 감사하는 마음을 품을 수도 있지 않을까요? 어린 야스민은 부모님을 원망하도록 허락해 주고, 어른이 된 야스민은 부모님의 지원을 감사히 여기는 거지요."

내 조언을 마음에 새기고 이를 실천한 야스민은 몇 주일 뒤 분노가 줄어들고 훨씬 여유로워진 자기 자신을 발견할 수 있었다.

"참으로 모순적인 일이에요. 감정을 억누르지 않으니 오히려 화가 줄어들더군요."

모순된 감정에 맞서 고군분투하기를 그만두자 마음에 여유가 생기면서 감정이 오히려 잦아든 것이었다. 이후 야스민은 몇 가지 중요한 분리 단계를 거쳤다. 먼저 어린 시절 부모에게서 배운 대로 감정을 억제하는 대신 애정 어린 마음으로 자신을 보살피기 시작했다. 더불어 자녀들이 자신의 영향을 받지 않고 조부모와 독립적인 관계를 쌓을 수 있게 해주었다. 부모의 조부모 역할 또한 인정하고 받아들였다. 그러자 야스민을 대하는 부모의 태도에도 긍정적인 변화가 나타났다.

갓 부모가 된 자녀가 가능성을 열어 준다고 해서 부모가 자동으로 좋은 조부모가 되는 것은 아니다. 조부모가 자신의 역할을 어떻게 수행하는가도 중요하다. 좋은 '할머니'와 '할아버지'가 되기 위한 핵심 자질은 존중하는 태도다. 미국의 작가 애너 퀸들런Anna Quindlen의 작품 『나나빌Nanaville』에는 조부모의 역할이 매우 잘 묘사되어 있다.

"연륜이 풍부한 동시에 아는 것이 전혀 없다는 것은 참으로 기묘한 조합이다. 나는 한 아이를 어른으로 키웠지만, 그 아이가 자기 아이를 낳아 키울 때 이를 도와주는 법에 관해서는 백지상태였다. 한때는 주도하는 입장이었으나 이제는 따르는 법을 배워야 했다." [20]

당시 퀸들런은 아들과 며느리가 어린 손주를 보육 기관에 맡기기로 결정하자 너무 이르다는 생각에 이를 반대했다. 그러나 아들과 며느리는 그의 말을 경청하고 이해하기는커녕 단호히 그에 맞섰다. 아들은 어머니에게 손주 문제에 간섭할 권한이 없음을 확실히 주지시켰다. 이후 한 친구에게 손주에 대한 걱정과 아들과의 갈등에 관해 털어놓자 친구는 한참을 침묵한 끝에 그에게 짤막한 질문을 던졌다. '아들이 네 의견을 물어본 거야?' [21] 이 물음은 퀸들런을 '할머니의 나라'로 이끌었으며, 이는 이후 손주들에 관한 모든 문제에서 그에게 핵심 길잡이가 되었다.

조부모가 되는 것은 특권이며, 선물이자 기회다. 어떤 조부
모가 될 것인가는 자신과 자녀들과 며느리·사위이 서로를 얼마나
잘 이해하는가에 따라 크게 달라진다. 자녀와 며느리·사위들이
부모를 얼마나 신뢰하는가, 부모가 이들 역시 부모임을 인정하
고 존중하는가가 관건이다. 조부모에게 어떤 권한이 있다고 착
각하고 섣불리 충고하거나 비판하는 이, 신뢰를 바탕으로 상호
협력하는 대신 자녀가 정한 육아 규칙을 무시하고 기싸움을 벌
이는 이, 심지어 손주에게 그의 부모에 관해 험담하며 아이를
자기편으로 끌어들이려 하는 이는 도리어 손주와의 사이를 이
어 주는 귀중한 다리, 즉 자녀와의 관계를 망칠 뿐이다.

부모와 자녀 사이에 깊은 신뢰가 형성되어 있는 경우 자녀는
부모가 지나치게 손주의 응석을 받아주어도 눈감아준다. 그러
나 부모가 자신을 존중하지 않는다고 느끼면 손주에게 사탕 한
개 쥐여준 것만으로도 갈등이 폭발할 수 있다. 자녀들은 '왜 자
꾸 선을 넘는 거예요? 내 아이들까지 어머니, 아버지의 연극에
끌어들일 작정이에요?'라고 비난을 퍼부을 것이다.

손주는 가족을 하나로 연결하는 접착제가 될 수도 있고 잠재
된 갈등의 도화선이 될 수도 있다. 물론 이 과정을 유도하는 장
본인은 어른들이다. 이때 부모가 할 수 있는 이상적인 행동은
좋은 조부모가 될 기회를 활용하고, 중요한 시기를 거치고 있
는 자녀들에게 좋은 부모가 되기 위해 노력하는 것이다. 또한

자녀는 부모에게 품고 있던 해묵은 불만을 내려놓음으로써 조부모와 손주들 사이에 화목한 관계가 형성될 수 있도록 돕는 것이 좋다. 그러면 자녀에게도 부모의 새로운 면모를 발견할 기회가 생긴다. 이런 맥락에서 아이의 탄생은 젊은 부모를 비롯한 가족 모두가 한 걸음 성장하고 가족의 평화를 이끌어 낼 기회이기도 하다.

화해를 거부하는 부모

"이건 사랑이 아니잖아요!"

아냐Anja는 분노에 찬 목소리로 외치며 울음을 터뜨렸다. 아냐가 수년간에 걸친 부모와의 갈등을 견디지 못하고 그들에게서 등을 돌리자, 두 살배기 손자를 마음대로 볼 수 없게 된 부모는 '가족을 위할 줄 모르는 사람'이라고 아냐의 직장 상사에게 알리겠다며 위협했다. 아냐가 그에 반응하지 않자 부모는 최후통첩을 내렸다.

"한 달의 시간을 줄 테니 정신 차리고 우리에게 와서 사과해라. 안 그러면 아동·청소년청에 신고할 거야. 우리가 너를 어떻게 키웠는데, 배은망덕하기 짝이 없구나. 이런 식으로 교류를 끊는 건 네 아들을 정신적으로 학대하는 행동이야. 우리도 마찬가지고."

어떤 부모는 자녀가 독립을 시도하고 부모의 규칙에 반기를 드는 것을 위협이나 배신으로 간주하고 기괴한 위협으로 이에 대응한다. 이런 위협이 향후 부모 – 자녀 관계에 얼마나 파괴적인 영향을 미칠지는 누구나 짐작할 수 있을 것이다.

그런데 자녀를 그처럼 가혹하게 대하는 것이 사랑이 없어서라는 아나의 생각은 과연 옳을 것일까? 많은 부모는 그처럼 극단적으로 반응하면서도 그런 말을 들으면 강력히 반발할 것이다. 그들 스스로는 자녀를 누구보다도 사랑한다고 믿기 때문이다. 그러나 권력을 추구하고 무력감을 거부하려 안간힘을 쓸 때, 이들의 사랑은 고통과 절망으로 물든다. 독이 되는 사랑에는 승자와 패자만이 존재하며, 자녀들은 그 자체로 가치 있는 존재가 되지 못하고 부모의 자존감을 높이는 수단으로 이용될 뿐이다. 이런 부모는 자녀가 기계처럼 '기능하며' 부모의 뜻에 따라 행동하는 한 자녀에게 애착을 느낀다. 자녀는 부모의 부속품이자 부모가 자부심과 행복을 느낄 수 있도록 자기애를 확장하는 도구에 불과하다.

자존감이 낮고 성숙하지 못한 부모는 자녀들이 분리되는 것을 좀처럼 견디지 못한다. 자율적인 결정은 자녀의 독립에 필수적인 건강한 발달 과정임에도, 이런 부모는 이를 자신에 대한 공격으로 간주한다. 나르시시스트 부모에게는 자녀가 명확히 선을 긋고 새로운 규칙을 제시하는 게 선전포고나 다름없다. 이때 부모가 느끼는 무력감은 분노가 되어 끓어오르고, 자녀에게 강력한 반격을 가하면서 이를 정당방위라 여긴다. 여기에는 '네가 나를 해치우기 전에 내가 먼저 너를 해치우겠다.'라는 의미가 숨어 있다.

"저는 부모님이 너무 무서워요."

아냐가 침울하게 말했다. 그는 처음부터 다시 시작할 수 있을 거라고 끊임없이 믿어 왔다. 언젠가 부모가 자신의 마음을 이해하고 사과할 것이라는 희망을 품고 있었다. 그러나 그 희망은 번번이 부모의 비난에 가로막혔다.

"제가 아무리 애써도 부모님의 성에는 차지 않았어요. 악착같이 노력했지만 언젠가는 한계가 찾아왔지요. 저는 그저 사랑받고 싶었을 뿐인데, 부모님의 비난은 그칠 줄을 모르더군요."

대화로 풀어 보려는 시도는 번번이 실패로 돌아갔다. 부모의 머릿속에 야나는 까다롭고 예민하고 은혜도 모르는 딸로 각인되어 있었고, 때문에 이들은 모든 갈등의 책임을 야나에게 돌렸다.

많은 자녀는 성인이 되면 언젠가 부모가 자신을 이해해 주고 그들과의 관계도 좋아질 거라고 믿는다. 다행히 많은 부모가 자녀를 완전히 이해하지는 못하더라도 그들에게 보조를 맞추려 노력한다. 자녀의 수많은 결정을 납득할 수 없어도 그들의 인생을 관심 있게 지켜봐 주는 부모도 있다. 또 어떤 이들은 갈등의 골이 아무리 깊어도 자녀와 교류를 끊지는 않는다.

반면에 좀처럼 자녀를 놓아 보내지 못하고 자기 행동에 스스로 책임지기를 거부하는 부모들도 있다. 극도로 미성숙한 부모는 항상 자녀의 필요보다 자신의 필요를 앞세우며, 자녀가 분리되려는 기색만 보여도 이를 위협이나 모욕으로 받아들인다. 자녀의 말에 주의 깊게 귀를 기울이고, 공감해 주고, 그들의 선을 존중하고, 자신의 행동을 그에 맞게 고치는 태도는 이들에게서 찾아볼 수 없다. 자녀가 필요로 하는 것을 평가 절하하거나 스스로 아이처럼 행동할 뿐이다.

"제가 어머니의 부적절한 태도를 지적하면 어머니는 눈물부터 터뜨려요."

아냐가 말했다. 그렇게 우는 부모가 있는가 하면, 모순적인 태도를 취하거나 침묵으로 대응하는 부모도 있다. 또 어떤 이는 자녀를 역으로 공격하며 그들이 모든 것을 망쳐 놓았다고 몰아세운다. '우리는 완벽한 부모였는데 너는 은혜도 모르는 자식'이라는 식이다. 미성숙한 부모가 이처럼 회피하는 태도를 보이면 자녀는 그들이 자신을 보지도, 자기 말을 들어 주지도 않는다고 느낀다. 자녀의 필요는 무가치한 것으로 간주되고 거부당한다. 그럼에도 자녀는 도리어 부모를 위로하고 그들에게 사과하며, 갈등의 원인이 된 모든 것을 바로잡도록 강요된다. 역할이 뒤바뀐 부모 – 자녀 관계에서 흔히 보이는 양상이다.

이쯤이면 여러분도 그런 부모의 완고함 뒤에 무엇이 숨어 있는지 짐작할 것이다. 자녀의 분리를 강하게 거부하는 부모의 내면 아이가 바로 그 주인공이다. 내면 아이는 불안과 분노와 무력감에 사로잡혀 있다. 미성숙한 부모일수록 자녀의 성장과 발달에서 위협을 느낀다. 지금껏 부모가 독단적으로 정해놓고 맹목적으로 따르도록 강요한 게임의 규칙에 변화가 생기기 때문이다.

미성숙한 부모는 자녀와의 애착이 끊어질지 모른다는 두려움을 건설적인 방식으로 전달하는 법을 모른다. 그래서 아냐의 부모처럼 유치하고 비겁한 방식을 쓴다.

"부모님의 협박에 도대체 어떻게 대응해야 할까요?"

아냐가 물었다.

"그걸 심각하게 받아들이고 싶은가요?"

나는 아냐에게 선택권이 있음을 암시하며 물었다.

"겁이 나는 것은 사실이에요. 워낙 예측하기 어려운 분들이라."

우리는 협박이 아냐에게 실제로 어떤 위협이 되는지 판단하기 위해 그 내용을 꼼꼼히 분석했다. 부모가 실제로 아냐의 상사에게 연락하거나 아동·청소년청에 신고할 가능성은 매우 낮으며, 설령 그렇게 한다 해도 심각한 일은 벌어지지 않을 거라는 결론이 나오자 아냐는 크게 안도했다.

부모 마음속 내면 아이의 실체가 점차 명확해지자 아냐의 두려움은 잦아들었다. 막강한 권력을 쥔 부모의 내면 아이가 자신에게 무시무시한 장면을 들이대며 그림자극을 펼치고 있을 뿐임을 꿰뚫어 보게 된 것이다. 부모가 자신에게 더 이상 아무런 영향력도 발휘할 수 없다는 사실 또한 분명해졌다.

"이제야 마음이 놓여요. 부모님이 절망감에서 벗어나려 필사적으로 노력하는 것뿐이라고 생각하니 조금은 가엾은 생각도 들고요."

이런 감정 변화는 매우 흔히 관찰된다. 부모라는 그물에서 벗어날수록 자녀들은 부모에 대한 긍정적인 감정을 되찾는다. 그러나 연민 때문에 이전의 파괴적인 게임에 다시금 얽히는 것은 금물이다. 부모에게 공감하는 동시에 건강한 선을 지키는 것은 불가능한 일이 아니다.

아냐가 말했다.

"저는 여전히 부모님과 사이가 좋아질 거라는 희망을 버리지 못했어요. 하지만 부모님이 자신의 행동을 되돌아보고 저를 이해해 주지 않으면 그건 불가능해요. 부모님이 변하지 않으면 저 역시 저를 보호하기 위해 안전거리를 유지하며 확실히 선을 그을 수밖에 없어요."

대다수 부모에게는 자녀의 성장 발달에 익숙해지는 데 시간이 필요하다. 분리 과정은 모두에게 약간의 두려움과 고통을 유발하기 때문이다. 예를 들어 자녀가 전에 없던 선을 그으면 부모는 이 낯선 상황에 어리둥절하며 상처를 받기도 한다. 가족관계를 긍정적으로 변화시킬 수 있는 건강한 선이라 해도 처음에는 그렇다.

문제는 두려움과 무력감에 완전히 압도된 부모가 자녀에게 다시금 옛 규칙을 따르라고 강요하며, 그러지 않으면 연을 끊겠다고 위협할 때다. 이처럼 경직된 태도는 부모와 자녀 모두의 발전을 가로막는다. 실로 안타까운 일이다.

부모가 파괴적인 행동 방식에 고착되어 자녀를 이해하지도, 자녀의 필요를 존중하지도 않을 때는 어떻게 해야 할까?

자녀가 할 수 있는 유일한 일은 놓아 보내는 것이다. 부모가 자녀에게 희생을 강요하고 선을 지키지 않으며 악의적으로 상처를 줄 때, 자녀는 반드시 자신의 안전을 확보해야 한다.

그러다 보면 언젠가는 부모가 자녀의 선을 받아들이는 경우가 꽤 있다. 자녀를 잃고 싶지 않기 때문에 부득이 그렇게 하는 것이다. 그렇지 못할 경우, 슬프지만 부모가 성인으로서 독립적인 삶을 사는 자녀를 존중하며 애정 어린 눈으로 지켜봐 줄 준비가 되어 있지 않음을 받아들여야 한다. 그 뒤에는 상실감이 따른다. 부모와의 교류는 최소한으로 줄거나 아예 끊기는 경우도 많다.

부모와 교류를 끊어도 될까?

"처음에 자녀들은 부모를 사랑한다. 그러나 부모가 늙어 가면 이들을 심판대에 세운다. 때로는 용서하기도 한다."[22]

오스카 와일드Oscar Wilde의 말이다. 그런데 부모에게 받은 상처가 너무나 깊을 때는 어떻게 해야 할까? 자녀들이 거듭 용서해도 부모가 같은 잘못을 반복하고, 자신이 아이에게 상처를 준다는 것조차 깨닫지 못한다면 어떻게 해야 하는가?

가족 간에 교류가 단절되는 일은 생각보다 흔하다. 대개는 자녀 쪽에서 연을 끊는다. 홧김에 끊는 게 아니라 오랜 세월에 걸쳐 부모에게서 사랑받지도, 존중받지도 못한다고 느낀 결과다.

아냐가 그 전형적인 예다. 끝내 체념한 그는 '할 수 있는 걸 다 했는데 변하는 건 아무것도 없더군요.'라고 말하고 부모와 연락을 줄이다가 끝내는 완전히 교류를 끊었다. 부모가 고용한 변호사로부터 아냐를 아동 · 청소년청에 신고해 양육권을 박탈할 수도 있다는 경고를 받은 뒤였다.

"그쯤 되자 저도 한계에 다다랐어요. 이전까지는 그래도 어찌어찌 부모님과 소통할 수 있다고 생각했죠. 그런데 부모가 돼서 어떻게 제게서 아이를 빼앗으려 할까요. 선을 넘어도 한참 넘었어요."

아냐는 극단으로 치닫는 상황에 좌절하며 우울해하고 있었다. 그런데 부모와 연을 끊는 수많은 자녀가 으레 그러듯 아냐도 자신을 부모로부터 보호해야 한다고 여겼다.

세상에는 자신의 기대나 행동이 자녀를 얼마나 짓누르는지 의식하지 못하는 부모들이 너무나 많다. 이들은 자녀가 선을 긋거나 등을 돌리면 더 큰 압력을 가한다. 자녀가 연락을 끊기

전에 부모가 먼저 나서서 애정을 박탈하겠다고 직·간접적으로 위협한 경우도 드물지 않다. 정서적 교류를 끊겠다는 위협인 셈이다.

'내가 바라는 대로 되지 않으면 더 이상 너를 사랑하지 않을 거야.'

'내 의견에 따르지 않으면 반항하는 걸로 간주하겠다.'

'내가 시키는 대로 행동하지 않으면 너를 적으로 간주하고 공격할 거야.'

그러다 보면 편안하고 애정 어린 만남은 점점 드물어지거나 불가능해지며, 결국에는 양쪽 모두 이해받지 못했다고 느끼고 서로에게 실망한다. 그 뒤에는 다툼이 벌어진다. 그 자리에서 자녀는 결심한다. '더는 못 하겠어. 이러고 사느니 아예 안 보는 게 나아.' 많은 부모가 교류 단절을 갑작스러운 일로 받아들인다. 무엇이 자녀를 그렇게 몰아갔는지 이해조차 못 하면서 그저 그 결정을 통보받고 충격에 휩싸이는 것이다.

자녀들은 교류 단절 이후 얼마간 홀가분한 마음으로 지낸다. 마침내 전쟁이 끝나고, 끊임없는 갈등과 비난과 평가 절하가 없는 안전한 곳에서 한숨 돌릴 수 있어서다.

관계 단절 직후에는 당사자들 모두 정말로 다 끝났다고 생각한다. 그러나 실제로 이것이 영구히 지속되는 경우는 극히 드물다. 이후에도 가족들은 꾸준히 서로를 향해 손을 내민다. 일정한 시간이 지나면 서로를 향한 그리움과 다시 시작하고픈 소망이 고개를 들면서 연락을 취하게 되는 것이다.

부모가 자녀를 조금 더 이해하려 애쓰고 갈등에 책임지는 자세를 보이면 자녀들은 기꺼이 화해하는 태도로 돌아선다. 이처럼 서로에게 다시금 다가서는 뭉클한 광경을 나는 주기적으로 목격한다. 참으로 인상적인 장면이다. 부모들은 관계가 단절된 기간을 깊은 자아 성찰의 시간으로 삼는다. 자신의 태도를 돌아보고 잘못을 깨닫고 그에 책임지는 자세는 오로지 자녀를 향한 애정에서 비롯된 것이다. 이들은 이전의 어느 때보다도 자녀 입장에서 생각하려 노력한다.

예순네 살의 유타Jutta는 연락을 끊어 버린 딸 바네사Vanessa로 인해 괴로워하다가 상담실을 찾아왔다.

"과거의 이런저런 행동을 돌이켜보면 괴롭기도 하고 부끄러운 마음도 들어요. 제 끊임없는 간섭이 딸에게 얼마나 큰 상처였을지 뒤늦게 이해했어요. 그저 걱정하는 마음에서 그런 거였는데, 딸은 엄마가 자신을 믿고 맡겨두지 않는다고 느꼈겠지요."

유타는 이렇게 말하며 딸을 곁눈질했다. 1년 동안 연락을 끊었던 딸은 가족 상담을 받아 보자는 제안을 받고 망설인 끝에 동석해 있었다. 유타는 갈라진 목소리로 딸에게 말했다.

"엄마가 사과하고 싶구나. 지금부터 다 잘할 거라고 장담할 수는 없지만 꾸준히 고쳐 나가겠다고 약속하마. 네 이야기에 귀를 기울이고 선을 지키며 신중하게 행동하도록 노력할게. 너는 나한테 너무나 소중한 아이야. 딸을 잃고 싶지는 않아."

바네사는 말없이 앉아 고개를 끄덕였다. 아직은 신중해하는 태도였다. 무너진 신뢰가 다시 쌓이기까지는 수많은 상담과 만남을 거쳐야 하겠지만, 새로 시작할 수 있는 마음의 준비는 이미 되어 있었다. 진심으로 반성하는 어머니의 마음이 딸에게 가닿은 것이다. 갈등이 극으로 치닫는 과정에서 자신은 어떤 역할을 했는가도 반추하기 시작했다. 어떤 부분에서 어머니에게 너무 큰 권력을 쥐여주었는지, 지나치게 격한 반응을 보인 것은 아닌지, 자신의 필요를 명확히 이야기하고 현명하게 선을 긋는 일이 얼마나 중요한지 고민하게 된 것이다. 딸의 결단에 의한 일시적인 관계 단절은 가족구성원들의 개인적 성장과 가족 관계의 변화에 반드시 필요한 기폭제였다.

반대로 부모가 자신의 행동에 반성하며 갈등에 책임지는 자세를 보이지 않을 때 자녀는 어떻게 대처해야 할까? 혹은 자녀가 부모를 도저히 용서할 수 없는 경우에는 어떻게 해야 할까? 서로에 대한 믿음이 완전히 깨져 버리고 이해는 커녕 깊은 불신만이 남아 있다면? 갈등의 골이 돌이킬 수 없이 깊어진 상태라면 안타깝게도 관계 회복을 기대하기는 어렵다.

프랑스 작가 에르베 르 텔리에Hervé le Tellier는 『모든 행복한 가정Toutes les familles heureuses』에서 아버지의 부재와 '정신 나간' 어머니로부터 오랜 세월에 걸쳐 분리되어 온 과정을 이야기한다. 분리되려는 갖은 노력이 무색하게 그는 힝싱 부모의 엮여 있었다. 결국 그가 깨달은 것은 '아이에게는 때로 달아나는 것 말고는 길이 없으며, 연약한 아이가 겪을 수 있는 온갖 위험을 무릅쓰고 탈출에 성공한다면 삶에 훨씬 더 큰 애정을 품게 될 것이라는 사실'이었다.[23]

서른네 살의 니클라스Niklas도 그와 비슷한 경우였다. 그는 오랜 세월이 지나도록 풀지 못한 어머니와의 갈등에서 벗어나려면 연락을 끊는 수밖에 없다고 생각했다. 십여 년 전 이혼한 어머니는 그때부터 니클라스에게 아버지와 연락을 끊으라고 끈질기게 종용했다. 그러나 부자는 매우 다정하고 친밀한 관계였다.

"제가 뒤통수를 친다고 비난하시더군요. 어머니의 눈에 저는 적과 내통하는 배신자였어요."

연락을 끊은 니클라스는 후련함과 더불어 커다란 상실감에 휩싸였다. 그리고 자신의 안위를 어머니의 안위에 앞세워도 되는 것인지 끊임없이 고민했다. '내가 불효자인 걸까? 정말 부모님과 연락을 끊어도 될까? 무슨 수를 써서라도 화해해야 하지 않을까?' 그는 스스로를 질책하는 한편 어머니를 원망했다. 이 문제를 곱씹으며 슬픔과 분노에 차서 어머니가 변하기를 간절히 빌었다.

연인의 임신을 계기로 그는 다시 한번 어머니에게 다가가 보려 했지만, 결과는 실망스러웠다.

"어머니는 여전히 자신과 아버지 중에서 선택하라며 고집을 부렸어요. 견딜 수가 없더군요. 어머니에게는 손주가 생긴다는 기쁨보다도 그 아이가 할아버지와 교류하지 못하도록 막는 데만 혈안이 되어 있었죠."

니클라스는 마음이 무거웠지만 상황을 그대로 받아들이고 변화에 대한 희망도 버리기로 했다. 시간이 지나자 마음이 차분히 가라앉았다. 날마다 내면에서 벌이던 어머니와의 힘겨운 다툼도 잦아들었다. 더불어 어머니에게 좋은 아들이 되는 일보다 좋은 아버지가 되는 일에 점점 더 집중하게 되었다. 그는 조건 없이 아이를 사랑하며 아이의 결정을 지지해 주는 아버지가 되고자 했다. 적어도 아이를 제재하거나 처벌하는 부모는 되고 싶지 않았다. 그러는 동안 어머니를 향한 마음가짐에도 변화가 생기기 시작했다. 어머니를 보는 시야가 넓어지면서 온전한 인간으로서 그를 바라보게 된 덕분이었다. 부당하고 자기중심적이고 불만에 찬 모습을 넘어 그가 사랑하는 어머니의 모습이 눈에 들어왔다. 어린 시절 자신을 귀여워하고 함께 놀아주던 모습, 달래고 다독여 주던 모습, 안전하게 자신을 지켜 주던 모습도 되살아났다. 상담 치료가 마무리될 무렵, 그는 이렇게 이야기했다.

"저는 어머니를 사랑합니다. 어린 시절 어머니와 쌓은 즐겁고 따뜻한 기억들이 남아 있어요. 어머니 곁에서 안온한 느낌, 사랑받는다는 느낌을 받은 순간이 헤아릴 수 없이 많습니다."

어머니를 긍정적으로 재평가하기는 했으나 더 이상 연락하지 않겠다는 단호한 결심에는 변함이 없었다.

"이유는 간단합니다. 어머니에게는 저와의 애착이나 저를 향한 애정보다 아버지를 향한 증오가 강하기 때문이에요."

그 밖에도 니클라스는 아버지와 어머니에 대한 자신의 감정을 억압하지 않으려면 관계를 단절하는 수밖에 없음을 깨달았다.

"모순적이게도 연을 끊은 것이 어머니에 대한 애정을 유지하는 데 도움이 됩니다. 어머니의 한 맺힌 싸움에 더 이상 휘말리지 않아도 되니까요. 제 필요와 저 자신을 귀중하게 여길수록 어머니의 인간적인 한계를 받아들이기도 한결 수월하더군요. 이렇게 된 것은 안타깝지만 이제 서로에게 한 발짝도 더 다가갈 수 없다는 사실을 받아들였습니다."

어머니와 연락이 끊긴 것을 슬퍼하면서도 니클라스는 어느 시점부터 그것이 최선의 해결책임을 인정하고 받아들이기 시작했다. 부모와 연락하지 않는 수많은 자녀의 심정도 그와 비슷하다.

"처음 한동안은 익숙해질 수 없을 거라 생각했지만 지금은 아주 잘 지냅니다. 어머니가 제게 해줄 수 없는 것은 저도 기대하지 않기로 마음먹었어요. 더 이상 원망도 하지 않습니다. 그저 어머니를 있는 그대로 바라볼 뿐입니다. 다정하고 좋은 면, 극단적이고 삐뚤어진 면까지도 말입니다. 어머니의 바람을 들어주지 않는다고 저를 극도로 미워하는 것은 아마도 삐뚤어진 면 때문이겠지요. 그게 어머니의 삶을 힘들게 만드는 것 같아

마음이 아프네요. 어머니를 도와 줄 사람이 있으면 좋을 텐데. 하지만 저 자신은 어머니의 마음을 돌려놓을 수도, 어머니를 구원할 수도 없다는 것을 깨달았어요. 이렇게 동정심을 품는 것도 어머니에게서 거리를 두고 지내기 때문에 가능한 겁니다."

어머니와 연을 끊은 대가로 니클라스는 마음의 평화를 얻었다. 악조건에서도 어머니에게서 분리되는 데 성공한 셈이다.

니클라스는 이 성장 단계가 삶에 얼마나 지속적인 영향을 미치는지 보여주는 산 증인이었다. 상담 치료가 끝나고 몇 년이 지난 뒤 이혼 문제로 다시금 상담실을 찾은 니클라스의 모습에서 나는 이를 확인할 수 있었다.

"너무 비참한 기분이에요. 아내에게 화가 치밀어 견딜 수 없어요. 하지만 내 딸만은 반드시 이혼의 상처로부터 지키고 싶습니다. 아이가 부모의 충성심 경쟁에 휘말리지 않게 최선을 다할 거예요. 이제 다섯 살밖에 되지 않은 어린아이인데."

니클라스는 눈물을 터뜨렸다. 이혼의 상처와 딸에 대한 막중한 책임감이 그를 짓누르고 있었다. 그러나 그는 이 모든 위기를 무릅쓰고 목표한 바를 지키며 자신의 한계를 뛰어넘어 성장하는 중이었다. 갈등에 대처하는 어머니의 미성숙한 방식도 뛰어넘었음은 물론이다. 떠나간 아내를 향한 분노와 환멸감을 상담 치료로 극복한 덕분에 딸이 상처받지 않도록 지켜 줄 수도 있었다. 니클라스와 아내는 '서로에 관해 험담하지 말 것.'을 합의하고·이를 철저히 지켰다. 니클라스에게는 중요한 것이 또 하나 있었다.

"저희는 8년을 함께 했습니다. 저는 아내를 정말 사랑했어요. 제 딸의 엄마이니, 아내는 앞으로도 제 인생의 일부로 남을 겁니다. 지금 느끼는 실망감은 이루 말로 할 수 없지만 앞으로 좋은 관계를 유지할 생각이에요. 결코 제 부모님처럼 되고 싶지는 않으니까요. 아이만이 아니라 저 자신을 위해서라도 말입니다."

그토록 힘든 시간을 거쳤음에도 니클라스와 그의 전처는 서로를 존중하며 유화적인 태도를 잃지 않았다. 덕분에 딸을 충성심 경쟁에 끌어들이는 일도 벌어지지 않았다.

이로써 니클라스는 무엇보다도 여러 세대에 걸쳐 대물림되던 관계 단절의 악순환을 끊어낼 수 있었다. 그의 가족사에서 관계 단절은 흔하디흔한 일이었다. 어느 세대에서든 이런 일이 빈번했다. 니클라스의 외조부는 아내와 자녀들을 버린 환영받지 못하는 남편이자 아버지였다. 그의 자녀들도 사이가 나빠서, 니클라스의 어머니는 네 형제자매 가운데 세 사람과 연락을 끊고 지냈다. 외조모와도 갈등이 끊이지 않았다. 외조모가 세상을 떠날 때까지 어머니의 가족을 지배하던 감정은 죄책감이었다.

니클라스는 이 파괴적인 악순환에서 벗어나기로 결심했다. 그리고 관계 단절보다 성숙하게 갈등을 해결하는 방법이 존재하며, 이혼한 뒤에도 존중하는 태도로 서로를 대할 수 있다는 것을 딸에게 몸소 실천해 보였다. 단 하나 아쉬운 것은 니클라스의 딸이 할머니를 모르고 자란다는 사실이었다. 딸이 할머니를 보고 싶어 하면 그는 기꺼이 들어 줄 용의가 있었다.

"아이가 할머니를 궁금해하면 만나도록 도와줄 겁니다. 두 사람이 좋은 관계로 지낸다면 더할 나위 없이 좋겠지요. 하지만 그렇게 되지 않아도 괜찮습니다. 제가 딸의 곁을 지켜 줄 거니까요."

니클라스의 사례는 마음의 평화를 찾는 과정이 여러 단계를 거쳐 이루어진다는 것을 잘 보여준다. 첫 번째로는 부모를 있는 그대로 받아들여야 한다. 두 번째로는 우리가 갈망하고 필요로 했던 이상적인 애착 대상의 역할을 부모가 다 하지 못했음을 애도한다. 이는 자신과 부모의 성숙한 정도를 파악하고, 부모의 변화보다 자신의 성장에 집중함으로써 오랫동안 얽혀 있던 부모와의 관계에서 벗어나기 위한 과정이다.

분리의 정도는 위기가 발생했을 때 명확히 드러난다. 이때 우리는 해묵은 표본이나 생존 전략을 대물림하는가? 혹은 선대의 과오를 반복하지 않고 더 나은 나름의 해결책을 찾는 데 성공하는가? 니클라스는 이 기로에서 스스로 삶을 개척하는 길을 선택했다. 미성숙한 부모가 화해를 거부하고 교류가 단절되어도 그들과의 관계에서 마음의 평화를 얻을 수 있다는 것 또한 증명했다. 마음의 평화는 흔히 실질적인 화해보다 상대방을 마음속으로 용서하는 일과 맞물리기 때문이다.

부모의 죽음
상실감과 해방감의 경계

부모와의 마지막 작별의 순간은 누구에게나 찾아온다. 부모와 갈등을 겪는 사람, 연을 끊고 지내는 사람, 나이에 맞게 건강한 분리를 이룬 사람도 이를 피해갈 수 없다. 자녀에게 부모의 죽음은 어마어마한 충격이다. 우리는 현실과 직면하고 희망이 무너지는 것을 경험하며, 우리의 수많은 갈망은 부모와 함께 묻히고 만다.

많은 자녀는 부모가 사망한 뒤 과거의 상처가 쓰라리게 되살아나는 것을 경험한다. 작가 페터 바이스Peter Weiss는 소설 『부모와의 이별Abschied von den Eltern』에서 가질 수 없던 것에 대한 슬픔을 다음과 같이 묘사했다.

"나를 덮쳐온 슬픔은 부모를 위한 것이 아니었다. 나는 부모에 대해 아는 것이 거의 없었으니. 그 슬픔은 나의 유년기와 십 대 시절을 공허함으로 물들였던, 가질 수 없었던 것들에 대한 미련이었다. 그 슬픔은 또한 공존하려던 시도가 완전한 실패로 끝났다는 쓰라린 자각에서 비롯된 것이었다. 한 가족의 구성원들이 이 헛된 시도를 위해 수십 년 동안 서로 부대끼며 참아 온 것뿐이었다. 그 슬픔은 부모의 무덤 앞에 모였다가 다시금 각자의 삶을 찾아 흩어진 형제들의, 너무 늦어 버렸다는 깨달음이기도 했다." [24]

부모와 긍정적인 애착을 맺고 있던 자녀들은 전혀 다른 감정을 느낀다. 이들의 슬픔은 부모를 잃었다는 어마어마한 상실감과 부모 없이 살아가게 될 미래에 대한 감정이다.

"이제는 전화를 걸 수도, 목소리를 들을 수도 없게 되었어요. 저를 위로해 주고 저와 함께 웃어 줄 아버지는 이제 세상 어디에도 안 계세요."

파울라Paula가 말했다. 그는 며칠 전 급작스럽게 아버지를 잃었다. 파울라가 깊은 절망과 충격으로부터 벗어나려면 1년은 족히 걸릴 듯했다.

"이런 이별은 꿈에도 생각지 못했어요."

우리는 별다른 일이 없는 한 부모가 우리보다 먼저 세상을 떠날 것이라는 생각을 애써 떨치고 살아간다. 늦어도 부모의 죽음에 직면하는 순간이면 자녀는 자신도 유한한 존재이며 스스로 오롯이 책임져야 함을 실감한다.

지그문트 프로이트Sigmund Freud는 마흔 살에 아버지를 여의고 이렇게 말했다.

"아버지의 죽음은 공식적인 의식의 저편에 존재하는 어두운 길들 중 어딘가에서 내게 커다란 충격을 주었다. 나는 아버지를 매우 존경했고 매우 정확히 이해했다. 아버지는 깊은 지혜와 놀라우리만치 경쾌한 사고가 독특하게 조합된 분으로, 이를 통해 내 인생에 수많은 영향을 주었다. 아버지는 천수를 누리고 돌아가셨지만, 이 일을 계기로 나의 내면에서는 예전의 모든 것이 깨어난 것 같았다. (중략) 나의 뿌리가 뽑혀 나간 기분이다." [25]

성인이 된 지 오래고 자녀가 있는 사람도 부모가 사망하면 과거의 중요한 일부와 소속감과 기댈 곳을 잃게 된다. 부모의 죽음으로 우리는 또 하나의 분리 단계를 밟게 되는데, 이는 생각보다 훨씬 더 극복하기 어렵다.

부모에게 넘치는 사랑을 받은 이들은 부모를 오랫동안 애도한다. 더 나아가 시간이 아무리 흘러도 부모를 향한 그리움을 접지 못한다. 반면에 독이 되던 부모가 사망하면 자녀들은 드디어 부모와의 관계가 끝나고 자유롭게 자신의 삶을 살게 되었다는 생각에 후련해한다. 행위예술가 마리나 아브라모비치 Marina Abramović는 부모를 사후에까지 칭송하고 보호해야 한다는 불문율을 공개적으로 깨고 사실을 가감 없이 이야기한 소수의 사람 가운데 한 명이다. 한 인터뷰에서 그는 '나는 어머니에 대해 좋은 기억이 없습니다. 어머니가 사망한 뒤 진정 자유로워진 느낌이에요.'라고 털어놓았다. [26]

아브라모비치는 여섯 살 때까지 조모의 손에 자랐다. 부모는 그의 남동생이 태어난 뒤에야 그를 다시 데려가 직접 키웠다. 그러나 아브라모비치에게 부모는 낯설기만 했다.

"그때부터 내 유년기는 극도로 불행해졌습니다. 저는 상상하기 어려운 통제와 훈육과 가정폭력을 겪으며 자랐어요. 모든 것이 극단적이었지요. 어머니는 제게 입 맞춰준 적이 단 한 번도 없습니다. 이유를 묻자 어머니는 '그야 물론 너를 응석받이로 만들지 않기 위해서지.'라고 대답했어요." [27]

부모가 이혼한 뒤 어머니와 함께 살던 그는 스물아홉 살이 되어서야 분가했고, 이후 남편과 함께 고향인 베오그라드를 떠나 암스테르담으로 이주했다. 아브라모비치의 예술 세계에는 어머니와의 끊임없는 갈등이 투영된다. 혹독한 규율과 폭력을 온몸으로 받아들이거나 스스로 이를 가하기도 한다. 그런 그가 진정으로 해방되었다고 느낀 순간은 어머니가 사망했을 때였다. 이때 마리나 아브라모비치는 이미 예순한 살이었다.

이는 비단 마리나 아브라모비치에게만 국한되는 이야기가 아니다. 생전에 부모와 건강하게 분리되지 못한 사람에게 부모의 죽음은 흔히 고통스러운 상실인 동시에 해방을 의미한다. 특히 부모로 인해 평생 고통 받은 자녀들이 그렇다.

마흔일곱 살에 어머니를 여읜 피아Pia도 그 중 한 사람이었다. 피아가 기억하는 어머니 울라Ulla는 처음부터 끝까지 자식에게 의존하는 사람이었다.

"엄밀히 따지면 제가 늘 어머니를 구해주려 노력했지요."

피아는 이렇게 회상했다. 어머니가 아프거나 아버지와 다투었을 때, 그냥 지루해할 때도 피아는 어머니에게 달려갔다. 가슴 언저리가 쿡쿡 쑤신다는 어머니의 하소연에 휴가를 중단한 채 비행기를 타고 귀가한 적도 있고, 어머니가 못마땅해한다는 이유로 연인과 헤어지기도 했다. 한번은 좋은 곳에 취직할 기회를 얻었지만 회사가 집에서 너무 멀다며 자신을 혼자 둘 생각이냐고 불평하는 어머니 때문에 포기해야 했다. 분가한 지

한참이 지나서도 그는 어머니를 위해 온갖 포기와 헌신과 도움을 마다하지 않았다. 그러나 어머니는 변하지 않았고, 다가온 기회도 잡으려 하지 않았다. 딸이 독립한 뒤에도 일자리를 구하거나 남편과 이혼할 마음은 없어 보였다. 죽을 때까지 희생양 역할에서 벗어나지 않기로 작정한 모양이었다. 그로 인해 피아는 어머니가 사망할 때까지 죄책감에 시달려야 했다. 어떤 노력을 쏟아부어도 어머니를 구하기에는 역부족이었다.

피아는 울라가 죽은 뒤에야 처음 자유로움을 느꼈다. 더 이상 어머니에 대한 책임도, 죄책감도 느낄 필요가 없었다. 자기 삶에서 행복을 찾지 못하는 사람을 구제하는 일이 번번이 실패로 돌아가는 것은 어찌 보면 당연한 결과였다. 피아에게는 이제 자신의 삶을 바라볼 여유와 시간이 생겼다. 동시에 그는 지금껏 자신이 행복하지 않았음을 깨달았다. 오로지 어머니를 위해 수많은 결정을 내리는 동안 자신의 필요는 제대로 돌본 적이 없었다. 어머니의 죽음으로 자유를 얻게 되자 피아에게 별안간 새로운 목표가 생겼다. 어머니보다 행복한 삶을 사는 것, 그리고 당장 오늘부터 이를 실천하는 것이었다.

피아와 같은 수많은 자녀에게 부모의 죽음은 구원이나 다름없다. 부모-자녀 관계라는 하나의 장에 비로소 마침표를 찍게 된 것이다. 모든 의무가 사라지고, 전화하거나 찾아가지 않아도 되며, 사이좋은 '체' 할 필요도 없다. 더 이상 다투고 상처받고 실망할 일도 없다. 부모의 죽음은 과거를 마무리 짓는 자연스러운 계기가 된다. 가질 수 없었던 것, 앞으로도 가질 수 없는 것을 놓아 보낼 수도 있다. 우리에게 헌신적인 사랑을 베푸는 이상적인 부모에 대한 갈망, 갈등에 현명하게 대처할 수 있는 성숙한 부모, 아늑하고 안전하게 우리를 보호해 주는 동시에 자율성을 키워주는 부모가 바로 그것이다. 사람들 대부분은 자신이 갈망하는 부모의 상에 오랫동안때로는 죽을 때까지 미련을 품고 살며 부모에게 더 좋은 부모가 될 기회를 끊임없이 제공하려 들고, 그럼에도 변하지 않는 부모를 보며 번번이 실망한다. 그러나 부모가 사망하고 나면 변할 거라는 희망조차 품을 수 없게 된다. 부모의 죽음과 동시에 희망도 죽는 것이다.

이전의 지배 관계가 영구히 종결된다는 점에서 부모의 죽음은 중대한 전환점이다. 죽은 뒤에는 요구도, 실망도, 잔소리도 할 수 없기 때문이다. 부모의 기대가 사라지면 자신의 필요가 전면에 등장한다. 이때, 피아처럼 부모의 기대에 과도하게 얽매여 있던 많은 자녀가 진짜 자기 삶을 살겠다 결심한다.

오랫동안 상상조차 할 수 없던 내면의 평화를 부모의 사후에야 누리는 이들이 있는 것도 그 때문이다.

"무언가가 제게서 떨어져 나가는 걸 느꼈습니다. 무거운 짐처럼 느껴지던 부자 관계가 말입니다."

톰Tom은 아버지의 임종을 지키던 순간을 이렇게 회상했다. 톰의 아버지는 알코올중독자였다. 열한 살까지의 기억 속에 아버지는 술에 취해 횡설수설하며 소파에 늘어져 있는 낯선 모습으로 남아 있었다. 참다못한 어머니가 이혼을 요구하자 마지못해 술을 끊으면서도 '애들이 독립할 때까지만 끊는 거야.'라고 못박았다. 그 말은 사실이었다. 막내인 톰이 열일곱 살에 독립하자 아버지는 일주일도 안 되어 다시금 술에 입을 대기 시작했다.

부자는 이후 수년 동안 간간이 얼굴을 보기는 했으나 두 사람 사이에는 늘 어색한 기류가 흘렀다.

"아버지는 다정한 분이었고 말도 꽤 잘 통했어요. 그러나 사적인 이야기는 하지 않았습니다. 아버지는 제 일에 한 번도 관심을 보이지 않았어요. 남들 앞에서는 제 자랑을 많이 한 걸로 알고 있습니다만, 저와 아버지 사이에 진짜 친밀함은 없었지요. 저를 만날 때조차 아버지는 술 생각뿐이었던 것 같습니다."

톰에게 자녀가 생겼을 때도 아버지는 축하의 말 한마디 건네지 않았다. 손주에 대해 묻지도 않았고 만나고 싶어 하지도 않았다. 아버지의 자리를 지켜 주지 않은 것처럼 손주에게도 할아버지 자리를 지켜 주지 않은 것이다. 급기야는 완전히 연락이 끊겨 버렸다. 1년은 10년이 되고 톰은 그 상태에 익숙해졌지만, 아버지의 빈자리는 여전히 느껴졌다.

"항상 유령같이 실체를 알 수 없는 고통에 시달렸습니다."

아버지와 마지막으로 만난 지 22년이 지난 어느 날, 그는 한 친척으로부터 아버지의 임종이 임박했으니 작별 인사를 하러

오라는 연락을 받았다. 톰은 크게 동요했다. 가야 할지 확신이 서지 않아서, 자신이 찾아와 주기를 바라는지 아버지에게 물어봐 달라고 부탁했다. 그러자 '오고 싶으면 오라.'는 대답이 돌아왔다. 결국 그는 톰이 도착하기 30분 전에 세상을 떠났다. 아들에게서 작별 인사할 기회마저 앗아가 버린 것이다. 두 사람의 관계가 늘 그랬듯, 아버지는 마지막 순간에도 다가갈 여지를 주지 않았다.

침대 곁에 서서 내려다본 망자의 얼굴은 한없이 낯설기만 했다. 돌아가신 아버지는 술에 찌들고 왜소하며, 약해질 대로 약해진 모습이었다. 숨을 거두었으니 그 얼굴도 두 번 다시 깨어나지 않을 것이었다. 톰에게 말을 건네는 일도, 무언가에 기뻐하거나 고통받을 일도 이제는 없을 것이다.

"뭐라 형용할 수 없는 감정이 밀려왔습니다. 아버지가 돌아가셨구나, 그리고 나는 살아 있구나. 이제 아버지는 나를 실망시키거나 영향력을 발휘하지 못합니다. 그러나 그 순간 불현듯 스친 진실이 제게 큰 위안이 되었습니다. 아버지가 어떤 해를 입혔든, 동시에 제게 줄 수 있는 가장 큰 것도 주셨다는 사실입니다. 다름 아닌 삶을 말입니다."

부모가 우리에게 준 가장 큰 선물은 바로 삶이다. 그에 감사하는 것이 우리의 의무일까? 그렇지는 않다. 달라고 요구한 것도 아니거니와, 어떤 이들에게는 삶이 무거운 짐처럼 느껴지기 때문이다. 부모에게 제대로 보살핌을 받지 못한 사람일수록 삶의 무게는 더욱 가중된다.

감사는 내면의 평화와 만족감을 이끌어 낸다. 감사의 마음을 품으면 놓아줄 수도 있게 된다. 망자가 된 아버지를 바라보며 마침내 실망과 불만을 내려놓게 된 톰처럼 말이다.

이로써 그는 마지막 분리 단계를 성공적으로 거치게 되었다. 부모가 아직 생존해 있는 자녀들이 모두 거치게 될 과정이다. 고인이 된 부모를 놓아 보내는 일, 동시에 지금껏 걸림돌이었던 족쇄를 스스로 벗어버리는 일이 그것이다.

부모의 죽음이 분리의 마지막 단계를 성공하도록 보장해 주는 것은 아니다. 어떤 이들은 부모의 사후에도 여전히 그 망령에게 얽매인 채 살아간다. 부모와의 계약을 지키고, 부모를 구원하지 못했다는 죄책감에 시달리며, 부모가 생전에 그들에게 주지 못한 무언가를 쉼 없이 갈망하면서 말이다. 이들은 내면에서 부모 또는 부모의 가치관에 필사적으로 맞서고, 부모의 기대를 거부함으로써 그들에게 복수하며, 최악의 경우 부모에게 순응하거나 반항하는 데 인생을 통째로 허비한다.

이런 이유로 부모의 죽음은 우리 삶에 대한 그들의 영향력을 다시금 의식해야 하는 중요한 순간이다. 우리는 부모가 지워 준 의무와 규칙을 맹목적으로 따르거나 맹목적으로 그에 반항하고 있지 않은지 성찰해야 한다. 그 뒤에야 비로소 부모가 설정해 놓은 내면의 오토파일럿을 끄고 우리 삶을 새로이, 자율적으로 가꾸는 것도 가능해지기 때문이다.

6장

스스로에게
좋은 부모
되어주기

안데스산맥의 주술사들에 의하면 모든 사람은 책 두 권을 지니고 세상에 태어난다. 그중 은빛 책은 완성된 이야기로 채워져 있고, 금빛 책에는 텅 빈 페이지들만 가득하다. 생애 초기 얼마간 우리 인생은 은빛 책에 쓰인 이야기대로 흘러간다. 그러나 모든 사람은 때가 되면 은빛 책을 덮고 금빛 책에 자신의 이야기를 써 내려가야 한다. 과학적으로 표현하면 주어진 유전적·환경적 조건에 한 가지 요소가 추가되는 것과 같다. 그 세 번째 요소는 다름 아닌 자기 결정력이다. 우리는 가계에 전해 내려오는 유전적·정서적 유산을 물려받고, 가족이 부과한 의무 및 그에 내재된 신념에 의해 성격을 형성한다. 한 마디로 인간은 모두 가족적 결과물이라는 의미다. 다른 한편으로 우리는 태어나는 순간부터 분리 및 자아 형성에 돌입한다. 분리란 주어진 조건을 파악하고 그에 의문을 품으며, 자신에게 맞지 않거나 해가 되는 부분으로부터 선을 긋는 것을 뜻한다. 분리에는 부모의 길을 맹목적으로 따르기보다 자신만의 길을 찾는다는 의미도 있다. 은빛 책을 덮고 금빛 책을 채워 나가는 것이 다름 아닌 분리의 길이다.

어떤 사람들은 부모가 사망한 뒤에야 금빛 책을 펼친다. 또 누군가는 자기 인생에 책임지기를 두려워한 나머지 존재하지도 않는 이상적인 부모를 갈망하며 너무나 긴 세월을 허비한다. 반면에 일찍부터 자신만의 시나리오를 써 나아가는 사람도 있다.

이 장은 스스로 삶을 개척할 때가 되었음을 간파하고 분리의 마지막 단계로 과감히 들어선 이들을 위한 장이다. 부모와 실제로 화해하고 자기 인생을 스스로 책임질 준비가 되어 있는 성숙한 사람도 조금은 불안하거나 두려운 마음이 들 수 있다. 늦어도 부모가 세상을 떠나고 나면 '혼자서 해내기 힘들 때, 부모의 도움이 필요해질 때는 어떻게 해야 할까?'라는 중대한 문제가 대두되기 마련이다. 제아무리 독립적이고 분리가 잘 된 사람이라 해도, 살다 보면 자녀에게 아낌없는 지원과 용기와 위로를 쏟아줄 좋은 부모가 필요한 순간은 있다. 어떤 이들은 일시적으로 친부모를 대신해 자신을 보살펴 줄 누군가를 찾기도 한다. 현명하고 연륜 있는 동료, 속 깊은 이웃, 너그럽게 귀를 기울여주는 시부모나 처부모 등이 그 예다.

다른 데서 다정한 부모의 모습을 찾는 방법도 있다. 우리의 내면에서 말이다. 실제 부모의 양육 방식이 좋았든 나빴든, 스스로 좋은 부모가 되어주는 일은 언제든 시작할 수 있다. 부모에게 바랐던 것을 어른이 된 지금 자신에게 해주는 것이다. 자신의 감정과 필요를 세심히 돌보고 건강한 선을 그으며, 다정하고 살뜰하게 자신을 보살피는 일이 그것이다.

자신에게 좋은 부모가 되어주려면 먼저 은빛 책을 훑어보며 우리에게 어떤 형태의 지원과 동행이 결핍되어 있었는지, 계속해서 성장하기 위해 우리에게 무엇이 필요한지 파악해야 한다. 특히 부모에게 물려받은 신념들 가운데 무엇이 우리에게 부정적인 영향을 미치고 있는지 가려내는 것이 중요하다. 해로운 신념은 독과 같아 자존감에 흠집을 내고 앞으로 나아가지 못하게 만든다. 불행 중 다행인 것은 약간의 연습을 통해 이를 긍정적인 신념으로 대체할 수 있다는 점이다. 이로써 우리는 강인하게 삶을 헤쳐 나아갈 힘을 얻는다.

금빛 책은 저절로 쓰이지 않는다. 우리는 각자의 책에 담긴 모든 문장, 모든 행동의 저작권자가 된다. 내 인생을 책임지는 사람도, 스스로 어떻게 대할지 결정하는 사람도 오로지 나 자신이다.

실제 부모가 어떤 사람이었는가와 별개로 지금부터 스스로 자신에게 좋은 부모가 되어줄 수 있음을 깨달을 때 우리는 분리의 정점에 이르게 될 것이다.

자기돌봄의 시작
태아 돌보기

작가 롤랑 바르트 Roland Barthes 는 어머니가 세상을 떠난 지 9일째 되던 1977년 11월 4일, 『애도일기 Le deuil dit』에 다음과 같이 썼다.

> "저녁 여섯 시에 가까운 시각. 집 안은 따뜻하고, 아늑하고, 밝고, 깨끗하다. 나는 힘을 내어 집 안을 정돈하는 데 열중한다 쓰라림을 곁들인 즐거움이다. 오늘부터 영원히 나는 나 자신의 어머니가 될 것이다." [1]

부모가 사망한 뒤에는 홀로서기와 자기돌봄이 불가피해진다. 부모의 보살핌을 조금씩 자기돌봄으로 대체하는 일 또한 성인이 되어 가는 과정의 일부다. 자기돌봄은 다양한 영역에서 이루어진다. 신체적 · 심리적 영역을 비롯해 건강하고 평안하게 사는 데 필요한 모든 것이 이에 포함된다.

자기를 세심하고 살뜰하게 돌보는 법을 애초에 배운 적이 없거나 세월이 흐르며 망각한 사람들도 많다. 자기돌봄은 지극히 기본적인 일들에서 시작된다. 배고프거나 목마르지 않을 때는 먹고 마시지 않는 것, 음식을 즐기지 않고 대충 식사를 때우지 않는 것, 특히 건강에 해로운 음식을 먹지 않는 것 등이다. 이를 지키지 않으면 온갖 신체 통증이 유발된다. 이때마저 우리는 우리 몸에 주의를 기울이고 움직임과 휴식으로 건강을 유지하는 대신 습관적으로 진통제를 찾는다. 불편한 감정을 외면하려 다른 일로 애써 주의를 돌리거나 감각을 아예 마비시키는 경우도 너무나 많다. 그러나 부정적인 감정은 그 근원을 파헤치고 이해함으로써 자아와 통합시킨 뒤에 놓아 보내야 한다.

"하던 것을 멈추고 자신의 상태에 주의를 기울이는 일이 하루에 몇 번쯤 되나요?"

나는 이리스Iris에게 물었다.

"솔직히 말하면 한 번도 없어요."

이리스가 대답했다. 서른일곱 살의 그는 자신의 한계를 넘으면서까지 배우자와 친구들, 직장 동료들과의 관계를 보살피는 일이 빈번했다. 그러다 보니 기진맥진할 때가 많았고, 아무도 자신을 돌봐 주지 않는다는 생각에 슬픔과 분노가 치밀었다. 늦은 저녁 남편과 딸이 잠들고 나면 거실에서 몰래 단것을 먹거나 드라마를 보며 밤늦게까지 깨어 있는 일도 많았다. 그 뒤에는 불쾌한 기분이 엄습하며 규칙적인 생활을 하지 못하고 체중만 늘어 가는 모습을 질책하기 일쑤였다. 상담실을 찾은 계기도 신체와 삶 전반의 균형이 무너지고 있다는 위기감 때문이었다. 그는 남편과 동료들과 상사가 자신에게 얼마나 무리한 부탁을 하는지 족히 한 시간에 걸쳐 하소연을 늘어놓았다. 잠자코 듣던 나는 이렇게 말했다.

"정말 힘들겠네요. 저라면 그런 생활이 지긋지긋할 것 같은데, 자신을 더 잘 돌볼 수 있으려면 무엇이 필요할까요?"

타인들에 대한 짜증에서 자기 책임 문제로 초점이 옮겨지자 이리스는 적잖이 당황한 기색이었다. 잠시 고민하는 듯했지만 아무런 대답도 내놓지 못했다. 나는 질문을 바꾸었다.

"과거에 자신을 아주 세심히 돌본 적이 있나요? 있다면 어떤 상황이었지요?"

그러자 이리스는 기다렸다는 듯 대답했다.

"임신했을 때요. 내 인생에서 가장 멋진 시간이었어요. 건강하게 생활하는 데 세심한 노력을 기울였고 휴식 시간도 잘 지켰어요. 모든 면에서 아주 신중하게 저를 보살폈지요."

그는 잠시 말을 멈추었다가 이렇게 덧붙였다.

"하지만 그것도 뱃속에 있는 작은 생명에 대한 책임감 때문이었어요."

"그럼 지금은 어떤가요? 지금도 누군가에게 책임을 지나요?"

내 질문에 이리스는 무심히 배를 쓰다듬었다.

"저 자신을 뱃속에 있는 아기처럼 잘 돌보라는 말씀인가요?"

말을 맺기 무섭게 그는 심각한 눈빛으로 나를 바라보며 또다시 덧붙였다.

"하지만 그건 불가능해요."

그러나 이를 가능하게 하는 것이 결국은 우리 모두의 목표다. 자신에게 좋은 부모가 되어주고, 내 아이를 돌보듯 애정을 쏟으며 규칙적인 생활에 힘쓰는 것이다. 이때 우리는 자신의 필요와 한계에 민감하게 주의를 기울여야 한다. 그 책임을 타인에게 전가한 뒤 필요한 것을 얻지 못했다고 화를 내고 실망하는 일이 벌어져서는 안 된다.

이후 여러 달 동안 나와 이리스는 자신을 태아처럼 대하는 연습을 했다.

"나 자신을 임신하고 있다고 상상하며 날마다 자신에게 좋은 어머니가 되어주는 법을 배우는 겁니다."

나는 이리스에게 언제, 어떻게 자신을 돌보았는지 매일 저녁 일기장에 기록하라고 당부했다. 우선은 건강하고 규칙적인 식사와 충분한 수면 등, 실천하기 쉬운 사소한 일부터 시작했다. 다음 상담에서 이리스는 뿌듯한 투로 이야기했다.

"지난주에는 자정 전에 잠자리에 들고 아침까지 푹 잔 날이 나흘이나 돼요. 적당히 흥미로운 책을 골라 자기 전에 읽는 연습도 하고 있어요. 얼마 만에 하는 독서인지 모르겠어요."

자기돌봄의 유익한 효과가 즉각 나타나자 자기관리도 한결 수월하게 느껴졌다. 그러나 쉽게 고쳐지지 않는 몇몇 습관들이 문제였다. 이리스는 이렇게 털어놓았다.

"자꾸 무리하게 되는 것은 여전해요. 거절을 못 하는 성격 때문이에요. 그러고 나면 또 분노가 치밀어요. 처음에는 저를 힘들게 만드는 사람들이 밉고, 그 뒤에는 나를 지키는 데 번번이 실패하는 저 자신에게 화가 나요."

변화를 위한 첫걸음은 진심으로 변화를 원하는 것이다. 다음 단계로는 자신의 어떤 행동이 변화를 가로막는지 파악해야 한다. 단, 기대한 만큼 빠른 성과가 나오지 않는다고 낙심하는 것은 발전에 도움이 되지 않는다. 일단 나는 이리스에게 자기돌봄 훈련을 시작한 후로 거절할 수 있게 되었는지 물었다. 그러자 이리스는 불현듯 지난주에만도 세 차례나 무언가를 거절했음을 상기했다.

"잘됐네요. 그러면 이 상황에서 좋은 어머니는 어떻게 반응할까요?"

"기뻐하겠지요. 그리고 아이를 칭찬해 줄 거예요!"

이리스는 미소를 지으며 자신의 어깨를 다독였다.

거의 모든 사람이 이리스처럼 자기비판을 하는 데 익숙하다. 반면 자기를 칭찬하는 일은 어렵게만 느낀다. 막 걸음마를 배우고 있는 당신의 아이가 걸핏하면 넘어진다고 상상해 보라. 당신은 아이를 야단치겠는가? 당연히 그러지 않을 것이다. 좋은 부모는 실패한 아이를 비난하지 않고 오히려 위로한다. 실패한 시도가 아닌 아이의 발전에 초점을 맞추기 때문이다. 걷는 법을 배우기 시작한 아이를 응원하며, 비틀비틀 내딛는 한 걸음 한 걸음에 칭찬을 보낼 것이다. 이처럼 어른이 된 후 우리는 스스로에게 애정 어린 동반자가 되어주어야 한다. 힘들게 무언가를 배워 나아가는 동안에는 이러한 동행이 특히 절실하다.

"나에게 친절하게 대하는 일이 왜 이리 어렵기만 할까요?"

이리스가 물었다. 자신을 냉정하고 비판적인 시선으로 바라보는 일이 너무나 많음을 깨달은 것이다. 나는 이렇게 설명했다.

"이제 막 배우기 시작한 참이라 그럴 거예요."

자녀를 비판하고 압박하며 아이의 필요에 무관심한 부모를 둔 사람은 자신을 세심히 보듬고 다정하게 대하는 데 어려움을 겪는다.

자신에게 좋은 부모가 되어준다는 것은 과거 부모가 했던 것보다 더 잘 보살펴 준다는 뜻이다. 결코 쉽지 않으면서, 또 얼마든 해낼 수 있는 일이기도 하다. 우리가 기존에 품고 있던 근본적인 신념에 의문을 품고 분리의 최종단계에 도전한다면 말이다. 이제 어린 시절에 형성된 해로운 신념들을 버리고 스스로 새로운 긍정의 메시지를 이끌어내야 할 때다.

기존의 믿음을 성찰하고 수정하기

우리는 성인이 되고 독립한 뒤에도, 심지어 부모가 사망한 뒤에도 한동안 마음속에 부모를 품고 살아간다. 어린 시절부터 머릿속에 부모가 진행하는 라디오 방송을 틀어놓고 끊임없이 듣고 있는 셈이다. 평생 머릿속에 일종의 배경음악이 흐르고 있는 것과도 같다. 용기와 힘을 북돋우는 명랑한 멜로디가 흐른다면 당신은 운이 좋은 것이다. 그러나 듣기 괴로운 라디오 방송이 쉬지 않고 흘러나오며 삶의 에너지를 앗아가는 경우도 드물지 않다. 이 방송이 내보내는 노래들은 가사부터가 엄격하고 비난일색이다. 이는 부모가 양육 과정에서 가족적 · 사회적 전통에 따라 자녀의 삶을 준비시키며 우리에게 주입해 온 익숙한 무언의 메시지들이다.

부모의 라디오 주파수는 기본적으로 우리가 세상에 태어난 첫날에 이미 맞추어진다. 처음에는 부모의 양육 방식에 관한 방송이 나온다. 부모가 아이의 필요를 민감하게 포착하고 충족시켜 줄수록 아이는 편안하고 안전하다고 느낀다. 우리를 진정시키는 부모의 목소리와 온기와 위로는 우리에게 자신감과 세상을 향한 신뢰감을 키워준다. '나는 귀한 사람이야. 세상은 좋은 곳이야. 나는 안전해.'라는 건강한 신념을 갖게 되는 것이다.

우리의 어린 시절과 이 시기의 발달 조건은 '내면의 방송국'에서 어떤 목소리들이 조합되고 울려 나올 것인가를 결정한다. 이곳에는 호의적이고 위로를 주며 자존감을 키워주는 목소리도 있지만, 부정적이고 비판적이고 회의적이며 희망을 앗아가는 목소리 또한 존재한다. 부정적인 목소리가 우위를 점할 때 우리는 내적 균형을 잃는다. 그러면 스스로가 한없이 작고 부족하고 못나 보이며, 자신을 믿지 못하고 절망에 빠진다. 최악의 경우 우울증 같은 정신질환을 앓거나 감각을 마비시키기 위해 무언가에 중독되기도 한다.

모든 이의 내면에는 힘을 주는 목소리와 힘을 앗아가는 목소리가 공존한다. 다만 정신적으로 안정된 사람의 내면에는 힘을 북돋우고 자신감을 주는 긍정적인 목소리가 지배적이다. '다 잘될 거야. 다음번에는 더 잘할 수 있어. 이런 걸로 세상이 끝나지 않아. 모든 것을 다 잘하지는 못해도 나는 귀한 사람이야.'

어린 시절 부모에게서 적절한 돌봄을 받지 못한 경우에는 어떻게 해야 할까? 애착과 자율성을 형성하고 욕구를 충족시키고 인정받고자 하는 기본 욕구들을 부모가 제대로 충족시켜 주지 못했다면? 심지어 방치되거나 학대당한 경험이 있다면? 생애 초기의 경험은 자신과 세상을 바라보는 눈을 결정짓기 때문에 부정적인 경험을 한 사람일수록 삶이 더 버겁게 느껴진다. 이런 사람은 세상을 안전하지 못한 곳, 적의로 가득 찬 곳으로 인지한다. 도와 달라는 외침에는 아무런 대답도 돌아오지 않고, 욕구를 충족시키려 하면 처벌이 가해진다. 한없는 무력감과 더불어 세상에 혼자라는 느낌에 사로잡히면서, 삶 전체에 악영향을 미칠 수 있는 강력한 정신적 스트레스가 유발된다. 성인 애착 대상의 도움 없이는 살아가는 데 필수적인 감정 조절 능력을 키울 수 없기 때문이다. 이런 아이는 스스로 마음을 가라앉히기 어렵고, 타인의 도움을 받아도 진정되기 힘들다.[2] 성인이 된 뒤에도 감정에 압도되어 유년기를 지배하던 절망의 구렁텅이로 다시금 빠져드는 일이 빈번하다.

따라서 자녀가 감정의 바다를 능숙하게 항해하도록 돕는 것은 부모의 중요한 임무다. 아이의 감정을 들여다보며 이를 명확히 정리하고 표현해 주면 아이는 자신을 이해하는 법을 배운다.

여기에 벤Ben이라는 두 살배기 남자아이가 있다. 외출한 어머니를 찾으며 우는 아이에게 아버지는 '엄마가 안 보여서 슬픈가 보구나.'라고 말한다. 이때 그는 어떠한 평가도 배제한 채 오로지 슬픈 표정과 말로 아이의 감정을 투영시킴으로써 슬퍼해도 괜찮다는 메시지를 아이에게 전달한다. 그러고는 벤을 안고 달래며 '엄마는 금방 올 거야. 아빠랑 놀면서 기다리자. 뭘 하면서 놀까?'라고 말해 준다. 벤은 나무 블록 쌓기를 선택하고, 아버지와 노는 동안 마음이 완전히 안정된다. 두 시간 뒤에 어머니가 돌아오자 벤은 기뻐하며 그를 맞는다. 아버지는 아이의 감정을 섬세하게 투영시키고 그에 이름을 붙여줌으로써 아이가 자기감정을 이해하고 진정될 수 있도록 도운 셈이다. 이 같은 상호작용이 수없이 반복되면서 우리가 일생 품고 살아가게 될 내면의 목소리와 신념들이 형성된다. 벤은 어떤 감정을 느껴도 괜찮다는 사실, 타인들이 자기 곁에 있어 줄 것이라는 사실, 자신이 귀한 사람이며 사랑받고 있다는 사실을 체득할 것이다.

그러나 모든 부모가 벤의 아버지처럼 공감 능력이 뛰어나지는 않다. 안톤Anton의 아버지는 같은 상황에서도 전혀 다른 반응을 보인다. 두 살배기 아들에게 '뚝 그쳐!'라고 으름장을 놓으며 안톤의 감정이 달갑지 않은 것이라는 메시지를 전한다. 겁먹은 안톤은 당연하게도 더욱 큰 소리로 울고, 아버지는 텔레비전 볼륨을 높이며 아이를 무시해 버린다. 그런 행동에는 여러 가지 원인이 있을 것이다. 어린 시절 감정을 표출하면 부모에게 무시당하거나 야단맞는 경험을 하면서 감정을 억제하는 법을 학습했을 가능성도 있다. 혹은 위로하는 방법을 몰라 아이의 슬픈 감정이 부담스러웠는지도 모른다. 아버지 역시 슬픔이나 그 밖의 부정적인 감정에 짓눌리고 있어 아들에게 다정하게 대해줄 여유가 없는 것일 수도 있다.

부모가 자녀의 성장에 충분히 공감하며 동행해 주지 못하는 이유는 수없이 많다. 그중에서도 가장 흔한 원인은 부모의 유년기에 있다. 당시에 누군가가 이들의 감정을 투영시키고 위로해 준 적이 없었을 것이다.

이런 경험이 결핍되면 자신과 타인들을 제대로 이해하지 못한다. 지속적인 불안감에 시달리는 경우도 흔하다. 감정을 직시함으로써 그것이 오히려 완화되는 것을 경험하지 못한 탓이다. 부모가 아이의 감정에 부적절하게 반응하는 일이 잦으면 아이는 감정을 축소하고 애써 떨쳐내기에 이른다. 자기감정을 파악하고 진정되는 훈련이 전혀 되어 있지 않은 사람은 끊임없이 정서적 위기를 겪으며 이리저리 흔들리게 될 수도 있다.

부모에 의해 잦은 정서적 방임을 당한 아이의 마음에는 크고 작은 생채기가 남는다.[3] 자신이 중요하지 않은 존재, 잘못된 존재라는 메시지를 주입받은 탓이다. 생애 초기에 받은 상처는 자기 회의, 자존감 훼손, 애착불안 등을 초래할 수 있다. '나는 중요하지도 않고 사랑받을 수도 없는 존재야.', '세상에 믿

을 수 있는 사람은 나 자신뿐이야.'라는 확신이 내면 깊이 뿌리
박히는 일도 흔하다. 이런 신념은 향후 삶의 모습을 결정짓고
우리의 인지와 행동을 조종하지만, 정작 우리는 이를 의식하지
못한다.

선 긋는 일에 어려움을 겪고 자신보다 타인들의 필요를 앞세
우던 이리스의 이야기로 돌아가 보자. 그는 남들에게 모든 것
을 해주어야만 자신이 존중받고 사랑받을 수 있다고 믿었다.

"저는 도저히 거절을 못 하겠어요!"

"거절이 문제를 일으킨다는 것을 언제, 어디에서, 누구를 통
해 배웠나요?"

그의 비이성적인 가정이 어디에서 비롯되었는지 함께 파헤
치기 위한 질문이었다.

"저희 집에서 거절이란 상상도 할 수 없는 일이었어요. 아이
들은 부모님이 시키는 것을 무조건 해야 했지요."

반항기는 싹부터 잘려 버렸다. 반항할라치면 어머니는 악다
구니를 퍼부었고 아버지는 싸늘하게 등을 돌렸다. 이처럼 화를
내거나 애정을 거두어 버리는 부모의 태도에 고통받던 이리스
는 일찍부터 타인의 바람에 이의를 제기하지 않고 무조건 순응
하는 습관을 들였다. 오늘날까지 건강한 선을 긋지 못하도록 그
를 가로막는 것은 다름 아닌 유년기에 형성된 신념이었다. '거
절하면 모든 게 망가지고 모두 너를 떠나버릴 거야.', '선을 긋
는 건 위험해. 남들에게 모든 것을 쏟아야만 사랑받을 수 있어.'

첫 번째 문장은 이리스의 부모로부터 주입된 것이고, 두 번째 문장은 이리스가 그로부터 얻은 교훈, 또는 어린 그에게 약간의 통제력을 되찾을 수 있게 해준 생존 전략이었다.

이리스의 경험은 보편적으로 적용된다. 부모의 메시지는 우리 내면 깊숙이 뿌리를 내리고 지속적으로 영향을 미친다. 그러다 보면 내면에서 울리는 목소리가 부모의 것인지 자신의 것인지도 분간할 수 없게 된다. 자신이 믿고 있는 게 어디까지 진실인지 의문조차 품지 않는 사람들이 많은 것도 이 때문이다. 부정적인 신념은 사실상 지극히 개인적인 '사실의 대체물'이 된다. 때로 우리는 말도 안 되는 '조건명제'선을 그으면 사랑받지 못하고 버림받을 거야 또는 모든 것을 잘 해내고 큰 성과를 거두면 사랑받을 거야를 세워 두고 이를 진리로 간주한다. 오랜 세월 동안 이를 따르는 데 익숙해 온 탓이다. 그렇게 우리는 어린 시절 생존 전략의 일부였던 비합리적이고 그릇된 가정을 어른이 되어서까지 따르게 된다. 그러나 이것은 무의미하고 해로울 뿐 아니라 우리를 위험으로 몰아넣을 수도 있다. 이리스가 여전히 선 긋기에 어려움을 겪는 이유도 어린 시절 부모와의 관계를 망가뜨리지 않기 위해 선 긋기를 피해야 했기 때문이다.

이 악순환을 타파하는 방법은 무엇일까? 오랫동안 들어온 부정적이고 해로운 라디오 방송을 끄고 그 해악에서 벗어나려면 어떻게 해야 할까?

해묵은 파괴적 신념에서 벗어나는 데는 꾸준한 훈련이 필요하다. 먼저 파괴적인 신념의 실체를 파악하고 그것의 진실성과 현실성 여부를 검토하며, 그 해악을 판별하고, 마지막으로 이를 긍정적인 신념으로 대체해야 한다. 이 모든 단계 중 중요하지 않은 것은 없다. 부모가 우리 내면에 각인시켜 둔 부정적인 목소리를 가려내고 변화시키는 것 또한 건강한 분리 과정의 일환이다.

신념을 변화시키는 훈련법

부정적인 신념 파악하기

마음을 짓누르고 용기와 에너지를 앗아가며, 여러분을 소심하게 움츠러들게 하는 부정적인 신념을 적어 보라. 자신이 충분히 훌륭하지 못하다고 느끼는가? 자신이 중요하지 않거나 사랑받을 자격이 없다고 느끼는가? 완벽해야 한다고 생각하는가? 누구에게도 선을 그어서는 안 된다고 생각하는가?

부정적인 신념을 심어준 사람 파악하기

앞서 적은 문장들이 과거에 누가 한 말이었는지 혹은 누구에게서 나온 말로 추정되는지 되짚어 보라. 우리의 신념 가운데 다수는 애착 대상이 남긴 메아리다. 우리가 따르는 파괴적인 신념이 모두 어린 시절 부모가 직접적으로 했던 말에 근간을 두고 있지는 않다. 다수는 부모가 우리에게 걸었던 무언의 기대로부터 형성된 것이다. 우리는 오늘날까지 자신과 맞지 않거나 해로운 신념들을 무심코 지키며 살아간다.

지속적인 성장을 위해서는 부모가 심어 둔 내면의 목소리가 참된 자아의 일부가 아닌 '이물질'임을 파악해야 한다. 당신이 '타인에게 선을 그어서는 안 된다.'라는 문장을 적었다고 가정하자. 이는 자녀의 독립을 두려워하는 어머니의 메시지가 낳은 것일 수 있다. 그렇다면 이 문장을 '어머니는 내가 선을 그어서는 안 된다고 생각했다.'로 고쳐 쓸 수 있다. 이로써 의식의 저변에서 당신에게 커다란 영향력을 발휘해 온 신념이 어머니에 관한 객관적 서술로 전환되고, 당신은 그로부터 거리를 둘 수 있게 된다.

현실성 점검

이제 우리의 신념들이 현실적인지 점검할 차례다.

예 나는 완벽해야 한다.
현실성 점검 세상에 완벽한 사람은 없다. 완벽하기란 불가능하다.

예 나는 선을 그어서는 안 된다.
현실성 점검 선 긋기는 중요하며 유익하다. 선을 긋지 않으면 자신을 포기하게 된다. 선을 긋지 않으면 스스로를 보호할 수 없다. 선 긋기는 누구에게나, 어떤 관계에서든 필요하다.

이처럼 부정적인 신념들로부터 거리를 두고 의식적으로 분석하다 보면, 그것을 지키는 일이 얼마나 무의미하고 불가능한 것인지 필연적으로 깨닫게 될 것이다.

영향

앞서 적어 둔 각 문장에, 그것이 당신의 삶에 미친 영향을 덧붙여 보라. 당신의 자존감을 훼손했는가? 용기나 희망을 앗아갔는가? 타인과 가까워지거나 관계를 시작하는 데 방해가 되었는가? 신뢰를 쌓거나 꿈을 좇는 데 장애물로 작용했는가? 특정한 신념이 자발성이나 삶의 기쁨을 가로막았는가?

각 신념이 현실적인지 객관적으로 점검하고 그것의 부정적인 영향력을 파악하는 최초 작업은 정서와 관련된 후속 단계를 준비하는 데 매우 중요하다. 유년기부터 무의식적으로 우리를 따라다니며 구속해 온 그릇된 신념을 영구적으로 무력화하려면 그것의 실체를 깨닫는 것만으로는 부족하다. 내면에 각인되어 메시지와 목소리를 변화시키기 위해서는 효과 좋은 특수 해독제가 추가로 필요하다. 새로운 신념이 바로 그것이다.

신념의 전환

모든 부정적인 신념을 긍정적인 방향으로 전환해 보라. 예를 들어 '나는 충분히 훌륭하지 못하다.'라는 믿음을 '나는 이대로도 괜찮은 사람이다.' 또는 '실수해도 괜찮다. 실수하더라도 나는 사랑받을 수 있는 사람이다.'로 대체하라. '거절하면 사람들이 실망할 테니 거절은 금물이다.'라는 선을 그어도 괜찮다. '나는 서로의 선을 존중하는 건강하고 균형 잡힌 관계를 이끌어 나아갈 것이다.'로 대신할 수 있다.

저항감이 들거나 새로운 신념에 완전히 확신이 서지 않는다면 이를 구체적인 맥락에서 표현해 보라. '내 친구들에게 있는 그대로의 내 모습을 보여주어도 괜찮다.' 또는 '무언가를 잘못한다 해도 나는 여전히 내 아이들에게 사랑받는 엄마다.'가 그 예다. 새로 설정한 긍정적인 신념을 몇 차례 나직하게, 혹은 큰 소리로 되뇌며 그로부터 힘이 솟고 기분이 밝아지는 것을 느껴보라. 새로 쓴 문장에 몸이 어떻게 반응하는지 주의를 기울여 보라. 긴장해 있던 어깨 근육이 이완되고 몸속 깊숙한 곳으로부터 온기가 퍼질 것이다. 호흡이 한결 깊고 편안해지고, 앉거나 서는 자세가 곧아지며, 몸 어딘가가 편안해지는 느낌이 들지도 모른다.

시간을 내어 오래전에 쓰인 마음의 대본을 새로 쓰는 일에 의식적인 노력을 기울여 보라. 신념은 우리의 인지와 감정, 그리고 행동까지도 결정한다. 그러니 해로운 신념 하나하나를 자세히 점검해야 한다. 특정한 신념을 맹목적으로 따르는 기간이 길어질수록 그것을 변화시키기도 어려워진다. 그러나 꾸준하고 규칙적인 훈련을 통해 몸에 익은 것을 고치는 일 또한 얼마든 가능하다.

우선은 현재 삶의 가장 큰 장애물에서 시작하는 것이 좋다. 매일 아침과 저녁에 2분씩 시간을 내어 새로운 신념을 구상하는 데 집중하라. 편안한 자세를 취한 뒤 깊게 심호흡을 하고 새 문장을 만트라처럼 반복해서 외면 새로운 신념이 내면에 뿌리내리는 데 도움이 된다. 신념을 새로이 하는 작업은 인생 전반에 걸쳐 이루어져야 한다. 이는 우리의 주의력을 강화해 의식적으로 생각하고 느끼고 행동하게 만들며, 자존감을 다지고 다양한 인간관계에서 상대방과 긍정적인 영향을 주고받게 해줄 것이다.

신념의 전환은 올바른 삶의 방향으로 가는 한 걸음이다. 새롭게 창출된 건강한 신념을 하나씩 실천하는 일은 용기를 앗아가던 과거의 고통스러운 경험을 바로잡는 과정이다. 나아가 여러분은 스스로 어린 시절 갈구했던 다정하고 든든한 부모가 되어줄 수 있을 것이다.

자존감 통 채우기

신념을 개선하는 일은 자존감과도 맞물린다. 그릇된 신념들의 다수는 '나는 사랑받을 가치가 없는 사람이야.'라는 부정적인 확신에서 나오기 때문이다. 사람들은 자신이 무가치하다는 생각을 잊으려 일, 소비, 약물중독 등으로 사고를 마비시키거나 외부로부터 인정받고 높은 평가를 받으려 든다. 자존감이 낮은 사람에게는 삶이 매우 고되게 느껴진다. 끊임없이 무언가를 성취하려 애쓰는 동시에 그것을 남들이 봐 주지 않을까 봐 두려워하기 때문이다.

자존감은 유년기 부모와의 삶을 통해 형성된다. 부모가 아이를 있는 그대로 받아들이고 사랑해 주면 아이 역시 자신을 있는 그대로 받아들이고 사랑하는 법을 배운다.

그렇다면 부모로부터 자신의 귀한 가치를 충분히 인정받지 못한 이들이 지금이라도 자존감을 키우는 것은 불가능할까? 전혀 그렇지 않다. 성인기에도 자존감을 키울 수 있다는 것은 다행스러운 일이다. 가족치료사 버지니아 사티어는 누구나 내면에 가지고 있는 '자존감 통'이라는 개념으로 이를 설명한다. 어떤 이의 통에는 자존감이 넘치도록 채워져 있는가 하면, 어떤 이의 자존감은 바닥이 드러난 상태다. 후자의 경우 통을 채우는 일이 매우 시급하다.

자존감 통을 채우려면 어떻게 해야 할까? 먼저 자신과의 대화를 관찰하고 그 양상에 조금씩 변화를 주어야 한다. 많은 이들이 자신과의 대화에 처음으로 주의를 기울이며 충격에 휩싸인다. 이리스는 상담 초기에 자신에게 자주 하는 말로 '돼지 같으니. 작작 좀 처먹어.'를 꼽았다. 또 아침마다 체중계에 올라서서 '이게 네가 되는대로 게으르게 산 대가야.'라고 비난한다고 했다. 안타깝게도 이처럼 자신을 모질게 대하는 이들을 드물지 않게 볼 수 있다. 누구나 내면에 비판가를 품고 산다. 부정적인 내면의 목소리는 끊임없이 자신의 오점을 찾아내고 무엇 하나 그냥 넘어가지 않는다. 어떤 이들에게서는 이 내적 비판가의 근원이 부모인 것으로 쉽게 판명된다. 그러나 어떤 이들에게서는 내면의 비판가가 독립적으로 자생한다. 그러면서 부모의 메시지는 위협으로 느껴지지도 않을 정도로 강력하고 혹독한 비판을 쏟아낸다.

내면의 비판가는 때로 매우 확신에 차 있는 것처럼 보이지만 사실상 그것이 전하는 메시지는 합리성과는 거리가 멀고 극도로 파괴적이다. 따라서 그 대항마가 되어줄, 긍정적이고 자존감을 강화하는 목소리가 필요하다. 이 목소리는 좋은 부모처럼 우리를 아끼고 다정하게 대하고 칭찬하며, 필요할 때는 위로를 건넬 것이다.

미국의 심리학자 존 가트맨John Gottman [4]은 화목한 부부관계가 좋은 의사소통에 달려 있음을 간파하고 그에 상응하는 5:1 법칙을 고안했다. 1회의 부정적인 상호작용에 5회의 긍정적인 상호작용이 뒤따라야 한다는 것이 그 골자다. 예를 들어 배우자에게 비판하는 말을 한 번 했다면 칭찬, 인정, 세심함, 다정함이 담긴 말을 다섯 번 함으로써 비판을 상쇄시켜야 한다. 다만 이 방법은 부부관계에서는 성공할 수 있으나 자신을 대하는 마음가짐에 적용할 때는 실패할 확률이 높다. 내면에서 부정적인 상호작용이 자주 발생할수록 자존감은 낮아진다.

스스로 귀하게 여기고 다정하게 대하기 위해서는 먼저 다음과 같은 질문에 대답해 보는 것이 좋다.

1. 나는 내 어떤 점을 좋아하는가?
2. 사람들은 내 어떤 점을 좋아하는가?
3. 나는 오늘 무엇을 잘 해냈나?
4. 최근에 어떤 일로 칭찬받았나?
5. 나는 하루에 몇 번 스스로 칭찬하는가?
6. 지금껏 어떤 난관들에 맞닥뜨렸으며, 그중 어떤 것을 성공적으로 극복했는가?
7. 내가 잘하는 것은 무엇인가?
8. 남들보다 잘할 수 있다고 생각하는 것은 무엇인가?
9. 내 특성 중 어떤 점이 주변 사람들에게도 있었으면 좋겠다고 생각하는가?
10. 나를 좋은 사람으로 만드는 것은 무엇인가?
11. 내 삶의 어떤 점에 자부심을 느끼는가?
12. 살면서 스스로 설정한 목표 중 무엇을, 어떻게 이루었는가?

얼핏 쉬운 질문처럼 들리지만 어떤 이들에게는 이에 대답하기가 결코 쉽지 않다. 자신의 긍정적인 특성과 능력에 기쁨이나 자부심을 느끼기는커녕, 스스로 칭찬하거나 친절하게 대하는 것이 부당한 일이기라도 한 듯 수치심만 느끼기 때문이다. 부모에게 방임이나 평가 절하를 당한 아이들은 흔히 자신의 강점을 파악하고 소리 내어 말하는 일을 낯설고 거북하게 느낀다. 그러나 부모가 자존감 통을 채워주지 않았다면 언젠가는 자신이 이를 채워야 한다.

그러니 날마다 자신을 칭찬하고 그날 하루 무엇을 잘 해냈는지 매일 저녁 되돌아보며, 틈틈이 존중과 격려가 담긴 말을 건네 보자. 시간이 흐르면서 놀라운 일이 벌어질 것이다. 주기적으로 자존감 통을 채우다 보면 점점 남들에게 인정받는 데 연연하지 않게 된다.

오해를 피하고자 덧붙이자면, 사람은 무인도처럼 고립되어 살아갈 수는 없으며 당연히 타인들, 사회적 상호작용, 인정을 필요로 한다. 다만 스스로 귀하게 대할수록 나의 가치를 높이 평가해 주는 타인의 말도 더 잘 받아들일 수 있게 된다. 안팎에서 자존감 통을 채워주게 되는 셈이다. 긍정적인 메시지를 잘 받아들일수록 자존감은 자라난다.

나를 애정 어린 태도로 대하다 보면 새롭고도 건강한 자아상이 탄생한다. 자신은 충분히 괜찮고 사랑받을 가치가 있는 사람이며, 실수해도 괜찮다는 생각이 그것이다. 이렇게 우리는 있는 그대로의 자신을 받아들이고 귀하게 여기며, 자신의 능력과 약점과 선에 주의를 기울이게 된다. 다르게 표현하면 좋은 어머니, 좋은 아버지처럼 '나'에게 사랑을 주는 것이다.

자신의 부모 되기 내면 아이를 돌보는 일

"내 아이들에게 좋은 엄마·아빠가 되어주고 싶어요. 제가 살아오며 겪은 문제들이 아이에게까지 대물림되지 않았으면 해요."

내담자에게 상담 치료를 시작한 이유를 물었을 때 흔히 듣게 되는 대답이다. 그러나 자녀에게 좋은 부모가 되고, 자녀를 잘 이해하고 그들에게 공감하며 건강한 자존감을 키우도록 돕기 위해서는 먼저 자신에게 좋은 부모가 되어주어야 한다.

자기돌봄, 신념 변화시키기, 자존감 통 채우기 외에 자기 진정 능력을 키우는 것 또한 스스로 부모가 되어주는 과정의 중요한 단계다.

자기 진정은 매우 특별한 형태의 진정되는 과정을 의미한다. 자기 진정의 핵심은 이따금 우리를 통제하려 들거나 지속적으로 우리의 감정과 행동을 조종하는 내면 아이를 진정시키는 데 있다. 내면 아이 중에는 가짜 자율성을 발휘하고 스스로 한껏 부풀리며 혼자서 모든 것을 해낼 수 있다고 착각하는 아이가 있다. 죄책감에 휩싸여 부모에게 얽매이고 과도한 충성심을 품는 아이, 미운 세 살 또는 청소년기의 반항심에서 벗어나지 못한 아이, 억압당했거나 과보호를 받으며 자란 아이, 자기효능감보다는 무력감을 학습한 아이, 부모와 역할이 뒤바뀌어 부모를 책임지느라 지친 아이, 사랑받은 적이 없어 자기 가치감을 느껴본 적도 없는 아이, 홀로 버려지고 방치된 경험 때문에 아직까지 불안감에 사로잡혀 있는 아이, 애착 트라우마를 겪고 딱딱한 껍질 속으로 파고든 채 감정을 완전히 차단해 버린 아이도 있다.

모든 사람의 내면에는 보살핌을 받지 못하고 상처받은 아이가 있다. 이 부분을 파악하고 보듬어 준다면 삶 전체가 한결 수월해질 것이다.[5]

마흔두 살의 카르스텐Karsten은 몇 주 전 연인이 임신했음을 알게 된 후 커다란 불안감에 휩싸여 있었다. 절망적인 표정으로 상담실을 찾은 그는 이렇게 이야기했다.

"도저히 아이를 책임질 엄두가 나지 않아요. 제가 모든 걸 망칠 것 같아 두려워요."

연인을 사랑하는 마음에는 변함이 없었음에도 그는 별안간 도망치거나 헤어지고 싶은 강렬한 충동에 사로잡혔다. 불면증과 극도의 피로감, 그리고 신경쇠약이 그를 괴롭혔으며 실패에 대한 두려움은 점점 커져만 갔다.

"카르스텐 씨의 어떤 부분이 아이를 갖는 데 대해 그토록 큰 두려움을 품는 건가요?"

나는 그의 내면에 양가감정 및 다양한 부분이 존재할 가능성을 보여주기 위해 이렇게 물었다. 카르스텐은 고민 끝에 이렇게 대답했다.

"제 내면의 일부분은 좋은 아버지가 어떤 건지 전혀 모릅니다."

"카르스텐 씨의 아버지 이야기를 조금만 들려주세요."

내 요청에 그는 딱딱한 표정으로 입을 열었다. 그의 아버지는 어린 아들을 거칠게 다루고 냉대했다. 그래서 부자 관계는 예나 지금이나 꽁꽁 얼어붙어 있었다.

"아버지는 수시로 제게 창피를 주었습니다."

그는 과거를 이렇게 회상했다. 한번은 나들이를 간 적이 있는데, 싫다는 그를 아버지가 억지로 조랑말에 태우는 바람에 무서워서 그만 바지에 실수를 하고 말았다.

"아버지는 처음에는 저를 비웃다가 이내 호되게 야단쳤습니다. 지금까지도 걸핏하면 사람들 앞에서 제가 여덟 살 때 바지에 오줌을 쌌다는 이야기를 합니다."

"여덟 살의 카르스텐에게는 무엇이 필요했을까요?"

과거의 자신에게 부모가 되어주는 일로 유도하는 질문이었다. 나는 카르스텐에게 눈을 감고 다시 한번 당시의 상황을 정확히 떠올려 보라고 요청했다.

"여덟 살배기 꼬마가 겁을 잔뜩 먹었어요. 평소보다 훨씬 움츠러들어 있어요. 몸을 덜덜 떨며 울고 있군요. 아버지가 아이를 번쩍 들어 올립니다. 아이는 발버둥 치며 저항하고 싶지만 두려움 때문에 몸이 말을 듣지 않습니다."

나는 카르스텐이 묘사한 것을 한 마디 한 마디 반복했다. 이제 어린 카르스텐과 그의 감정을 인지하고 연민을 품는 증인이 두 명인 셈이었다. 카르스텐은 내 말에 귀를 기울이며 고개를 끄덕였다.

"말 등에 탄 꼬마는 무력감에 그만 바지를 적시고 맙니다. 그러자 수치심과 죄책감이 엄습해 옵니다."

나는 카르스텐에게 여덟 살 남자아이가 다시금 안전하고 편안하다는 느낌을 되찾기 위해서는 무엇이 필요한지 물었다. 그는 이렇게 대답했다.

"어른의 도움이 필요할 것 같습니다."

"이제 카르스텐 씨가 그 어른이 되어주세요. 어린 카르스텐에게 공감하고, 달래고 위로해 줌으로써 그 아이를 도와 줄 기회가 지금 주어진 겁니다."

카르스텐은 고개를 끄덕였다. 그러고는 눈을 감고 손을 내밀었다.

"제가 말 등에 탄 아이를 들어 올리고 있습니다. 그리고 아이를 안고 달래줍니다."

카르스텐은 차분히 심호흡을 했다. 조금 전까지 잔뜩 긴장되어 있던 표정도 부드러워졌다.

"기분이 훨씬 나아졌어요."

"아이는 어떤가요?"

"아직 울음이 그치지 않았어요. 하지만 말 등에서 내려온 것만으로도 마음이 놓여서 긴장이 조금씩 풀리고 있습니다."

나는 카르스텐에게 아이가 완전히 진정될 때까지 품에 안고 있으라고 일렀다. 카르스텐은 눈을 감은 채 소파 등받이로 몸을 기댔다. 그리고 잠시 후에 입을 열었다.

"꼬마가 지금 제 곁에 서 있습니다. 제 손을 잡고 있어요. 조랑말을 한 번 더 보고 싶어 합니다. 이제 두려움은 사라지고 호기심이 생겼어요."

그의 내면 아이가 진정되었다는 카르스텐의 말은 과거의 자신에게 부모 역할을 해주는 일이 치유 효과를 낸다는 것을 증명한다. 아이는 두려움을 극복했다. 어른 카르스텐의 세심한 보살핌으로 다시금 감정을 느낄 수 있게 되자 아이는 주변 일들에 호기심을 품게 되었다. 이 변화는 마흔두 살의 카르스텐에게도 긍정적인 영향을 미쳤다. 내면 아이가 진정되면서 아이의 감정이 자연히 그의 기분 전체에 스며든 것이다.

"지금은 기분이 어떤가요?"

나는 그가 눈을 뜨기를 기다려 물었다.

"피곤하지만 차분하고 평화로운 기분입니다."

"카르스텐 씨는 방금 내면의 여덟 살짜리 아이를 진정시키고 위로하며 아이가 자신감을 되찾도록 도와주었습니다."

나는 앞선 과정을 이렇게 요약하고 잠시 기다렸다가 덧붙였다.

"좋은 아버지란 바로 그런 거지요."

카르스텐의 마음에 귀한 씨앗이 뿌려지는 순간이었다. 스스로 다정하게 돌보는 경험이 바로 그것이었다. 이는 자녀에게 좋은 부모가 되어주기 위한 전제 조건 중 하나다.

자기 진정 훈련을 거듭하다 보면 교정 효과와 치유 효과를 내는 경험이 쌓이며 과거의 트라우마 경험을 대체하게 된다. 뒤늦게라도 치유된 내면 아이는 더 안정된 심리적 기반을 다지게 된다. 다르게 표현하면 내면 아이를 달램으로써 자아 전체가 한층 평온해지는 것이다. 내면 아이와 만나며 그에게 성숙하고 다정한 부모 역할을 해주는 일은 고통스러운 과거를 조금씩 놓아 보내고 계속해서 성장해 나아가는 데 원동력이 된다.

내면 아이를 돌보는 법을 배우고 싶다면 여러분이 어떤 순간에 갑작스레 아이 자아로 되돌아가게 되는지 주의를 기울여야 한다.

순간적으로 감정에 휩쓸려 불같이 화를 내거나 좌절과 절망과 슬픔의 구렁텅이로 빠져드는 순간은 누구에게나 있을 것이다. 얼마쯤 시간이 흐른 뒤 정신을 가다듬고 나면 자신이 그처럼 강렬한 감정을 터뜨렸다는 것을 믿을 수 없어 충격에 휩싸인다. 어떤 트리거에 의해 아이 시절로 되돌아가는 순간, 우리는 눈 깜짝할 사이에 감정의 파도에 휩쓸린다. 발밑이 아득해지고 방향 감각이 사라지며 감정의 홍수가 덮쳐오면서 자신도 모르게 본능적으로 행동한다. 안타깝게도 대부분은 이때 지극히 파괴적인 행동을 보인다. 내면 아이는 어른의 관점으로 세상을 볼 수 없기 때문에 과거 부모와의 경험 및 아이 시절의 생존 전략을 바탕으로 행동하는 것이다. 그러나 이는 현시점에서 더 이상 유효하지 못한 경우가 많다. 갑작스러운 감정의 소용돌이에서 벗어나려면 반드시 성숙한 어른 자아가 그 어느 때보다도 의식적으로 이 내면 아이와 마주하도록 만들어야 한다.

많은 내담자가 내면 아이를 부모처럼 돌보는 과정에서, 아이가 신뢰감을 형성하고 어른 자아를 받아들이기까지 시간이 필요하다는 사실을 깨닫는다. 오랜 세월 동안 깊은 외로움을 품고 지내 온 탓이다. 그래서 이는 약간의 인내심을 요하는 작업이기도 하다.

서두르지 말고 내면 아이와 친해지는 시간을 가져라. 어떤 날에는 무력감과 좌절감에 사로잡혀 울부짖고 있는 갓난아이를, 또 어떤 날에는 고집쟁이 세 살배기 아이나 자율성을 억압당한 열일곱 살 청소년을 마주하게 될지도 모른다. 수많은 내면의 아이들은 제각각 다른 갈망과 욕구를 품고 있다. 그것이 무엇인지 파악하며 아이 자아에게 접근하는 것은 여러분 각자의 몫이다.

가능하면 다양한 모습으로 내면 아이와 접촉하라. 아이를 지켜보며 공감해 주고, 손을 내밀어 주거나 무릎에 앉혀 주어라. 어쩌면 아이는 당신이 머리를 쓰다듬어 주기를 기대할지 모른다. 그저 조용히 당신 곁에 앉아 있고 싶어 할 수도 있다. 아이의 필요가 무엇이어도 상관없다. 그 필요에 옳고 그름이란 없기 때문이다.

내면 아이와 관계를 맺는 동안 맥박과 호흡이 차분해지고 마음이 고요하고 평온해지며 위로받는 느낌이 들 것이다. 내면 아이를 품에 안으면서 아이의 온기가 느껴진다면 아이도 틀림없이 당신의 온기를 느끼고 있을 것이다.

아이에게 말을 걸고 진정시키며 위로해 주어라. 아이에게 필요하다고 생각되는 지지와 격려의 메시지 또한 아낌없이 들려주어라.

아이가 충분한 보살핌을 받았다고 느낄 때까지 곁에 머물러 주어라. 그 뒤에는 주기적으로 아이를 찾아와 잘 지내는지 살펴보겠다고 약속해 주어라.

어쩌면 내면 아이는 진즉부터 애타게 당신을 기다리고 있었는지도 모른다. 내면 아이와 접촉하는 데 처음부터 성공하지 못할 가능성도 있다. 두려움에 사로잡힌 내면 아이가 당신의 위로에 금세 진정되지 않을 수도 있다. 내면 아이를 만나고 돌보는 일이 당신에게 부담스럽게 느껴질지도 모른다. 자신에게 부모 되어주기 훈련을 망설이는 내담자들에게 나는 어떤 사람이나 동물, 또는 특정한 캐릭터와 함께 내면 아이를 만나러 가는 상상을 해 보라고 권한다.

"저는 『해리포터Harry Potter』에 나오는 덤블도어Dumbledore 교수와 동행하고 싶어요."

스물네 살의 마야Maja가 말했다. 큰 트라우마를 지닌 홀어머니 손에 자란 마야는 지금까지도 아픈 어머니를 구하지 못했다는 죄책감에 시달리고 있었다.

그러나 트라우마가 있는 어머니를 구할 수 있는 아이는 세상에 없다. 부모에게 트라우마가 있는 경우 자녀도 드물지 않게 애착 트라우마를 경험한다. 부모와의 애착이 안정적이지 못하기 때문이다. 이런 사람들은 처음에는 자신을 어머니나 아버지처럼 돌보는 일에 반감을 느끼지만, 이것이 오히려 좋은 신호일 수도 있다. 마야의 경우 그러한 반감을 인식함으로써 자신에게 누군가의 도움이 필요하다는 사실을 깨달았기 때문이다. 어린 시절에는 애써 외면해야 했던 진실이었다. 외면하지 않았으면 자신이 혼자라는 현실이 견디기 어려울 정도의 고통으로 다가왔을 것이다.

"덤블도어 교수가 가진 능력 중에 마야 씨의 내면 아이에게 유용하게 쓰일 만한 것이 있나요?"

내 물음에 마야는 미소를 띠며 대답했다.

"덤블도어 교수는 지혜롭고 자애로운 데다 마법까지 쓸 줄 알잖아요. 어릴 때부터 늘 그런 아버지가 있었으면 좋겠다고 생각했어요. 저를 보호해 주고 엄마를 도와주는 아버지요. 그리고 덤블도어 교수도 힘든 어린 시절을 보냈기 때문에 제게 더 잘 공감해 줄 것 같았어요."

내가 보기에도 덤블도어는 마야의 상처받은 아이 자아와 마주하는 데 완벽한 동행자였다. 마야의 신뢰를 받고, 마야보다 강하고 지혜로우며, 어린 마야가 항상 갈구하던 모습에도 들어맞았으므로 의지하기에 매우 적합한 인물이었다.

내 상담실에서는 주기적으로 동화 속 등장인물이나 야생동물, 반려동물, 사망한 친척, 소설이나 영화의 주인공이 거론된다. 내담자들이 자신의 아이 자아와 만나기 위해 상상력을 발휘하는 덕분이다. 그러고 나면 내면 아이가 오랫동안 고대해 온 일이 벌어진다. 누군가 그를 보고, 그의 말에 귀를 기울이며, 아이의 모든 감정을 수용하는 것이다. 아이에게는 이제 모든 것이 허락된다. 작고 약해도 괜찮고, 화를 내거나 무력해져도 괜찮으며, 힘없고 불안한 모습을 보여도 되고, 무언가를 거부하거나 요구해도 된다. 아이는 비로소 항상 갈구해 온 모든 것을 얻는다. 자신을 인지하고 자신의 필요를 투영시키고 그에 부응해 주는 사람이 있다는 게 바로 그것이다.

인내심을 품고 한 걸음씩 전진하며 이 모든 과정을 소중히 여기기를 바란다. 이 훈련이 부담스럽게 느껴진다면 상담 치료를 통해 도움을 받는 것이 좋다. 전문 치료사는 내담자를 존중하며 안전한 상담 치료의 틀을 제공한다. 다수의 내담자는 혼자 시도하는 것보다 치료의 틀 내에서 내면 아이와 조우하는 것을 훨씬 수월하게 느낀다. 실제로 이런 유형의 정서적 자기 돌봄은 심리치료 과정에서 배우는 것이 일반적이며, 치료의 마지막 단계에 이르면 그 결실이 가시화된다. 내면 아이를 돌보는 일은 일회성으로 그치는 것이 아니라, 아이와의 사이에 안정된 소통로가 형성되고 아이가 신뢰를 품게 될 때까지 꾸준한 접촉을 통해 이루어진다.

내면 아이와 의식적으로 마주할 때마다 우리는 스스로 진정되는 연습을 할 수 있다. 자기 진정은 자기효능감과 애착 형성 능력을 강화하기 때문에 분리 과정에는 자기 진정 능력이 반드시 필요하다. 자기 진정을 통해 우리는 정서적 독립에 조금 더 가까워지며, 부모 및 다른 모든 사람과의 관계에서 발생할 수 있는 수많은 실망과 갈등을 예방할 수도 있다. 우리를 구원해 줄 누군가를 필사적으로 찾아다니는 것을 그만두고 스스로 가장 잘 돌보는 법을 배워야 한다.

엘리자베스 스트라우트 Elizabeth Strout의 소설 『내 이름은 루시 바턴 My Name Is Lucy Barton』과 『오, 윌리엄! Oh William』에는 이러한 치유와 성장의 과정이 주인공 루시 바턴의 입을 통해 매우 잘 묘사되어 있다.

"'엄마!' 나는 오랜 세월 가슴속에 품고 있던 상상의 어머니에게 외쳤다. '엄마, 너무 아파요!' 그러자 상상 속의 어머니가 대답했다. '그래, 아가. 알고 있어.'" [6]

루시가 만들어 낸 상상의 어머니는 이해심이 깊고 다정한 인물이었다. 매정하기 짝이 없고 이따금 그에게 폭력까지 휘두르던 현실의 어머니와는 정반대의 사람이었다. 내면에 이처럼 선한 어머니, 아버지의 목소리를 만들어 내는 일은 우리 모두에게 주어진 과제다.

안타깝지만 어떤 노력으로도 과거를 바꿀 수는 없다. 불행했던 유년기를 행복한 유년기로 대체하는 것은 불가능하다. 그러나 지금, 어른이 된 지금은 좋은 삶을 영위하기 위해 우리가 할수 있는 것이 많고도 많다. 자신을 잘 보살피고, 과거 우리가 필요로 했던 부모가 되어주는 것이 그 시작이다. 애정 어린 태도로 자신을 돌보며 미흡하거나 분열되거나 상처받은 자아와 감정을 인지하고, 이 모두를 자신과 통합시켜야 한다. 이에 성공한다면 지금껏 미루어졌던 발달 과정을 내면 아이가 다시금 밟도록 도울 수도 있다.

발달단계를 하나하나 정복하다 보면 우리는 조금씩 성숙해지고, 행동과 의사소통이 명확해지며, 내·외적 갈등이 해소될 가능성도 커진다. 더불어 삶이 한결 수월하게 느껴질 것이다. 뒤늦게라도 자신에게 어머니 또는 아버지가 되어주는 일은 우리에게 마음의 평화를 가져다준다. 이후에는 C. G. 융 C. G. Jung 이 남긴 '나는 내게 일어난 일의 결과물이 아니다. 나는 내가 되고자 하는 것이다.'라는 말의 의미를 조금씩 이해하게 될 것이다.

자기책임
성인이 되기 위한 관문

'어른이 되지 마. 그건 함정이야.'라는 말처럼, 성인이 되는 것은 썩 달갑지 않은 수많은 일들과 맞물린다. 그냥 웃어넘길 수 없는 일들도 많다. 사람들은 흔히 어른이 되면 인생의 무게를 실감하고, 하고 싶은 것만 하고 살 수 없게 되며, 인생은 꽃밭이 아님을 깨닫게 된다고 경고한다. 어른이 된다는 것은 과연 이를 악물고 기계처럼 움직이며 잔뜩 긴장한 채 살아가야 함을 의미할까?

다행히 그렇지만은 않다. 어른의 삶은 우리가 그것을 어떻게 정의하느냐에 따라 달라진다. 다시 말해 어른이 된다는 것은 그 삶의 의미를 스스로 결정할 수 있게 된다는 뜻이다.

성년이 되면 우리는 법적 행위 능력을 갖게 되고, 더 많은 권리가 생기며, 그에 따르는 확대된 자유와 더 큰 책임을 부여받는다. 이제부터는 삶을 어떻게 가꿀 것인가가 오롯이 우리 손에 달려 있다. 기회를 잡을 것인가, 불행한 길로 빠질 것인가. 타인에게 도움을 청할 것인가, 이를 악물고 고군분투할 것인가. 나와 타인들을 애정 어린 마음으로 대할 것인가, 그들과 권력 투쟁을 벌일 것인가. 적절한 우선순위를 어떻게 정할 것인가. 이 모든 것을 결정함으로써 삶의 행복과 고통을 창출하는 장본인은 다름 아닌 우리 자신이다.

지나친 속단이라 생각하는가? 삶의 모습을 결정짓는 것은 유전자와 생애 초기의 환경이 아닐까? 태어날 때부터 예정되어 있던 난관이 유년기를 거치며 고착되는 것은 아닐까? 이것도 아주 틀린 생각은 아니다. 우리는 부모에게 유전적 기반을 물려받고, 사고방식과 행동양식을 학습하는 과정에서도 이들의 영향을 받는다. 의존증*을 예로 들어보자. 의존증의 유전적 소인[7]을 타고난 데다 의존증을 앓는 부모를 직접 보고 자라기까지 한 사람은 스스로 무언가에 중독될 위험이 커진다. 그러나 현재 술을 마시거나 마약을 하는 행위의 책임은 오롯이 우리 자신에게 있다. 부모, 유전자, 어린 시절의 경험은 우리에게 영향을 미치되, 우리 삶 전체를 결정지을 정도의 위력을 발휘하지는 않는다.

중독 등의 질병이나 다른 강한 특성을 극복한다는 게 쉬운

---

* 다른 각종 정신질환도 마찬가지다.

일은 아니다. 그러나 이를 피할 수 없는 운명으로 받아들이고 그에 굴복하는 사람은 스스로 자기 행동력의 큰 부분을 부정하고 포기하는 쪽을 선택하는 것이다.

스스로 책임지지 않는 사람은 삶을 변화시킬 수도 없다. 부모, 과거, 혹은 현재 자신이 처해 있는 환경조건의 희생양 역할에 갇혀 있는 사람에게 진보와 발전은 요원한 일이다. 미국의 심리치료사 린지 C. 깁슨Lindsay C. Gibson [8]은 불행의 원인을 외부에서 찾는 이를 '외재론자externalizer'라 칭한다. 외재론자들은 감정을 스스로 통제할 수 없는 것으로 간주한다. 그래서 타인의 도움을 바라거나 남들이 변하기를 기대한다. 또한 아이 역할에 갇혀 자기 삶을 스스로 책임지려 들지 않는다.

아르네Arne라는 내담자는 아내가 어머니라도 되는 듯 자신을 몰아세우는 바람에 어린아이가 된 기분이라며 불평을 늘어놓았다. 그가 아내를 험담하려 들 때마다 나는 '그분과 결혼하라고 누가 강요라도 하던가요?'라고 물었다. 그가 우물쭈물 넘어가며 험담을 계속하면 다음과 같은 질문을 던졌다.

"아내의 행동을 아르네 씨를 향한 애정과 관심의 표현이 아닌 공격으로 간주하게 된 원인은 무엇일까요?"

"궁지로 몰리는 기분이 들고, 분노가 치밀고, 며칠에 걸쳐 말다툼을 벌이는 악순환에서 벗어나려면 무엇이 필요할까요?"

모두 아르네가 자기 자신에게 초점을 맞추도록 유도하기 위한 질문이었다. 아내를 배우자로 선택한 사람도, 아내의 행동을 자신에 대한 공격으로 해석하는 사람도 다름 아닌 그였기 때문이다. 그는 성인답게 자신의 필요를 대변하거나 아내에게 이를 피력하지 못한 채 희생양 겸 어린아이 역할에 갇혀 있었다. 이렇다 보니 아내와의 관계를 좋은 방향으로 변화시키거나 이혼하는 것은 모두 그의 능력 밖의 일이었다.

"선생님도 제게 지나친 것을 요구하시는군요. 제 어머니와 아내처럼 말입니다!"

내게 비난의 화살을 돌리던 아르네는 뒤늦게야 자신이 희생자 역할로 도피하기 위해 모든 여성에게서 어머니의 모습을 찾는다는 사실을 깨달았다. 힘없는 희생자처럼 보이면 책임을 회피할 수 있기 때문이었다.

희생자 역할에 갇히는 것 외에도 책임 회피 전략에는 여러 가지가 있다. 예컨대 많은 사람은 '하고 싶지 않아요.'라고 말해야 하는 상황에서 '할 수 없어요.'라고 말한다. 남편과 함께 부부 상담 치료를 받으러 온 라우라Laura도 마찬가지였다.

"저는 남편과 잠자리를 할 수 없어요."

"잠자리를 하고 싶지 않은 거지요."

번번이 남편을 거부하는 라우라의 모습을 거듭 관찰한 뒤에 나는 그의 말을 정정해 주었다.

"못 하는 거라니까요."

라우라는 희생자 역할에서 벗어나지 않기 위해 고집스레 버텼다. 오랜 기간에 걸쳐 소극적인 태도를 유지하다 보면 당사자에게는 그게 정상으로 느껴지게 된다. 결국 건강하고 자주적인 태도로 되돌아가는 일은 점점 어려워진다. 신체통증 때문에 몸을 한껏 움츠리거나 통증이 심해질까 두려워 특정한 동작을 하지 못하게 되는 것과 비슷하다.

"남편과 다시 잠자리를 할 수 있게 되려면 무엇이 어떻게 필요할까요?"

이 질문을 통해 나는, 무언가를 할 수 없을 때 스스로 변하거나 학습하는 것도 불가능한 것은 아님을 말하고자 했다. 결국 라우라가 유산했을 때 자신을 홀로 내버려 둔 남편을 아직도 원망하고 있다는 사실이 밝혀졌다. 최초의 상처 및 그로부터 유발된 거리감 사이의 연결 고리를 의식한 뒤에야 두 사람은 이 문제에 관해 터놓고 대화할 수 있게 되었다. 두 사람이 함께 있으면서도 외로웠던 이유는, 유산으로 잃은 아이를 각자의 방식으로 애도하고 있던 탓이었다.

라우라가 '할 수 없다.'는 마음가짐에 스스로 의문을 품기 시작하자 답답하게 정체되어 있던 관계에 다시금 생기가 돌기 시작했다. 마침내 두 사람은 서로에게 다가가고 다시금 신뢰를 쌓으며 해묵은 불만을 청산할 수 있게 되었다.

충만한 삶을 살기 위해서는 '할 수 없다.'는 태도를 버리고, 할 수 없는 상태를 스스로 바라는 이유가 무엇인지 파악해야 한다. '하고 싶지 않다.'는 태도는 스스로 그에 책임질 수 있음을 암시한다. 이때 우리는 상황의 희생자가 아닌 삶의 행동가가 되어 인간관계를 능동적이고 자주적으로 가꾸어야 한다.

책임 회피의 또 다른 원인은 부모의 경직된 요구를 그대로 따르는 데 있다. 이는 흔히 '해야 한다.' 또는 '하면 안 된다.'라는 느낌으로 표출된다. 이런 느낌이 들면 스스로 '해야 하는 이유와 하면 안 되는 이유가 무엇인가?'라는 객관적 질문을 던져 보고, 그것이 누구의 의견인가를 파악해야 한다.

"안정적인 직장에 그냥 계속 다녀야 할까요, 아니면 자유직으로 전환하는 것이 나을까요?"

상담하러 온 서른네 살의 아니사Anissa가 물었다. 몇 달 전에 그는 과로로 스트레스가 쌓인 상태에서 야근까지 한 다음 차를 몰고 퇴근하다가 큰 교통사고를 내고 말았다.

"차가 나무를 향해 돌진하는 순간 '이대로 모든 게 끝나면 나도 편해질 텐데.'라는 생각이 머리를 스쳤어요."

아니사가 울면서 말했다. 이렇게 사느니 차라리 죽는 게 낫겠다는 생각이 마음 한구석에 숨어 있었음을 깨달은 것이다.

나는 아니사에게 큰 종이에 두 가지 미래를 그려 보라고 요청했다. 왼쪽은 안정적인 직장에 계속 다닐 경우, 오른쪽은 자유직을 선택할 경우였다. 그는 몇 분간 그림 그리는 데 열중했다. 모든 것을 현재 상태로 유지했을 때의 미래는 검정색 펜으로 그려진 도로와 자동차와 나무, 그리고 먹구름에서 비가 쏟아지는 모습이었다. 자유직을 선택했을 때의 미래는 화려한 풍경화로 그려져 있었다. 해가 빛나고 꽃이 만발하며, 자전거를 탄 누군가가 두 팔을 번쩍 치켜들고 있었다.

"지금의 직장에 계속 다니면 제 인생은 무채색이 될 거예요. 변하는 건 아무것도 없고, 저는 여전히 불행하겠죠. 자유직을 선택하면 뱃속에 나비가 날아다니는 느낌이 들 거예요. 두렵고 불안하면서도 설레겠지요. 저는 생기를 되찾고, 비로소 저와 제 주변의 모든 것에 시선을 돌리게 될 거예요. 제 삶은 다채로운 모습으로 되돌아갈 테고요."

"두 가지 삶 중 어느 쪽의 5년, 10년, 40년 뒤의 미래에서 지나간 시간을 되돌아보고 싶나요? 그리고 그 이유는 무엇인가요?"

아니사는 한숨을 쉬더니 이내 미소를 지었다.

"그렇게 질문하시니 갑자기 답이 아주 쉽게 보이네요. 즐겁고 다채로운 인생을 돌아보고 싶어요. 일단 시도해 본 뒤에 정말 아니다 싶으면 다시 고정된 직장을 구할 수도 있고요. 하지만 지금의 직장에서는 더 이상 버틸 수도 없고, 버티고 싶지도 않아요."

그런데 한 가지 걸리는 점이 있었다.

"부모님이요. 정규직을 내팽개치는 게 무책임한 행동이라고 생각하시거든요. 현재 직장에 머물면 미래도 보장될 텐데, 자유직을 시도하는 건 섶을 지고 불에 뛰어드는 거나 다름없다고요."

아니사의 부모는 딸의 인생에 여전히 커다란 영향력을 행사하고 있었다. 딸에게 무엇이 최선인지 가장 잘 아는 사람은 자신들이라 믿어 왔고, 아니사도 지금껏 부모의 말에 무조건 순종했다. 그러나 부모의 생각이나 계획이 더 이상 자신에게 맞지 않는다고 느끼면 어떻게 해야겠는가? 부모의 기대가 부담스러워질 때는 어떻게 해야 할까?

부적절한 부모의 요구에 휘둘린다는 것은 분리가 완성되지 않았다는 증거다. 아무런 의미도 기쁨도 느끼지 못하면서 부모가 정해놓은 길을 맹목적으로 따르는 사람은 진짜 자기 자신으로부터 점점 멀어진다. 진정한 성인이라면 부모의 요구가 자신에게 부적합하거나 지나치다고 판단될 때 그로부터 거리를 둘 수 있어야 한다.

"제가 원하는 것이 무엇인지는 저도 잘 알아요. 그걸 위해서 무엇을 해야 하는지도 알고요. 그런데 부모님에게 솔직히 말할 엄두가 나지 않아요."

아니사가 말했다. 그는 부모의 비위를 맞추는 데 익숙해져 있었다. 원체 갈등을 잘 견디지 못하는 성격이기도 했고, 부모의 주장에 감히 맞설 엄두도 나지 않았다.

"부모님은 본인들의 의견을 관철하는 데 능하거든요. 부모님이 몇 마디만 설득해도 저는 한없이 작아지면서 동조하게 돼요. 역시 부모님이 저보다 아는 게 훨씬 많다고 생각하면서."

"아까 그렸던 그림을 다시 한번 들여다보세요."

나는 아니사가 부모가 아닌 자기 자신에게 초점을 맞추도록 유도했다.

"부모님이 골라 준 무채색 인생을 살고 싶은가요, 아니면 아니사 씨가 상상하는 다채로운 인생을 살고 싶은가요?"

아니사는 또다시 울기 시작했다.

"너무 어려운 문제예요. 부모님을 실망시키고 싶지 않아요. 걱정시키고 싶지도 않고요."

충분히 분리되지 못한 자녀는 이처럼 부모의 기대를 저버리기 힘들어한다. 그러나 거듭 강조하건대, 부모의 요구를 들어주기 위해 태어난 사람은 없다. 그 요구가 우리를 불행하게 만든다면 더더욱 들어 주어서는 안 된다. 진짜 자신의 삶을 살지 않으면 사람은 불행해지다 못해 병들고 만다. 자신의 필요와 감정을 지속적으로 외면하고 자신보다 타인을 우선시하는 습관 때문에 정신질환까지 얻게 되는 경우는 생각보다 많다.

아니사가 부모의 바람에 반하는 직업을 선택할 수 있게 되기까지는 적잖은 시간이 필요했다. 그러나 언젠가부터 그도 자신의 미래를 결정하는 사람이 자기 자신임을 명확히 깨닫게 되었다. 그리고 마침내 친한 동료 한 명과 함께 개인사업을 시작했다. 자리를 잡는 과정은 녹록지 않았지만, 이 기간에 아니사는 삶의 기쁨과 자기 일에 대한 열정을 되찾을 수 있었다. 느리지만 꾸준히 고객층이 확보되면서 생존에 대한 두려움은 잦아들고 자신감이 늘었다. 상담 치료를 마무리할 즈음에 그는 이렇게 말했다.

"제 인생을 다시 사랑할 수 있게 됐어요. 비로소 모든 게 제자리를 찾은 느낌이에요. 교통사고를 계기로 전혀 다른 사람으로 다시 태어난 기분이 들어요. 이전보다 훨씬 자유롭고 행복하거든요."

아이 역할을 내려놓고 삶의 방향에 스스로 책임질 때 우리는 해방감과 힘을 얻는다. 때로는 인생에 큰 변화가 찾아오기도 한다.

그 뒤에는 성인으로서의 삶이 별안간 전혀 다른 느낌으로 다가오며 의욕이 샘솟는다. 과거의 역할, 과거의 메시지, 과거의 규칙에서 벗어나 삶의 결정권을 스스로 넘겨받은 덕분이다. 자기 책임을 의식하며 내딛는 한 걸음 한 걸음은 우리를 우리 자신에게로 이끌어 준다. 우리는 비로소 자신이 될 수 있는 것, 되고 싶은 것이 된다. 한 마디로 우리 자신이 되는 것이다.

희생자의 나라에서 탈출하기

"저는 나이가 쉰여덟인 지금도 여전히 아버지에게 억압당하고 있습니다."

첫 상담 시간에 스벤 Sven은 자신을 이렇게 소개했다. 그는 아버지의 회사에서 일하고 있었다. 아버지는 갑작스러운 뇌졸중으로 고군분투하다가 여든셋의 나이로 마침내 경영에서 손을 뗐다. 스벤은 아버지를 이렇게 회상했다.

"아버지는 항상 제게 비판적이었어요. 저는 대학에 갈 자신이 없어서 고등학교를 졸업하고 바로 아버지 회사에서 일을 시작했지요. 그곳에서 날마다 굴욕을 맛봐야 했습니다."

그러나 스벤은 다른 직장을 알아보지 않고 그곳에 머물렀다. 아버지에게 능력을 증명해 보이고 싶어서였다.

"못 믿으시겠지만 저는 아버지에게서 좋은 말을 들어본 적이 단 한 번도 없습니다. 아버지는 오로지 제 실수를 지적하기에 바빴어요."

"정말 힘든 시간이었겠네요."

"견디기 힘들었죠."

"말씀만 들어도 짐작이 갑니다. 그곳에 머무는 선택을 하셨으니 견디는 도리밖에 없었겠지요."

내 말에 그는 입을 다물고 나를 빤히 바라봤다.

"맞아요. 견뎌야 했지요. 아버지에게 억압당하며 살아 온 탓에 지금도 내가 누군지, 내가 진정 원하는 게 뭔지 모르겠습니다. 맞서려고도 해 봤지만 소용없더군요. 정말 비참합니다. 저는 자존감도 없는 인간이에요. 아버지가 만들어 놓은 존재에 불과하니까요. 아무것도 아닌 존재 말입니다."

스벤처럼 분리에 성공하지 못한 수많은 자녀는 지난 생애를 줄기차게 희생자의 관점에서 바라본다. 스벤은 자신을 아버지가 가한 온갖 멸시의 결과물로 간주하며 스스로를 부정적인 최면 상태로 몰아넣음으로써 자신의 약점과 열등감에 대한 각성을 유지하고 있었다. 말하자면 과거 아버지가 했던 것과 똑같은 방식으로 자신을 채찍질하며 스스로 움츠러들고, 어른이 되지 못하게 가로막고 있는 셈이었다.

독일의 전 총리 헬무트 콜Helmut Kohl의 아들 발터 콜Walter Kohl은 막강한 권력자였던 아버지의 그늘에서 벗어나 '콜의 아들' 이상의 존재로 발돋움하느라 고군분투했던 경험을 자서전[9]에서 털어놓았다. 자서전의 편집자는 책의 말미에 나오는 어느 장의 내용이 혼란을 야기하는 것 같아 이를 삭제하려 했다고 한다. 그러나 다행히도 발터 콜은 책을 그대로 출간하겠다고 고집을 부렸다. 이 장에서 발터 콜은 자기 삶이 비극이 된 데 스스로 어떤 책임을 지는가를 처음으로 성숙한 어른의 관점에서 성찰하고 있다. 그리고 '희생자의 나라'라는 표현을 쓰며, 자신이 수십 년 동안 어떤 방식으로 그곳에 안주했는지, 어떻게 그로부터 탈출했는지 이야기한다.

발터 콜이 말하는 희생자의 나라는 '일종의 내적인 자기 포기 상태이자 (중략) 불안정과 속박, 의존, 무력함, 부역이 만연한 장소'다. 구체적인 묘사는 다음과 같다.

> "사실상 이 모든 부정적인 단어에 '느낌에 불과'라는 수식어를 덧붙이는 것이 옳다. 희생자의 나라는 오로지 우리 내면에만 존재하기 때문이다. (중략) 절망과 고통, 고독의 순간에는 희생자의 나라가 우리에게 조건 없이 문을 열어주는 유일한 피난처처럼 보인다. 그러나 이는 착각에 불과하다."

발터 콜은 여기에서 경고의 메시지를 전한다.

"희생자의 나라는 그 안에 안주하는 모든 이들이 나가지 못하게 국경을 닫아건다. 들어가기는 쉬워도 나오기는 결코 쉽지 않다."

희생자의 나라에서는 아무도 스스로를 책임지지 않는다. 자기 인생에 대한 통제권을 남에게 내어주는 것이다. 이곳에 들어간 이는 자신을 주어진 환경 또는 타인들의 노리개로 전락시킨다. 또 이런 문장도 있다.

"희생자의 나라로 깊숙이 들어갈수록 인간의 의지는 사라진다."

"희생자의 안경을 끼고 세상을 바라보면 인생 전체가 '과거의 나쁜 경험'들로 채워진 악순환의 집성체이며 다가올 나쁜 경험을 예견하는 것처럼 보인다. 그리고 우리가 인지하는 현재의 가능성과 아름다움, 그 안에 내포된 기회들은 점점 불투명해지면서 불행한 미래의 모습은 그대로 현실이 된다." [10]

결국 희생자의 나라는 그곳에 들어간 이에게 지옥이 되어 버린다. 자기 인생에 책임지지 않아도 되는 안락한 장소로 보였던 곳이, 알고 보니 자기 인생에 대해 목소리를 낼 권리조차 주어지지 않는 감옥이었던 셈이다. 희생자의 나라는 분리되지 못한 수많은 자녀가 머무는 곳이다. 이들은 마음만 먹으면 벗어날 수도 있는 유년기의 사슬에 자신을 묶어두고 있다.

누구나 자유의 열쇠를 쥐고 있으며, 희생자의 나라와 희생자 역할에서 벗어나는 길을 선택할 수 있다는 사실은 강조하고 또 강조해도 지나치지 않다. 그러려면 지금부터라도 자기 인생에 스스로 책임지고, 부당한 과거에 골몰한 채 끊임없이 '왜'라고 묻기를 그만두고 미래에 초점을 맞추어야 하며, 부모의 기대와 바람에서 벗어나 의식적인 결정을 내려야 한다. 또한 부모가 우리에게 어떤 잘못을 저질렀거나 무언가를 빚졌다 하더라도 머릿속에서 벌이던 부모와의 오랜 전쟁을 끝내고 끈질긴 무력감에 서 벗어나야 한다. 망가진 인생을 끊임없이 부모 탓으로 돌리는 자녀는 부모에게 지나치게 많은 권력을 넘겨준 채 희생자의 나라에서 벗어나지 못하는 미성숙한 인간으로 남는다.

"스벤 씨가 과거와 부모님의 희생자 역할에서 벗어나려면 무엇이 필요할까요?"

나는 스벤에게 물었다. 우리는 모두 이 질문에 대한 답을 찾아야 한다. 진짜 인생을 살지 못하게 우리를 가로막는 과거에서 벗어나기 위해 수단과 방법을 찾아야만 한다.

스벤은 예순이 가까워서야 책임이라는 열쇠를 사용해 희생자의 나라로부터 탈출을 시도했다. 슬픔의 골짜기를 헤치고 나아가며 그는, 아버지뿐 아니라 그 자신도 자유롭고 충만한 삶을 가로막은 장본인이었음을 깨닫는다. 그리고 분노와 절망감에 휩싸여 처음에는 아버지에게, 그리고 결국은 자신에게 격한 비난을 퍼붓는다. 어느덧 그는 갇혀 있던 감옥의 문을 열고 희생자 나라의 국경을 넘는다. 자유를 찾은 그는 가장 먼저 긴 휴가를 떠나기로 결심한다. 아버지에게 자신의 필요성을 증명하기 위해 직업 생활 내내 스스로에게 단 한 번도 허락하지 않은 일이었다. 호주로 날아가 5주일간의 여행을 마치고 돌아온 그는 뿌듯한 투로 말했다.

"변한 건 아무것도 없더군요. 저만 빼고 말입니다!"

그는 '그처럼 무모한 일'을 감행한 자신을 자랑스럽게 여겼다. 남들이 뭐라 생각하든 전혀 신경 쓰지 않는다는 투였다.

"아버지에게 통보는 했지만 허락을 구하지는 않았어요. 아버지의 반대를 불편하게 마음에 품고 가지도 않았고요."

분리에 성공한 성인답게 아버지의 허락을 구하지 않고 독립적인 결정을 내린 것이었다. 자신의 결정에 오롯이 책임지기로 마음먹으면 부모의 반대로부터 거리를 두는 것도 한결 쉬워진다. 그것이 더 이상 자신에게 큰 의미를 갖지 않기 때문이다.

"아버지는 그저 저를 이해할 수도, 칭찬할 수도 없다는 걸 깨달았어요. 제가 이제 원하는 삶을 살고도 남을 만큼 나이가 들었다는 사실도요."

스벤은 마침내 과거를 놓아 보내는 데 성공했다. 희생자의 나라에서도 탈출했다. 자기 인생을 스스로 채워나갈 준비가 된 것이다. 바야흐로 은빛 책을 덮고 금빛 책을 쓰려는 참이었다. 이 한 걸음은 누구에게나 새로운 시작, 새로운 삶처럼 느껴질 것이다. 이는 우리의 생각과 감정을 변화시킨다. 불만은 아쉬움으로 변하고, 마침내 우리는 과거를 있는 그대로 받아들이기에 이른다. 그 뒤에는 내 인생을 위해 더 자주적이고 적절한 선택을 하겠다는 결심이 따른다.

이 단계에서는 부모와 자신을 보는 관점도 달라진다. 더 명확하고 차별화된 시각을 취하게 되는 것이다. 놓친 기회와 이를 보며 낙담하는 자신의 마음이 보이고, 모욕당하고 상처받은 감정이 느껴지는 한편, 우리의 정체성을 강화하는 소속감이 피어날 수도 있다. 말로는 표현할 수 없겠지만 부모를 향한 애정이 싹을 틔울지도 모른다.

이 단계에서는 다음과 같은 몇 가지 질문들이 대두된다.

1. 부모는 내게 어떤 좋은 점을 물려주었는가?
2. 나는 어떤 점에 대해 부모에게 감사하는가?
3. 나는 부모에게서 무엇을 배웠는가?
4. 부모가 남긴 모든 유산 중 간직하고 싶은 것, 거부하고 싶은 것은 무엇인가?
5. 나는 어떤 점에서 부모와 여전히 얽혀 있으며, 서로의 가장 나쁜 면을 자극하게 되는가?
6. 오늘날 나는 어떻게 부모에게 상처를 주는가? 예를 들어 부모를 이해하거나 용서하기를 거부하고, 그들이 변한 지 오래임에도 여전히 가해자로 간주하고 있는가?
7. 나는 어떤 점에서 내 인생에 더 많은 책임을 져야 하는가?

이런 질문들은 관점의 변화를 불러온다. 질문을 던짐으로써 우리는 희생자 역할에서 벗어나 행동에 나서고, 과거에 겪은 부당함을 거울삼아 현재를 바로잡게 되며, 힘들었던 경험을 자양분 삼아 세상을 헤쳐 나가는 데 필요한 능력과 특성을 키운다.

희생자의 나라를 벗어날 준비가 된 사람에게는 과거를 뒤로하고 현재와 미래를 개척할 가능성이 열린다. 과거를 뒤로 한다는 것은 일어난 일을 부정하지 않고 받아들인다는 의미다. 과거의 좋은 것에 감사하고 고통스러운 것은 애도하는 것이다. 과거를 뒤로 한다는 것은 상처를 지속적으로 치유함으로써 더 자유로운 시선으로 현재를 바라볼 수 있게 됨을 뜻하며, 다가올 인생에 초점을 맞춘다는 뜻이기도 하다. 이렇게 우리는 감사하는 마음을 품고 삶을 가치 있게 만드는 것을 볼 수 있게 된다.

금빛 책, 혹은 이 하나뿐인
야생적이고 귀중한 인생

"네 하나뿐인 야생적이고 귀중한 인생을 어떻게 살아갈 계획인지 이야기해 주겠니?" 이는 미국의 시인 메리 올리버Mary Oliver 시의 한 구절이다. 매우 흔히 인용되는 시구 중 하나이기도 하다. 메리 올리버는 녹록지 않은 유년기를 보냈음에도 자주적이고 충만한 삶을 사는 데 성공했다. 그에게 구원이자 삶의 의미가 되어주고 삶에서 제자리를 찾게 해준 것은 다름 아닌 언어의 세계였다. 그는 사람들에게 감동과 위로와 희망을 주고 자연 및 자기 자신과 교감할 수 있게 해주는 작품을 썼다.

퓰리처상 수상자이기도 한 올리버는 「붕, 붕Hum, hum」[11]이라는 시에서 어린 시절의 상처와, 그럼에도 삶에 머물기로 한 자신의 결심을 묘사한다. 꿀벌의 끊임없는 붕붕거림은 올리버에게 영혼을 살찌우고 힘을 불어넣는 일종의 배경음악이었다. 그는 '작디작은' 꿀벌과 그 생명력을 삶의 본보기로 삼았다. 아버지에게 몹쓸 짓을 당하고 어머니는 이를 올리버의 탓으로 돌리며 외면했을 때, 올리버 역시 작디작은 소녀였다. 메리 올리버의 수많은 시에는 그가 겪었던 아픔이 녹아들어 있지만, 한편으로 그는 이 아픔을 항상 생존의 경험과 연결 지었다. 그리고 늘 현실에 닻을 내린 채 살고, 사랑하고, 자연과 하나가 되는 길을 선택한다. 부모의 희생양 역할에 머물지 않는 길을 선택한 것이다.

「불꽃Flare」[12]이라는 시에는 부모에게 바치는 두 구절이 들어 있다. '쇠보다 무거운 삶을, 그녀는 방에서 방으로 끌고 다녔다.'는 시구는 어머니를 향한 노래였다. 한때 '운이 없는', '볼품없는 말라깽이 소년'이었던 아버지는 '좌절된 꿈의 악마', '신뢰의 파괴자'로 묘사되어 있다.

올리버는 '그게 그의 삶이었다.'라고 말하며 아버지로부터 거리를 둔다. 그에게 선을 긋는 이유가 애정이 없거나 애도하고 싶지 않아서가 아니라, 부모를 내려놓음으로써 자기 삶을 한결 수월하게 만들기로 의식적으로 결정했기 때문이라고 설명한다. 그러나 '부모가 짊어지고 다닌 무쇠를, 나는 짊어지지 않을 것이다.'라고 말하며 그는 땅속 깊이 잠든 부모의 안녕을 빌어주며 예의와 감사와 분노가 뒤섞인 모순된 감정을 안고 작별을 고한다. 더 나아가 '그러나 그들을 책망하고 공범이 되지는 않을 것이다. 나는 그들에게 내 삶의 책임을 묻지 않을 것이다.'라고 쓴다.

메리 올리버는 과거에 놓친 것이나 결핍, 그리고 부모의 잘못으로부터 시선을 돌려 어른으로서 자기 삶에 스스로 책임지는 것이 진정한 자유를 얻는 길임을 느끼고 있었다. 그래서 희생자의 나라에 갇힌 채 인생 전반에 대한 책임을 부모 손에 내맡기고 그에 얽매여 살아가는 대신, 일찌감치 부모에게서 분리되어 최선의 삶을 가꾸기로 결심한 것이다.

나는 메리 올리버처럼 어린 시절의 트라우마 경험을 딛고 일어나 삶에 의미와 구조를 부여하고 직업적 안정을 이룬 사람, 배우자와의 관계를 잘 이끌어 나아가는 사람, 가족을 꾸리는 데 성공한 사람들을 종종 만난다. 이들은 내게 강렬한 인상을 남기고 깊은 감동을 준다. 모든 이들의 공통점은 살고자 한다는 것이다. 한때는 희생자였지만 이들은 운이 좋았다. 주위에 이들을 도와준 사람이 있었거나 삶을 충만하게 하는 취미가 있었으며, 타고난 지능과 열정과 능력을 발휘하기도 했다. 강한 회복력과 더불어 삶을 스스로 개척하고 원하는 방향으로 이끌어 나아가려는 결단력 또한 갖추고 있었다. 이들은 꿋꿋이 자신의 이야기를 써 내려갔다. 그들이 쓰는 단어나 문장, 혹은 특정한 장 전체를 부모가 못마땅하게 여길 때도 있었고, 커다란 용기와 노력이 필요할 때도 있었다. 그러나 이들은 무엇에도 아랑곳하지 않았다.

미국의 작가 데이비드 트로이어David Treuer도 2021년 초 플로리다의 키웨스트Key West에서 열린 문학 축제에서 자신의 분리에 관한 인상 깊은 일화를 들려주었다. 그가 두 여성 작가와 함께 참여한 공개 토론에서 자서전 쓰기의 어려움이 화제에 올랐을 때였다. 자서전을 쓸 때는 사적인 내용 때문에 주변인들의 노여움을 사거나 누군가와 감정이 상할 위험이 있다.

"어느 선까지가 허용되나요?"

청중석에 앉아 있던 젊은 여성이 물었다.

이에 데이비드 트로이어는 여든세 살에 스스로 목숨을 끊은 조부의 이야기를 들려주었다. 그는 침실에서 총을 쏘아 생을 마감했다고 한다. 조모는 당시 서른일곱 살이었던 데이비드에게 뒤처리를 맡기고 벽과 방바닥, 침대에 튀어 있는 핏방울까지 모조리 닦게 했다. '원래처럼 멀쩡해 보이게 해야 한다.'라고 조모는 거듭 당부했다. 몇 년 뒤 그는 미국 원주민들의 삶을 다룬 『레즈 라이프Rez Life』라는 작품에서 조부가 자살한 뒤 그의 혈흔을 지우던 경험을 묘사했다. 조부의 '모든 것, 그의 신체, 자아, 언어, 그의 삶 전체가 땅속으로 가라앉고'[13] 난 뒤, 피에 젖은 파란색 싸구려 카펫을 찢어내는 동안 트로이어의 마음속에는 카펫에 대한 혐오감이 밀려왔다.

책을 읽은 그의 어머니와 조모는 경악하며 당장 그 부분을 삭제하라고 요구했다. 데이비드는 그들에게 단호히 맞섰다.

"제게 그 처참한 현장을 처리해 달라고 하셨잖아요. 그래서 시키는 대로 하는 겁니다. 내 방식대로 말입니다."

조부의 자살, 그리고 그 영혼의 죽음을 직접 마주해야 했던 고통을 글로 승화시킨 셈이다. 슬픔과 고통에 짓눌린 가족을 돕는 한편 자기 자신에게도 충실했던 것이다. 가족의 반대를 무릅쓰고 조부의 삶과 죽음에 관한 기억을 공개하는 것이 그의 선택이었다.

가족의 확고한 의지에 그처럼 반기를 들어도 되는 것일까? 가족의 침묵을 깨거나 비밀을 발설해도 괜찮을까? 가족의 상처를 나머지 가족구성원들과는 다른 방식으로 치유해도 괜찮을까? 많은 이들이 이를 두고 고민에 빠지며, 결국은 억측에 불과한 가족의 안위를 자신의 안위보다 더 앞세우느라 삶의 흐름을 스스로 결정할 기회를 놓치고 만다.

데이비드 트로이어는 가족의 기대에 맞설 수 있을 만큼 성숙하고 독립된 성인이었다. 그날 저녁 키웨스트에서 그가 남긴 한마디는 결국 우리 모두를 향한 이야기였다.

"나는 내 이야기를 씁니다. 그리고 내 삶을 살지요."

표현 방식이 다를 뿐 데이비드 트로이어와 메리 올리버는 결국 같은 말을 하고 있다. 우리는 부모, 그들이 우리에게 던진 메시지, 의무, 규칙, 법칙으로부터 벗어나도 된다. 우리 삶을 자유롭고 자율적으로 가꾸는 것은 선택이 아닌 의무다.

성숙한 부모는 자녀의 자율성이 커지는 것을 위협으로 간주하지 않는다. 부모를 향한 충성심과 자율성 사이에 건강한 균형을 이루는 것이 우리 모두의 과제임을 알고 있기 때문이다. 이들은 또한 자신이 할 수 있는 선에서 자녀에게 지지와 격려를 보낸다.

물론 부모가 우리의 모든 발전과 결정에 동조하지는 않을 것이다. 그것 또한 부모의 권리다. 우리에게 우리만의 길을 갈 권리가 있듯이 말이다.

내 이야기를 쓸 수 있는 사람은 나 자신뿐이다. 내 삶을 빚어나갈 수 있는 사람도 나 말고는 없다. 일정한 연령에 도달하면 자신의 감정과 행동, 인간관계에 스스로 책임지고, 세심하고 애정 어린 태도로 자신을 대하며, 건강한 선을 긋고, 자신과 타인 모두와의 교감을 잃지 말아야 한다.

삶을 스스로 책임질 준비가 되었을 때 우리는 분리의 최정상에 도달한다. 곳곳에 험난한 가시밭길이 도사리고 있던 기나긴 여정의 끝이다. 충분히 성숙해진 우리는 더 이상 미련의 눈길로 뒤돌아보지 않게 될 것이다. 대담하고 확고한 태도로 앞을 바라보며 나아갈 수 있을 만큼 정서적 독립과 안정도 이루었다. 이제는 누군가를 탓할 필요도, 누군가를 구원하려 애쓸 필요도 없다. 우리는 성인이며, 우리가 써 나아가는 이야기의 주인공이다. 바야흐로 금빛 책을 채워나갈 준비가 된 것이다.

p.s. 메리 올리버는 인터뷰에 응한 일이 드물었다. 그러나 일흔여섯 살이 되던 해, 생을 마감하기 불과 얼마 전에 나눈 한 인터뷰에서 소중한 인생으로 무엇을 할 것인가라는 질문에 이렇게 대답했다.

"나는 사랑하고, 사랑받는 법을 배웠습니다. 내게는 쉽지 않은 일이었지요. 나아가 삶을 세상에 하나뿐인 선물로 바라볼 줄도 알게 되었어요." [14]

누구에게나 세상에 하나뿐인 선물을 받는다. 틈틈이 멈춰 서서 스스로 이렇게 질문해 보라.

"나는 하나뿐인 내 야생적이고 귀중한 인생에서 무엇을 일구어내고자 하는가?"

마치며
건강한 분리와 인간관계

분리는 우리 삶의 가장 중요한 과제 가운데 하나다. 분리되지 못한 사람은 부모에게 얽매여 살아갈 뿐 아니라 해결되지 않은 가족의 갈등을 배우자, 자녀, 그 밖의 사람들과의 관계에서 되풀이하는 경향이 있다. 부모와의 갈등을 해결하고 나면 다른 모든 관계에서도 불화를 덜 겪게 된다.

분리가 잘 된 사람일수록 자주적인 삶을 살고 모든 인간관계에서 진실한 태도와 공감능력을 발휘한다. 다시 말해 건강한 분리는 우리의 인간관계와 삶 전체에 긍정적인 영향을 미친다.

가족치료의 선구자 중 한 명인 머레이 보웬Murray Bowen은 이런 맥락에서 '자아 분화'[1]라는 개념을 고안하고, 이를 성장의 핵심 목표이자 성공적인 인간관계의 핵심 요소로 간주했다. 보웬에 따르면 분화는 타인과 정서적으로 교감하는 과정에서 안정된 자아를 유지하는 능력을 일컫는다. 높은 수준의 자아 분화를 이룬 사람은 타인들과 가까워지고 어울릴 때도 자아가 사라지거나 흐려지는 일이 없다. 남들이 다른 견해를 보여도 감정이 상하거나 고립되었다고 느끼지 않으며, 상대방을 존중하

는 태도를 잃지 않고 차분히 대응한다.[2]

자아 분화를 이룬 사람들은 정서적으로 성숙하기 때문에 이들과 교류하는 일도 매우 편안하게 느껴진다. 교조적이거나 권위적이라는 인상을 주지 않고 믿음직한 파트너가 되어주기 때문이다. 권력이나 우위를 점하는 데 치중하지도 않으며, 상호 존중을 바탕으로 어울리고 이해하고 협동하는 일을 중시한다.

이들은 자신의 생각과 감정을 잘 구분하기 때문에 실행 능력도 유지한다. 퇴행에 빠짐을 감지하면 스스로 진정시킬 줄 안다. 타인이 자신의 말을 듣고 응해줄 것이라는 믿음이 있어 상대를 조종하지 않고 필요를 차분히 명확하게 표현한다. 타인의 감정에 죄책감·분노·두려움으로 반응하지 않고 중심을 지킨다. 건강한 자아의 선이 타인의 감정을 견디고 수용하게 하므로 굳이 변화시키려 애쓰지 않는다. 자아 분화가 잘 되면 타인에게 공감하되 자기 감정과의 접점도 잃지 않는다. 적응력이 뛰어나며 자기를 기만하거나 신념과 이상향을 쉽게 저버리지 않는다. 타인뿐 아니라 자신에게도 충실하다.

수많은 연구에서 밝혀진 바에 따르면 자아 분화 수준이 높은 사람에게는 그렇지 못한 사람에 비해 삶이 훨씬 수월하게 느껴진다. 스트레스 저항력이 강하고 배우자와도 안정되고 만족스러운 관계를 가꾸어 나갈 수 있기 때문이다.[3] 반면에 자아 분화 수준이 낮은 사람은 끊임없이 타인들과의 교류에 매달리고 인정받고 싶어 하며 그들에게 맞추려 든다. 이런 사람은 심리상태 및 배우자와의 관계가 불안정하며 만족도도 낮은 편이다. 불안, 우울증, 정신 신체 질환, 중독, 성기능 장애도 이들에게서 훨씬 자주 관찰된다.[4]

자아 분화와 건강한 분리는 서로 긴밀히 맞물려 있다. 자아 분화 정도가 높을수록 분리되기도 쉬워진다.

머레이 보웬에 따르면 개개인의 자아 분화 정도는 선대로부터 영향을 받는다. 부모와 조부모가 어느 정도의 개인적 성장을 이루었는가, 그 과정에서 가족과의 정서적 유대를 순조롭게 유지하였는가가 관건이다. 미성숙한 부모는 자녀가 분리되는 데 본보기가 되어줄 수도, 자율성을 키워 나가는 과정을 충분히 뒷받침해 줄 수도 없다. 부모의 자아 분화 수준이 낮은 경우 자녀에게 부모 역할을 떠맡기기도 한다.[5] 역할 전이가 일어나는 것이다. 이런 부모는 감정 조절에 어려움을 겪는 탓에 무의식적으로 자녀가 자신을 진정시키고 다정하게 돌봐 주기를 기대한다. 자신에게 그렇게 대하는 방법을 모르기 때문이다. 이렇다 보니 자녀의 필요를 인지하고 투영시키고 충족시켜 주는 이는 아무도 없다. 오히려 아이가 부모에게 감정을 이입하며 부모의 비위를 맞춰주게 된다. 그러나 과도한 순응의 대가는 혹독하다. 부모나 가족 구조 전체의 안정을 위해 자녀가 부적절하고 과도한 책임을 떠안다 보면 스스로 사고하고 느끼고 행동하는 능력이 제대로 발달하지 못하는 것이다. 이로써 건강한 성장 발달과 분리는 지속적으로 저해된다.

마치며

그러나 이처럼 불합리한 일이 세대 간에 대물림되는 것을 의식적으로 끝낼 수도 있다. 불리한 초기 여건에서도 사람들이 얼마나 큰 발전을 이루어 낼 수 있는지를, 이 책에 실린 여러 사례가 여러분에게 증명해 주었기를 바란다. 어린 시절 부모에게서 충분한 정서적 돌봄을 받지 못한 사람도 성인이 된 뒤에 많은 것을 통해 그 결핍을 상쇄할 수 있다. 스스로 과거에 늘 갈구했던 다정한 부모가 되어 자기 자신을 돌보는 것이 그 첫 번째다. 주기적으로 내면 아이와 교감하며 다정하고 너그러운 태도로 보듬고 진정시키도록 하자 필요하다면 심리치료를 통해 도움을 받을 수도 있다. 이런 위로와 자기 진정을 통해 자아 분화 수준도 높아진다. 자아 분화가 잘 이루어질수록 분리도 쉬워지므로, 이는 선순환의 출발점이 된다. 건강한 분리에 성공한 사람은 그만큼 좋은 부모가 될 수 있으며, 그 자녀들까지 높은 수준의 자아 분화를 달성하게 될 것이다.

건강한 분리는 부모가 아이에게 줄 수 있는 가장 큰 선물이다. 이를 위해서는 부모가 먼저 자신의 성공적인 분리를 위해 노력해야 한다. 분리와 자아 분화는 모두 스스로 영향력을 발휘하고 개선할 수 있는 발달 과정이다.

우리는 지속적인 성장을 통해 더욱 성숙한 인간관계를 가꿀 역량을 갖추고 있다. 나 자신과의 관계를 비롯해 배우자, 자녀, 다른 모든 사람과의 관계가 이에 포함된다. 부모와의 관계까지 개선될 수 있다면 더 바랄 나위가 없을 것이다.

감사의 말

모든 분께 감사를 전합니다!

자신의 이야기를 쓰도록 허락해 주신 내담자 여러분에게 감사드립니다. 우리 모두에게 건강한 발전의 가능성이 무한히 잠재되어 있음을, 항상 여러분을 통해 배우고 있습니다.

그라프 앤드 그라프 Graf & Graf 에이전시의 프란치스카 귄터 Franziska Günther 님, 책임감 있고 존중하는 자세로 동행해 주신 데 대해, 덧붙일 곳과 덜어낼 곳을 적절히 조절해 주신 데 대해 감사드립니다.

책의 각 장을 읽고 비판적인 조언을 해 주신 크리스텔 콘라트 Christel Konrad 님, 키르스틴 마이어 Kirstin Meyer 님, 엘라 힌넨탈 Ela Hinnenthal 님, 페트라 갈라스 Petra Galas 님, 감사합니다.

첫 교정을 도와주신 헬가 인텔만 Helga Intelmann 님에게도 감사드립니다.

컴퓨터와 관련된 온갖 질문에 끝없는 인내심으로 응해주신 안드레아스 폰 보르스텔 Andreas von Borstel 님, 감사합니다.

노르만 슈패트 Norman Späth 님, 수잔네 벤트 Susanne Wendt 님,

408

뤼디 라인홀츠Rüdi Reinholz님, 비록 여러분이 선호한 제목이 선정되지는 못했지만, 함께 고민해 주신 과정에 대해 감사드립니다.

티니 킬리안Tini Kilian님, 온건한 용서에 관해 토론해 주신 데 감사드립니다.

기테 모어Gitte Mohr님, 경청하고 늘 그 자리에 있어 주셔서 감사합니다.

제목을 탄생시킨 파트릭Patrick님, 제목뿐 아니라 다른 모든 것에도 늘 감사하는 마음입니다.

주

들어가며 <내 삶의 가장 큰 숙제>

1 John Lennon live in New York 1972.
2 Konrad 2014.

1장 <사랑하니까 멀어지려는 거야>

1 Erikson 1966.
2 Winnicott 1978/2017.
3 Interview mit Oprah, ausgestrahlt am 7. März 2021 auf CBS.
4 Spiegel-Artikel vom 17. 5. 2021.
5 Wood 2019, S. 107 f.
6 Fromm 1956.

2장 <나는 부모에게 빚을 지지 않았다>

1 Bleisch 2018, S. 15.
2 Bleisch 2018, S. 36.
3 Ferenczi 1929, S. 254.
4 Quindeau et al. 2012.
5 Satir 1975.
6 Interview in Psychologie bringt dich weiter November/Dezember 2021.
7 Haarer 1934.

3장 <부모를 향한 나의 기대, 부모가 내게 진 빚>

1 Yalom 1989, 2010, S. 277.
2 Kohut 1971.
3 Satir 1975.

4장 <어른의 눈으로 바라보는 부모>

1 Chödrön 2020 : https ://www.kraftderverletzlichkeit.online/tag-1/.
2 George, Kaplan & Main 2012 ; Gloger-Tippelt 2012.
3 DER SPIEGEL 51/2021.
4 Pine 2021.
5 Steinberg 2005 ; Mattejat & Remschmidt 2008 ; Lenz & Wiegand-Grefe 2017 ;
   Wiegand-Grefe et al. 2019.
6 Marianne Krüll 2007.
7 Peter Handke : Wunschloses Unglück, Suhrkamp 2001/2019.
8 Handke, ebd., S. 41.
9 Handke, ebd., S. 42.
10 Miller 1979, S. 73.

5장 <마음의 평화를 찾아서>

1 Toussaint et al. 2014 ; Lee & Enright 2019 ; Long, Worthington,& VanderWeele
   et al 2020.
2 Tutu 2014.
3 DIE ZEIT 21. 08. 2003 ; vgl. auch Bert Hellinger 2015, S. 190.
4 Wollyn 2017, S. 207.
5 Zit. Nach Wollyn 2017 (S. 207) aus : Andrea Miller : Awakening My Heart,
   https ://www.lionsroar.com/awakening-my-heartjanuary-2012/
6 Interview Alice Miller, https ://www.alice-miller.com/de/fur-denabbruch-der-
   schwe igemauer/
7 Schenk 4/2011.
8 Arendt 1960.
9 Noll et al. 2003.
10 Noll 2005.
11 Bass & Davis 1988 ; Engel et al. 1989 ; Katz et al. 1997 ; Olio 1992 ; Enright
    et al. 1992 ; Freedman & Enright 1996 ; Spring 2004.
12 Thich Nhat Hanh 2018, S. 21.
13 Thich Nhat Hanh 2018, S. 52.
14 Konrad 2014.
15 Dörte Hansen : Altes Land, S. 272, Albrecht Knaus Verlag 2015.
16 Forward 1993, S. 223.
17 Bloomfield 1985.
18 Bloomfield 1985.
19 Tawwab 2021.
20 Quindlen, Random House 2019, S. XX (persönliche Übersetzung)
21 Quindlen, ebd., S. 92.
22 Oscar Wilde : Das Bildnis des Dorian Gray, dtv Verlagsgesellschaft 1891/2013.

23 Le Tellier 2016.

24 Weiss 1964.

25 Brief an Wilhelm Fließ, 2. November 1896 – zit. nach Schneider 1999.

26 Marina Abramovic` im Interview mit der New York Times, I have no good memories of my mother. (…) I really feel free now, after she has died.

27 https ://www.brainpickings.org/2015/04/27/getting-there-marinaabramovic-interview/

6장 <스스로에게 좋은 부모 되어주기>

1 Barthes 2010, S. 46.

2 Fonagy, Gergely, Jurist & Target 2004.

3 Gruen 2015, S. 13.

4 Gottman & Levenson 1999.

5 Stahl 2015 ; Röser 2020.

6 Elizabeth Strout : Oh William, 2021, S. XX.

7 Kendler et al. 2015 ; Buchanan & Lovallo 2019.

8 Gibson 2018.

9 Walter Kohl : Leben oder gelebt werden.

10 Kohl 2011, S. 197 f.

11 Oliver 2012, in : A Thousand Mornings.

12 Oliver 2000, in : The Leaf and the Cloud.

13 Treuer 2012 (persönliche Übersetzung).

14 Aus : Oprah.com, 9. 3. 2011, by Maria Shriver.

마치며 <건강한 분리와 인간관계>

1 Bowen 1976.

2 Kerr & Bowen 1988.

3 Skowron, Wester & Azen 2004 ; Murdock & Gore Jr. 2004 ; Greene und Mabee 1993 ; Ferreira, Narciso, Novo & Pereira 2016 ; Khaddouma, Gordon und Boldon 2015.

4 Peleg-Popko 2002 ; Skowron 2000 ; Thorberg & Lyvers 2006 ; Timm& Keiley 2011 ; Burri, Schweitzer & O'Brien 2014.

5 Boszormenyi-Nagy & Spark 2015.

참고문헌

Abramovic, M. (n.d.). *Times Talks: Marina Abramovic – Part 6 [Video]*. *The New York Times*. https://www.nytimes.com/video/multimedia/100000002717825/timestalks-marina-abramovic-part-6.html?playlistId=video/times-talks-marina-abramovic

Arendt, H. (2011). *Vita activa oder Vom tätigen Leben* (Original work published 1960). Piper.

Barthes, R. (2010). *Tagebuch der Trauer*. Carl Hanser Verlag.

Bass, E., & Davis, L. (1988). *The courage to heal: A guide for women survivors of child sexual abuse*. Harper & Row.

Bleisch, B. (2018). *Warum wir unseren Eltern nichts schulden*. Carl Hanser Verlag.

Bloomfield, H. H. (1985). *In Frieden mit den Eltern*. Rowohlt Verlag.

Bordt, M. (2017). *Die Kunst, die Eltern zu enttäuschen*. Elisabeth Sandmann Verlag.

Boszormenyi-Nagy, I., & Spark, G. M. (2015). *Unsichtbare Bindungen: Die Dynamik familiärer Systeme*. Klett-Cotta.

Bowen, M. (1978). *Family therapy in clinical practice*. Jason Aronson, Inc.

Bowen, M. (1976). Theory in the practice of psychotherapy. In P. J. Guerin (Ed.), *Family therapy* (pp. 42–90). Gardner Press.

Buchanan, T. W., & Lovallo, W. R. (2019). The role of genetics in stress effects on health and addiction. *Current Opinion in Psychology, 6*(27), 72–76.

Burri, A., Schweitzer, R., & O'Brien, J. (2014). Correlates of female sexual functioning: Adult attachment and differentiation of self. *Journal of Sexual Medicine, 11*, 2188–2195.

Chödrön, P. (n.d.), https://www.kraftderverletzlichkeit.online/tag-1/

Chung, H., & Gale, J. (2006). Comparing self-differentiation and psychological well-being between Korean and European American students. *Contemporary Family Therapy, 28*, 367–381.

Elieson, M. V., & Rubin, L. J. (2001). Differentiation of self and major depressive disorders: A test of Bowen theory among clinical, traditional, and internet groups. *The Family Journal, 28*, 125–142.

Enright, R. D. (2006). *Vergebung als Chance*. Verlag Hans Huber.

Enright, R. D., Eastin, D. L., Golden, S., Sarinopoulos, I., & Freedman, S. (1992). Interpersonal forgiveness within the helping professions: An attempt to resolve differences of opinion. *Counseling and Values, 36,* 84–103.

Erikson, E. H. (1966). *Identität und Lebenszyklus.* Suhrkamp.

Erikson, E. H. (1963). *Childhood and society.* W. W. Norton & Co.

Ferenczi, S. (1972). *Das unwillkommene Kind und sein Todestrieb. Schriften zur Psychoanalyse (Bd. II).* S. Fischer Verlag.

Ferreira, L. C., Narciso, I., Novo, R. F., & Pereira, C. R. (2016). Partners' similarity in differentiation of self is associated with higher sexual desire: A quantitative dyadic study. *Journal of Sex & Marital Therapy, 42,* 635–647.

Flaßpöhler, S. (2016). *Verzeihen: Vom Umgang mit Schuld.* Deutsche Verlagsanstalt.

Fonagy, P., Gergely, G., Jurist, E. L., & Target, M. (2004). *Affektregulierung, Mentalisierung und die Entwicklung des Selbst.* Klett-Cotta.

Forward, S. (1993). *Vergiftete Kindheit.* Goldmann Verlag.

Freedman, S. R., & Enright, R. D. (1996). Forgiveness as an intervention goal with incest survivors. *Journal of Consulting and Clinical Psychology, 64,* 983–992.

Fromm, E. (1993). *Die Kunst des Liebens* (Original work published 1956, p. 73). Manesse Verlag.

George, C., Kaplan, N., & Main, M. (2012). Adult Attachment Interview. In G. Gloger-Tippelt (Ed.), *Bindung im Erwachsenenalter: Ein Handbuch für Forschung und Praxis* (2nd rev. and expanded ed., pp. 419–439). Verlag Hans Huber.

Gibson, L. C. (2018). *Kalte Kindheit.* Kalash Verlag.

Gloger-Tippelt, G. (2012). Das Adult Attachment Interview: Durchführung und Auswertung. In G. Gloger-Tippelt (Ed.), *Bindung im Erwachsenenalter: Ein Handbuch für Forschung und Praxis* (2nd rev. and expanded ed., pp. 93–112). Verlag Hans Huber.

Gottman, J. M., & Levenson, R. (1999). What predicts change in marital interaction over time? A study of alternative models. *Family Process, 38*(2), 143–158.

Greene, G. J., Hamilton, N., & Rolling, M. (1986). Differentiation of self and psychiatric diagnosis: An empirical study. *Family Therapy, 13,* 187–194.

Greene, G. J., & Mabee, T. F. (1993). Differentiation of self and marital adjustment of clinical and nonclinical spouses. *Journal of Couples Therapy, 3,* 133–144.

Gruen, A. (2002). *Der Fremde in uns.* Deutscher Taschenbuchverlag.

Gruen, A. (2015). *Dem Leben entfremdet.* Deutscher Taschenbuchverlag.

Haarer, J. (1934). *Die deutsche Mutter und ihr erstes Kind* (1st ed.). Lehmanns.

Halpern, H. (2010). *Abschied von den Eltern* (Original work published 1978). Iskopress.

Handke, P. (2001). *Wunschloses Unglück.* Suhrkamp.

Hansen, D. (2015). *Altes Land.* Albrecht Knaus Verlag.

Hellinger, B. (2015). *Ordnungen der Liebe: Ein Kursbuch* (11th ed., p. 190). Carl-Auer.

Hesse, H. (2011). *Demian* (Original work published 1919). Suhrkamp.

Hooper, L. M., & DePuy, V. (2010). Mediating and moderating effects of differentiation of self on depression symptomatology in a rural community sample. *The Family Journal, 18,* 358–368.

Jung, C. G. (n.d.). Selbstwerdung? In *Gesammelte Werke* (Vol. 7, §§ 266, 404).

Khaddouma, A., Gordon, K. C., & Bolden, J. (2015). Zen and the art of dating: Mindfulness, differentiation of self, and satisfaction in dating relationships. *Couple and Family Psychology: Research and Practice, 4,* 1–13.

Kendler, K. S., Ji, J., Edwards, A. C., Ohlsson, H., Sundquist, J., & Sundquist, K. (2015). An extended Swedish national adoption study of alcohol use disorder. *JAMA Psychiatry, 72*(3), 211–218.

Kernstock-Redl, H. (2020). *Schuldgefühle: Woher sie kommen, warum sie Ängste verursachen, wie sie unser Leben unterschwellig lenken und wie wir sie ablegen können.* Goldegg Verlag.

Kerr, M. E., & Bowen, M. (1988). *Family education: The role of the family as an emotional unit that governs individual behavior and development.* W. W. Norton & Company.

Kohl, W. (2011). *Leben oder gelebt werden.* Integral Verlag.

Kohut, H. (1971). *Narzißmus – eine Theorie der Behandlung narzißtischer Persönlichkeitsstörungen.* Suhrkamp.

Konrad, S. (2007). *Jeder hat seinen eigenen Holocaust.* Psychosozial Verlag.

Konrad, S. (2014). *Das bleibt in der Familie.* Piper Verlag.

Krüll, M. (2007). *Die Mutter in mir.* Klett-Cotta.

Lal, A., & Bartle-Haring, S. (2011). Relationship among differentiation of self, relationship satisfaction, partner support, and depression in patients with chronic lung disease and their partners. *Journal of Marital and Family Therapy, 37,* 169–180.

Lee, Y.-R., & Enright, R. D. (2019). A meta-analysis of the association between forgiveness of others and physical health. *Journal of Health Psychology, 24*(5), 626–643.

Lennon, J. (1972). *Live in New York: Mother* [Video]. YouTube. https://www.youtube.com/watch?v=mwTJdibgh9k

Lenz, A., & Wiegand-Grefe, S. (2017). *Kinder psychisch kranker Eltern.* Hogrefe Verlag. https://pubengine2.s3.eu-central-1.amazonaws.com/preview/99.110005/9783840925894_preview.pdf

Le Tellier, H. (2017). *All die glücklichen Familien.* Deutscher Taschenbuch Verlag.

Linehan, M. (2020). *Building a life worth living: A memoir.* Random House.

Long, K. N. G., Worthington, E. L., VanderWeele, T. J., & others. (2020). Forgiveness of others and subsequent health and well-being in mid-life: A longitudinal study on female nurses. *BMC Psychology, 8,* Article 104.

Maß, R., Schottke, M.-L., Borchert, A.-M., Ellermann, P. M., Jahn, L.-M., & Morgenroth, O. (2019). Die deutsche Version des Differentiation of Self Inventory (DSI-G): Psychometrische Eigenschaften und Zusammenhänge mit Depressivität, Ängstlichkeit, Partnerschaftszufriedenheit und Bindungsstil. *Zeitschrift für Klinische Psychologie und Psychotherapie, 48*(1), 17–28.

Mattejat, F., & Remschmidt, H. (2008). Kinder psychisch kranker Eltern. *Deutsches Ärzteblatt, 105*(23), 413–418.

Mercier, P. (1997). *Perlmanns Schweigen.* Btb Verlag.

Miller, A. (1979). *Das Drama des begabten Kindes.* Suhrkamp.

Miller, A. (2012). Awakening my heart. *Lion's Roar.* https://www.lionsroar.com/awakening-my-heart-january-2012/

Miller, M. (2016). *Das wahre Drama des begabten Kindes.* Herder Verlag.

Murdock, N. L., & Gore, P. A., Jr. (2004). Stress, coping, and differentiation of self: A test of Bowen theory. *Contemporary Family Therapy, 26,* 319–335.

Noll, J. G., Horowitz, L. A., Bonanno, G. A., Trickett, P. K., & Putnam, F. W. (2003). Revictimization and self-harm in females who experienced childhood sexual abuse: Results from a prospective study. *Journal of Interpersonal Violence, 18,* 1452–1471.

Noll, J. G. (2005). Forgiveness in people experiencing trauma. In E. L. Worthington Jr. (Ed.), *Handbook of forgiveness.* Routledge.

Oliver, M. (2012). Hum, hum. In *A thousand mornings.* Penguin.

Oliver, M. (2000). Flare. In *The leaf and the cloud.* Da Capo Press.

Oprah. (2022, March 7). *CBS-Interview mit Prince Harry und Meghan Markle* [TV interview].

Peleg-Popko, O. (2002). Bowen theory: A study of differentiation of self, social anxiety, and physiological symptoms. *Contemporary Family Therapy, 24,* 355–369.

Pine, E. (2021). *Botschaften an mich selbst.* Btb.

Popova, M. (2015, April 27). *Turning trauma into power.* The Marginalian (formerly Brain Pickings). https://www.brainpickings.org/2015/04/27/getting-there-marina-abramovic-interview/

Quindeau, I., Einert, K., & Teuber, N. (2012). Kindheiten im Nationalsozialismus und Zweiten Weltkrieg: Das Zusammenwirken von NS-Erziehung und Bombenangriffen. *BIOS. Zeitschrift für Biographieforschung, Oral History und Lebensverlaufsanalysen, 25*(1), 87–118.

Quindeau, I., et al. (n.d.). *Frankfurt University of Applied Sciences.* https://www.spektrum.de/news/paedagogik-die-folgen-der-ns-erziehung/1555862

https://www.zeit.de/wissen/geschichte/2018-07/ns-geschichte-mutter-kind-beziehung-kindererziehung-nazizeit-adolf-hitler/seite-2

Quindlen, A. (2019). *Nanaville.* Random House.

Robinson, M. (2012). *Haus ohne Halt.* Edition fünf. (Original work published 1984 as *Das Auge des Sees,* Kiepenheuer & Witsch)

Röser, B., & Röser, U. (2020). *Das verletzte innere Kind und die Liebe.* Patmos Verlag.

Satir, V. (1975). *Selbstwert und Kommunikation.* Klett-Cotta.

Satir, V. (1972). *Peoplemaking*. Science and Behavior Books.

Schnarch, D. M. (1991). *Constructing the sexual crucible*. W. W. Norton & Company.

Schnarch, D., & Regas, S. (2012). The Crucible Differentiation Scale: Assessing differentiation in human relationships. *Journal of Marital and Family Therapy, 38*(4), 639–652.

Schneider, P. (1999). *Sigmund Freud*. dtv Portrait.

Skowron, E. A. (2000). The role of differentiation of self in marital adjustment. *Journal of Counseling Psychology, 47*(2), 229–237.

Skowron, E. A., & Dendy, A. K. (2004). Differentiation of self and attachment in adulthood: Relational correlates of effortful control. *Contemporary Family Therapy, 26*(3), 337–357.

Skowron, E. A., & Friedlander, M. L. (1998). The Differentiation of Self Inventory: Development and initial validation. *Journal of Counseling Psychology, 45*(3), 235–246.

Skowron, E. A., Krystal, L., & Shapiro, A. (2009). Longitudinal perspective on differentiation of self, interpersonal and psychological well-being in young adulthood. *Contemporary Family Therapy, 31*(1), 3–18.

Skowron, E. A., & Schmitt, T. A. (2003). Assessing interpersonal fusion: Reliability and validity of a new DSI Fusion with Others subscale. *Journal of Marital and Family Therapy, 29*(2), 209–222.

Skowron, E. A., Wester, S. R., & Azen, R. (2004). Differentiation of self mediates college stress and adjustment. *Journal of Counseling and Development, 82*(1), 69–78.

Spiegel. (2022, April 15). *Wie eine Mischung aus Truman Show und Zoo* [Interview mit Prinz Harry]. https://www.spiegel.de/panorama/leute/prinz-harry-ueber-das-royale-leben-wie-eine-mischung-aus-truman-show-und-zoo-a-415b6278-45ae-476c-af4d-3dca8ccee350

Spit, L. (2021, November/Dezember). Mein Schuldgefühl hockt an einem kalten Ort in mir [Interview]. *Psychologie bringt dich weiter*.

Spring, J. A. (2004). *How can I forgive you? The courage to forgive, the freedom not to*. HarperCollins.

Stahl, S. (2015). *Das Kind in dir muss Heimat finden*. Kailash Verlag.

Steinberg, L. (2005). Cognitive and affective development in adolescence. *Trends in Cognitive Sciences, 9*(2), 69–74.

Tawwab, N. G. (2021). *Set boundaries, find peace*. Piatkus.

Thich Nhat Hanh. (2011). *Versöhnung mit dem inneren Kind*. O. W. Barth Verlag.

Thich Nhat Hanh. (2018). *Einfach versöhnen*. O. W. Barth Verlag.

Thorberg, F. A., & Lyvers, M. (2006). Attachment, fear of intimacy and differentiation of self among clients in substance disorder treatment facilities. *Addictive Behaviors, 31*(4), 732–737.

Bond University. (n.d.). http://epublications.bond.edu.au/hss_pubs/2

Timm, T., & Keiley, M. (2011). The effects of differentiation of self, adult attachment, and sexual communication on sexual and marital satisfaction: A path analysis. *Journal of Sex & Marital Therapy, 37*(3), 206–223.

Toussaint, L., Shields, G. S., Dorn, G., & Slavich, G. M. (2014). Effects of lifetime stress exposure on mental and physical health in young adulthood: How stress degrades and forgiveness protects health. *Journal of Health Psychology, 21*(6), 1004–1014.

Treuer, D. (2012). *Rez Life*. Atlantic Monthly Press.

Tutu, D., & Tutu, M. (2014). *Das Buch des Vergebens* (S. 34). Allegria.

Weiss, P. (1964). *Abschied von den Eltern*. Suhrkamp Edition.

Wiegand-Grefe, S., Klein, M., Lenz, A., Seckinger, M., Thomasius, R., & Ziegenhain, U. (2019). *Kinder psychisch kranker Eltern: Forschung. IST-Analyse zur Situation von Kindern psychisch kranker Eltern*. Arbeitsgruppe Kinder psychisch und suchtkranker Eltern.

Wilde, O. (2013). Das Bildnis des Dorian Gray. dtv Verlagsgesellschaft. (Original work published 1891)

Winnicott, D. (2017). *Familie und individuelle Entwicklung*. Psychosozial Verlag. (Original work published 1978)

Wood, J. (2019). *Upstate*. Rowohlt Verlag.

Wolynn, M. (2017). *Dieser Schmerz ist nicht meiner*. Kösel Verlag.

Yalom, I. (2010). *Existenzielle Psychotherapie*. EHP-Verlag Andreas Kohlhage. (Original work published 1989)

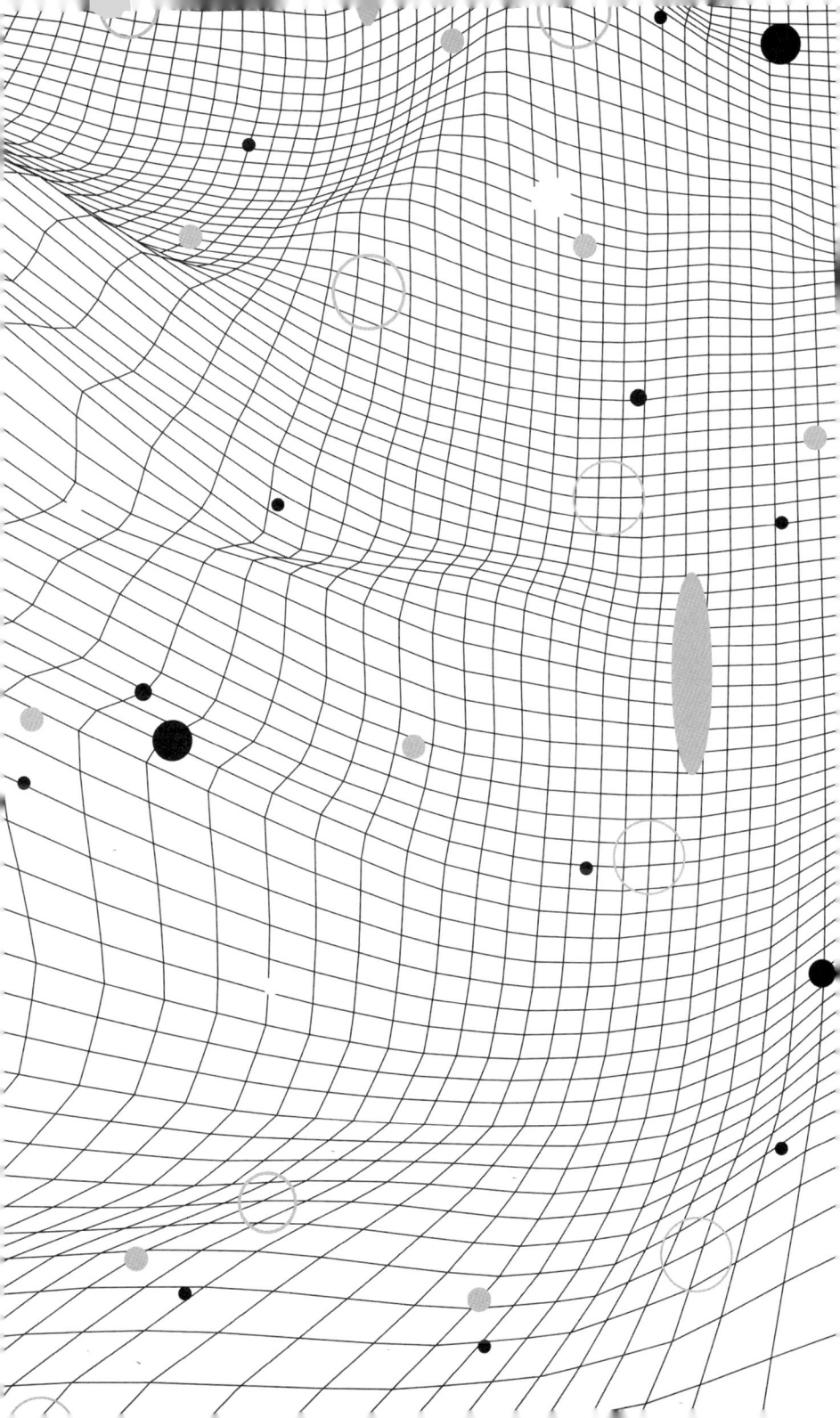

NICHT OHNE MEINE ELTERN

떨어져야 애틋한 사람들

초판인쇄 2025년 9월 30일
초판발행 2025년 9월 30일

지은이 산드라 콘라트
옮긴이 이지혜
발행인 채종준

출판총괄 박능원
국제업무 채보라
책임편집 조지원
디자인 홍재희
마케팅 문선영
전자책 정담자리

브랜드 타래
주소 경기도 파주시 회동길 230 (문발동)
투고문의 ksibook1@kstudy.com

발행처 한국학술정보(주)
출판신고 2003년 9월 25일 제406-2003-000012호
인쇄 북토리

ISBN 979-11-7457-112-0 03330

타래는 가족 갈등에 관한 도서를 출간하는 한국학술정보(주)의 출판 브랜드입니다.
타래란 '엉킨 타래를 푼다'는 의미로, 얽히고설킨 실타래를 풀어
진정한 가족의 의미를 찾아 나간다는 뜻을 담고 있습니다.
'가족 갈등'이라는 매듭에 묶여 길을 잃지 않도록, 더 아름답고 가치 있는 책을 만들고자 합니다.